数智创新
驱动产业
数字化转型

袁 航 ◎ 主编

姚俊峰 金 柳 邱昱博 郭树行 ◎ 副主编

清华大学出版社
北京

内 容 简 介

本书围绕"数字中国"建设与产业数字化转型这一核心主题，系统梳理了数字经济时代的发展趋势、战略布局以及产业数字化转型的理论框架与实践路径。全书共分为六大部分：首先探讨数字经济赋能各行业升级转型的趋势和产业数字化面临的挑战，其次从平台经济、技术经济、数据经济三个维度剖析数字经济发展模式与治理经验，并构建了产业数字化转型过程的理论体系，涵盖评估诊断、顶层设计、系统建设、主体协同四大环节。在总体路径篇中，针对产业数字化迁移、数据资产价值化、管控体系数字化、数字生态体系化四大路径提供了详细的实施策略与案例分析。最后，本书强调了产业数字化转型的保障体系建设，包括文化、组织、人才、投资和制度五个方面，并列举了大交通、新能源和大健康三大领域的数字化转型典型案例。本书内容丰富翔实，既适合政府决策者、企业管理者及相关研究人员阅读，也为企业界实践者提供了宝贵的理论指导与实践参考，助力企业在数字经济时代实现高质量、可持续的数字化转型与发展。

图书在版编目（CIP）数据

数智创新驱动产业数字化转型 / 袁航主编 .

北京：清华大学出版社，2025. 1. -- ISBN 978-7-302-67972-1

Ⅰ. F269.2

中国国家版本馆 CIP 数据核字第 2025DN7310 号

责任编辑：邓　婷
封面设计：刘　超
版式设计：楠竹文化
责任校对：范文芳
责任印制：杨　艳

出版发行：清华大学出版社
网　　　址：https://www.tup.com.cn，https://www.wqxuetang.com
地　　　址：北京清华大学学研大厦 A 座　　　邮　　编：100084
社 总 机：010-83470000　　　　　　　　　邮　　购：010-62786544
投稿与读者服务：010-62776969，c-service@tup.tsinghua.edu.cn
质量反馈：010-62772015，zhiliang@tup.tsinghua.edu.cn

印 装 者：三河市科茂嘉荣印务有限公司
经　　销：全国新华书店
开　　本：185mm×260mm　　　印　张：17.5　　　字　数：341 千字
版　　次：2025 年 1 月第 1 版　　　　　　　印　次：2025 年 1 月第 1 次印刷
定　　价：79.80 元

产品编号：105754-01

序 | Foreword

党的二十大报告指出，要加快建设网络强国、数字中国。习近平总书记深刻指出，加快数字中国建设，就是要适应我国发展新的历史方位，全面贯彻新发展理念，以信息化培育新动能，用新动能推动新发展，以新发展创造新辉煌。2021年以来，中共中央、国务院陆续印发的《中华人民共和国国民经济和社会发展第十四个五年规划和2035年远景目标纲要》《数字中国建设整体布局规划》，对数字中国建设做出新部署。2022年，《中共中央 国务院关于构建数据基础制度更好发挥数据要素作用的意见》的出台确立了数据基础制度体系的"四梁八柱"，宣布数据统一大市场建立进入到3.0时代。2023年，数字中国建设开始整体布局阶段，《企业数据资源相关会计处理暂行规定》《数据资产评估指导意见》相继出台强调了数据资源的合规管控，数据资产入表提上进程。2024年，中共中央印发《"数据要素 ×"三年行动计划（2024—2026年）》，要求到2026年底，打造300个以上示范性强、显示度高、带动性广的典型应用场景，充分发挥"数据要素 × 倍增效应"，推动中国经济呈乘数式增长。借此，各部门各大企业纷纷加快数据要素领域布局，从体制机制、市场流通、产品研发、标准规范等多层次、多角度开展落地方案的深度探索，涌现出数据要素价值释放新热潮。

本书系统论述了产业数字化转型的发展趋势、战略布局，深入研究了产业数字化转型过程理论，搭建了科学的过程框架。第1章从数字经济赋能趋势、产业数字化转型趋势，分析预测数字经济时代发展方向；第2章以平台经济、技术经济与数据经济三个视角，概述数字经济发展模式，剖析现存问题痛点，总结治理经验；第3章与第4章提出产业转型过程的理论框架和总体路径，从评估诊断、顶层设计、系统建设、主体协同四大板块对产业转型迁移、数据资产价值化、管控体系数字化、数字生态体系化四大路径进行阐释；第5章收拢全书，强调数字化转型的保障体系，分别从文化、组织、人才、投资、制度五个方面进行规划。第6章聚焦大交通领域、新能源领域、大健康领域的数字化转型，给出企业成功典型案例。

另外，书稿中的参考例证已标注了参考来源，但难免有不周之处，恳请业界包容理解，在此一并感谢。

编 者

目　录 | Contents

第1章 数字经济时代发展趋势

1.1 数字中国整体布局

1.1.1 数字经济关键构成

对数字经济现状的全面审视揭示了两大核心要素——平台经济和技术经济的发展轨迹。本书旨在深入探讨这两方面的进展。

在互联网、大数据、移动技术快速发展的推动下，以这些技术为基础的平台型企业异军突起。平台经济正在不断挑战传统产业，引领全球产业以及科技发展的新潮流。平台经济作为共享经济的标志性成果，主要经历了消费者互联网体验、互联网增强的产业链以及工业互联网三个演变阶段。

消费者互联网以个人作为服务对象，将日常生活场景数字化，旨在满足消费者在网络中的购物需求。电子商务是其中的一个关键环节，通过长时间的运营，已吸引了大量用户，尤其是在诸如阿里巴巴、京东、苏宁易购这样的大型电商平台上。这些平台凭借庞大的用户基础和高用户黏性，在获取网络消费金融用户方面具有成本优势。它们通过整合线上线下消费，不仅提供了便利的购物场景，而且促使消费者更容易采用网络消费金融服务。这些平台积累的数据和交易信息有助于进行大数据风控，从而降低网络金融风险。作为一个生态系统，电商平台有能力在自身的框架内完成网络消费金融的全流程，而且它们正在不断发展，通过布局线上线下多样化的生活服务来扩展其生态系统。

"互联网＋"时代的到来意味着传统产业开始融入网络世界，其中互联网变成了不可或缺的一部分。在这个时代下，以"互联网＋电子商务"模式为基础的产业，不断提升商务交易的便利性，同时突破了时间和地域的限制，提高了交易的安全性和效率。然而，各个电子商务平台的发展水平不一，尤其是当大型交易平台进入市场时，竞争压力剧增。未来，各平台需利用互联网的优势，根据消费者需求，有序调整平台功能和内容，确保商品和服务的质量，拓宽业务范围，提升用户量和知名度，以促进平台的盈利能力,进而推动我国电子商务向更优方向发展,同时开拓国际市场,发展跨境电子商务项目。

伴随着中国的互联网上升速度加快,人们的生活方式受其影响越来越深远,同时,网购行业也逐步走向成熟化阶段。然而,由于我国人口优势正在减弱,使得实体的供给力量成为限制线上购物发展的关键要素之一。为推进数字化及线下商业模式的结合并达到需求均衡状态,工联网由此诞生了。在此过程中,传统的制造业通过利用诸如数据分析、云服务器处理、人工智能(artificial intelligence,AI)算法应用和人机交互等方式来提高制造链条中各个步骤的效率,从制作流程到采购行为再到销售活动直至贷款发放。这种新型产业链把资讯流转、物资储备和服务资本进行了有效组合,以增强整个行业的运营效果,从而构建起商家对客户(business to consumer,B2C)之间的联系圈层,进一步促使了供应商信贷业务的健康扩张并支持多元性的参与者共同成长壮大。据统计数据显示:截至2022年11月末,金融担保机构担保余额为9549.11亿元,较上年末增长8.36%,占同期信用债(剔除金融债)市场规模的比例为2.84%,较上年末提升0.14个百分点。在中国,许多中小企业面临着较高的融资成本,对供应链融资需求强烈。中国正在利用网络进行金融创新,采用网络工具优化供应链扩宽资金来源,这一切都将推动供应链金融的迅速增长。

至于数字经济的另一要素——技术经济,其发展依靠的是数字经济对数字化转型的赋能。企业数字化转型是企业运作与数字技术的深度整合,通过数字化企业的各个方面和流程,推动业务流程和生产方式的变革,优化资源配置,从而全面提高企业的经营效率。中小企业在我国经济中占据重要地位,推进中小企业的数字化转型有利于激发经济新动力,促进经济社会的稳定发展。

对于数字经济发展策略的深化实施,以及数字基础设施的持续完善,已经显著促进了新业态和新模式的培养,并显著推动了数字产业化及产业数字化的进展。党的二十大报告指出,加快数字经济的进步,同时推动其与实体经济的深度结合,以此来构建具有强大国际竞争力的数字产业群。伴随着互联网、大数据、人工智能等关键数字技术与实体经济更深度的结合,我国各主要产业的数字经济渗透率不断攀升,数字化转型在产业深度中加速发展。2022年,中国各主要行业的数字经济发展水平表现出显著差异。其中,农业、制造业及服务业的数字经济比重分别达到了10.5%、24.0%和44.7%,而数字产业化规模达到41万亿元人民币,占据国内生产总值(gross domestic product,GDP)的33.9%。不仅如此,新型数字科技不仅对国家的整体经济增长产生了积极影响,同时还在企业层面促进了数字化变革,为其创新进步带来了空前的机遇。

在数字化转型的进程中,技术形态经历了从传统数据库到当下基于云和大数据技术的跃进，这种技术升级为企业数字化转型提供了强大的支持。借助云端大数据技术的应用，公司可以创建出独特的商业数字形象。此过程依赖于多种类型的资料来源，如公司的经营状况、市场推广的数据、法庭的裁决记录以及公开的信息等，这些构成了全方位的商业 360° 评估休系。该评估系统不仅能协助政府部门及公司制定更有效的营销战略，还能提升其对潜在的风险管理能力，并深入研究特定行业的趋势与发展方向，以支持相关政策或项目的发展。企业画像的优势在于它的全面性和多维度合作性：它汇聚海量企业数据，与众多合作伙伴整合，为企业关系网提供深入剖析样本，并运用先进的企业图谱技术挖掘企业间的关联和隐藏风险。此外，企业画像系统还借助产业数据和内部专家知识，为客户、政府和企业提供行业特定的分析和指导。此外，借助精确的公司风险控制体系，如标准化的模型、经营管理的模式以及利用大数据与神经网络构建的高级模型，该系统能实时监控公司的运行情况。该系统的优点主要体现在对风险评估、行业链研究、市场竞争力结构以及政策舆论等方面的把控，同时也可向公司和政府提供有价值的地区产业发展计划和供应链管理建议。

数字化转型已经成为技术经济的核心市场，技术经济的发展也应随着转型的深化而不断刷新。随着数字化转型从企业层面向整个产业链的深化，新一代数字技术的赋能不仅应持续改进上文所提及的典型应用场景，而且应当不断探索新的领域和机遇，以跟上时代的发展步伐。

1.1.2　数字经济发展现状

数字经济的发展呈现出五个鲜明的特征。第一，数字经济已成为推动经济增长的关键力量。第二，数字经济产业集聚现象日益明显。第三，消费互联网的持续增长带动了平台数量的不断增加。第四，数据要素化成为数字经济的核心驱动力。第五，智能要素化逐步成为推动数字经济前进的新引擎。下面将针对这些特征对数字经济的发展现状进行更加详细的阐述。

数字经济已然成为新一轮技术革命和产业转型的领头羊，具备极高的活力、创新力和广泛的社会影响力。中国信息通信研究院发布的《中国数字经济发展研究报告（2023 年）》中显示，到 2022 年年底，中国数字经济已达 50.2 万亿元人民币，其同比增长率为 10.3%，超过了同期的 GDP 增长速度，这是自 2011 年来第十一次实现这一目标。目前，数字经济在中国 GDP 中的占比与第二产业相当，达到 41.5%。在此环境中，数字化的产值为 9.2 万亿元人民币，而实体产业的数字化价值则达到了 41 万亿元人民币，占数字经济的比例分别是 18.3% 和 81.7%，表明数字经济发展存在明显的"二八"规律。尤其值得注意的是，在三个主要行业中，数字经济对第一、第二、第三产业的影响程度均有所提高。其中，第三、第二、第一产业的数字经济渗透率分别为

44.7%、24.0% 和 10.5%，同比分别提升 1.6、1.2 和 0.4 个百分点，第二产业渗透率增幅与第三产业渗透率增幅差距进一步缩小，形成服务业和工业数字化共同驱动发展的格局。这些数据显示，制造领域的数字渗透率正逐渐追赶上服务领域，形成一种新的双轮驱动的发展模式。

就全要素生产率而言，数字化经济的表现和增速都明显优于整个国家经济的总生产效能。到 2022 年，中国的数字经济全要素生产率为 1.75，比 2021 年的数值提高了 0.09，这有力且有效地推动了全国经济生产的提高。具体来说，农业、工业及服务业等各行业的数字经济全要素生产率都有所增加，以第三产业为主要驱动因素，其全要素生产率的大幅攀升最为突出。这些数据表明，尽管当前数字经济在赋能产业深化作用上的体系化、规律化、普适化价值还有待展现，但其对经济社会发展的正面影响不容忽视。

在产业集聚的特点上，我们可以看到数字经济的发展在地理分布上呈现出集中趋势，尤其是在直辖市、省会城市以及特定经济活跃区域如深圳、厦门和青岛等地十分明显。这些城市，以及数字经济指数在 0.8 以上的其他城市，如杭州和广州等，已经形成了数字经济的强大集聚效应。此外，由于地理上的邻近关系，相邻省份在数字经济的发展上趋向于模仿与借鉴，进一步加强了产业集聚效应。这种集聚现象为数字经济政策的推行和数字技术的应用提供了良好的条件，有助于形成数字经济产业集聚的空间关联特征。

数字平台的迅速扩张是数字化进步的一个显著标志。依据中国信息通信研究院提供的数据，截至 2020 年年末，中国超 10 亿美元规模的数字平台公司已经达到了 197个，相比 2015 年的数目增加了 133 个，每一年约增加 26 个。就市场份额而言，中国巨型数字平台的市场资本总量高达 3.1 万亿美元，占据世界市场的 24.8%，位列全球第二。到了 2021 年 9 月末，全球独角兽公司的数量突破了 830，而在 40 个最贵的"独角兽"中，有 20 个是美国的，另外 10 个是中国的，这也显示出中国数字化进程的飞速推进及其全球竞争力的增强。

数据要素市场和智能化要素的推广是数字经济发展的关键环节。数据要素作为基础资源和关键驱动力，在企业的生产经营和管理决策中发挥着越来越重要的作用。我国数据要素市场主要集中于地方性的数据交易平台，虽然总体上仍处于起步阶段，但在数据权规定、开放、交易和监管等方面已经取得了进展。在"十四五"时期，即中国工业经济转向数字经济的关键时期，国家已经制定了发展数据要素市场的战略规划，北京、上海、广东等地区在响应国家规划后，已将数据要素市场的发展纳入"十四五"发展计划并开始了大胆的实践，为数据要素市场的初步建设提供了重要的经验。

在智能化要素方面，伴随信息化与工业化的融合发展和"互联网＋"建设的推进，大数据、云计算、物联网等技术的成熟，加之云管端架构、云端部署技术架构以及 SaaS（software as a service，软件即服务）的广泛应用，不仅推动了大数据分析、运营和辅助决策的实现，还加速了虚拟现实、云计算、机器学习、区块链等核心智能技术的突破。这些技术正在催生智能制造、自动驾驶、智慧电网、智慧交通、远程医疗、可穿戴设备等新兴业态和应用，并推动经济向创新驱动的全方位转变。数智科技作为新的生产力，正在改变我们的生产生活方式、消费习惯、生产关系和商业结构。

1.1.3　产业数字化转型典型瓶颈

传统产业数字化转型向来不是某一个阶段的工作或短期目标，而是一个长期的持续的建设过程和迭代变革。对于推进产业数字化，各企业之间、各部门都有不可忽视的作用。

但在历史信息化建设中，大多数企业由于人才缺失、知识薄弱等原因，存在数据积累缺失、监管业务与信息化融合度不够、体系不够统一、专业人员数据技能薄弱等问题，阻碍数字化转型高效推进。

根据作者团队所实施的调研，数字化转型整体面临需求散、建设散、系统散、数据散的问题。

在需求方面，企业与部门之间的数字化发展愿景规划步调不一致，数字化需求呈现点状分散状态，缺乏统筹和需求管控标准，导致碎片化需求过多，影响了需求排期和技术开发等环节。

在建设方面，企业对数字化转型所需的平台、管控体系、人才体系、保障体系等建设工作还未得到统一规划，存在建设工作分散、平台建设重复投入的问题，以及可能埋下数据治理的危机。

系统上，系统与系统之间还未打通，导致系统的协同性差，系统离散程度高。各类系统建设单位众多，建设较为分散，已经呈现出一些信息孤岛和重复建设的情况。

数据上，集团侧与产业侧的数据治理工作还未深化推进，业务与流程标准化工作有待落实，以消除数据离散与数据孤岛问题。数据离散存在，在平台建设过程中要增强统筹、实现数据治理。

就其本质，这些问题的核心在于客户服务的"散"，即未围绕客户中心化服务，对外缺乏一致的服务接触点、一致的服务体验和一致的服务数据，对内未实现端到端的运营，包括端到端的业务流程、数据服务和系统支撑等。为解决面临的散和慢的问题，业界实践证明，统一架构和统一管控是根本，企业架构是重要抓手。因此，建议在需求管理为核心的基础上，进行顶层设计，从预备阶段开始，围绕架构愿景、业务架构、信息系统架构、技术架构、解决方案、迁移规划、实施管理和架构变更管理等多个方面实施，形成企业架构的逻辑闭环。

1.2   数字经济赋能趋势

1.2.1   数字经济赋能农业升级转型

数字经济为传统农业的转型提供了新的动力和方向，在赋能农业领域主要体现在利用数字技术的优势，融入生态农业以及其他实体经济产业中，发挥数字经济的驱动作用，孕育新产业、新业态、新模式，从而优化农业产业结构，促进农村产业的深度融合。数字经济的应用不仅能实现农业生产环节的智能化，还能促进整个农业产业链的产业化，为农业产业体系的现代化提供支撑。

具体而言，数字经济推动了农业和农村经济的多样化发展。新的模式，如乡村旅行和农场度假正在被推广，使农业超越传统的一元化角色，转向多样化的功能领域。同时，数字化技术的大量应用也加快了信息的传播速度，有效地解决了市场主体间的信息失衡难题，对创新、协同及连接产生了重大影响，从而有利于改善产业构造，进一步推进资源共享和网络联结，延长农产品链条，促成农业的多维度经济发展，并助力城乡第一、第二和第三产业的深度整合。

对于转变农业经营模式、增强农业产值及改善农作物品质而言，数字化经济也展现出了它的特殊优点。借助把信息科技融入到农业运营中，我们可以大幅度推动农业的机械化、自动性和智能化程度。利用信息化手段来实施精准农业、设备监测和全程管理等，有助于节约用水资源并降低能耗，削减化学肥料和农药使用量，从而全面提升农业产能和农作物的品质。这些变革不仅仅是技术层面的革新，更是农业生产体系现代化的重要组成部分。

另外，数字技术对农产品的供应及消费的需求进行了全新的对接，既拓展并优化了农产品商业运营方式，同时也促成了新型协作平台和协作策略的发展。这种新兴模式有潜力提升农产品生产的标准化程度和精准度，增强其管理能力。借助数字化手段，可以向农民传递最新的信息和知识，进而促进农户间的资讯交流和资源整合，形成新的农业生产和协同发展的新路径。预计此种新方法和模式能够成功地连接起传统的微型农业产业与现代化的农业大规模产业发展，进一步提升整体农业行业的管理效率，助力推进农业产业链条的现代化进程。

1.2.2   数字经济赋能工业升级转型

数字经济对制造业的赋能进行了根本性的重塑，包括投入方式、产出导向、企业间联系、产业生态以及管理组织结构多个维度。

（1）传统的制造业依赖于物质资源的输入，如资本、劳动力、原材料等。然而，在数字经济的背景下，数据已成为核心的生产要素，转变了传统的生产动力。在这个转变中，数据不再仅仅作为一个弥合信息差距的工具，而是成为一个创新的核心要素，直接参与生产流程，从而持续提升制造业各环节的效率和质量。数据的应用范围不断扩大，使制造业的投入从传统的要素驱动逐渐转向数据驱动。

（2）产出导向。受数字经济的推动，制造业的焦点已经从产品本身转变为用户体验。这种转变意味着，制造业不再仅仅关注产品的产量和规模经济，而是更加注重用户的个性化需求和体验。这种转变由数字技术驱动，使制造商能够更直接地与用户进行互动，更好地理解用户需求，并据此调整产品设计和生产流程。

（3）企业间联系。数字经济促进了企业间合作关系的转变，即从传统的产业关联模式转向更加动态的企业群落模式。在这个社区里，公司通过数据和技术的分散，建立了资源在线化、产能灵活化以及产业链协作化的联络体系。这种机制有助于企业突破地理限制，实现虚拟集聚，并且促进产业链上下游之间更加紧密的合作。

（4）产业生态。数字经济还促进了产业生态的转变，制造业的企业之间不再是单纯的竞争关系，而是转向了基于共享、共赢原则的互利共生关系。在这种新的产业生态中，企业之间通过共享数据资源、技术平台等实现合作，从而共同提升整个产业的创新能力和市场竞争力。

（5）管理组织结构。管理组织的转变也是数字经济赋能制造业的重要方面。数字经济打破了传统的层级化组织结构，促进了更加灵活、扁平化的网格组织模式的发展。在网格组织中，信息流动更加自由，决策过程更加快速高效，这使企业能够更好地适应市场变化，提升响应速度。

总体而言，数字经济为制造业带来了深远的变革，不仅在生产方式和产业结构上，还在企业运营和管理上都实现了质的飞跃。这些变革使制造业能够在复杂多变的市场环境中保持竞争力，同时也为未来的可持续发展奠定了坚实的基础。在产业生态领域，数字经济的融合正助力制造业从简单的竞争合作模式转变为互惠互利的生态系统。在传统发展模式下，制造业致力于通过扩大产业链、构建产业集群和进行规模化运营来提高生产效率并降低成本。企业间通过规模经济和范围经济来降低交易成本，以此提升自身的竞争力。然而，随着数字经济的发展，数据资源逐渐成为关键性资源，它推动生态系统不断演变，形成以价值共享为核心的产业生态有机整体，实现从传统竞争合作模式向互惠共赢的模式转型。

当数字化平台系统的构建逐渐完备时，一种由竞争与协作转为互惠共赢的现象越来越显著。通过数字化平台，制造产业中的各个环节如上游、中游和下游都得到了整合，这使所有相关方都能实现互惠共赢的目标。此外，由于其公正性和开源特性，数字化平台能够减少信息的失衡，既能确保公平竞争，又可以防止恶性的竞争行为，从而推动形成更具互惠共赢特质的生态环境。

在管理组织方面，制造业正经历从传统的职能化组织结构向更加灵活、敏捷的网格型组织的转变。传统的科层化管理结构由于其内部资源分割、价值链过程割裂和层级众多的特点已不再适应数字经济下的快速变化和高效率要求，相反，网格型组织以其扁平化、柔性化和适应性强的特点，更适合数字经济环境下的管理需求。在网格组织中，部门间的界限被打破，信息和资源可以在组织内自由流通，从而有效地促进了信息共享和价值链的整合。首先，从信息技术的视角来看，网格化组织可以建立各部门和各级别之间的联系，保障信息在公司内部的流畅性，减少信息错误的风险，进而提高管理决策的效率。其次，在价值链赋能方面，大数据和人工智能等技术的应用优化了价值链的管理，实现了信息共享和科技价值的整合，有利于内外部管理的协同。

数字经济正在深刻影响制造业的生态系统和管理组织结构，推动它们向更加开放、协同和高效的方向发展，为制造业的长远发展提供了新的动力和路径。

1.2.3　数字经济赋能建筑业升级转型

在建筑业中，数字化转型的核心是通过智能建造来深化和优化业务流程。智能化建设的关键在于把建设项目视为基础单元，明确其在建筑业的本质属性，这些属性涵盖了统一的施工规范与步骤序列，以及每种建筑产品独特的特性。数字技术的使用目标是在工程项目中找出并提升标准的工序、技巧和构建过程，执行有效的项目管理方案，从而达到每一项建筑项目的定制化智能制造。这种转变不仅是企业长期健康运行所必需的，也是整个建筑业可持续发展的重要因素。

由于能立即展现出成果并具有高效性的特点，建设行业的工业化变革已成为推动该领域信息化发展的最优路径选择之一。这个领域的核心业务是承建项目的管理工作，尤其是在引入了诸如互联网、数据分析和人工智能的新兴信息科技后，利用这种方式可以充分发挥项目建设的管理优点，把这些先进的技术手段应用于各个环节的设计、实施到维护中去，形成全面的项目运营管控体系来提升工作流程和服务质量上的智能化水平。这样一种转变只需付出较小的成本就能立刻看到效果，因此它能够给整个建筑业带来显著的好处。

智能化的建设进程是借助连接各种生产因素（如机械、原料与人力）的方式来完成的，并且能够实现在线分享，以此建立起一套具备多元感应能力、互动特性、视觉呈现能力和高效计算能力的智能化决定系统的体系。该系统基于数字化驱动力，成功地整合了整个建筑项目的全部阶段，实施了精细的管理策略，推动了各个参与者之间的有效协作，大幅度提高了施工过程中的智能化程度，最终达到降低人工需求、优化品质和效益的目的。

智能建筑是在智能化的基础上进一步演进的,它依赖于大数据和尖端算法构建的智能思维系统,可以实现人工或者无人操作决策、自我施工、智能监控和管理,这标志着智能化发展到更高层次。这种高级阶段的智能化建造,不仅提高了建筑产品的质量,还大大提高了施工效率和安全性。

在策略和政策的推动下,建筑工地正在利用尖端技术打造智慧工地,实现信息的交互和生产操作的智能化。随着智慧工地建设的持续改进和内容的扩充,施工方式正经历着革命性的转变。这些技术的应用不仅限于工程项目的单个阶段,而是扩展到整个工程的全生命周期。这一创新型的建设方式对于整个建筑产业有着重大影响:它大幅度提升了建筑行业的数字化运营能力,成功实现了一整套项目的全程智能化控制,促进各参与者在整个价值链中的信息与数据共享,并引导传统的施工方法朝着更高效率、更加智能且更为持久的方向转变和优化。

1.2.4　数字经济赋能服务业升级转型

自中华人民共和国成立以来,服务业的演变和增长一直与国家的经济发展战略紧密相关。从成立初期至改革开放之前,服务业的发展相对缓慢,主要集中在商贸物资和运输服务等行业,这些行业的规模较小,实力相对薄弱。然而,随着改革开放的深入和数字技术的蓬勃发展,服务业领域得到了极大的拓展和加强。

特别是数字技术的兴起,为服务业带来了革命性的变化。这一系列转变不但驱动了新型商业模式的进步,同时也推进了信息科技和服务行业的扩展。到 2020 年,电子商务行业已经实现了超过 5.45 万亿元的营收,同比提升了 21.88%,这充分展示了服务产业在数字化的驱使下迅速发展的趋势,尤其是电子商务交易服务的收益率攀升至36.33%,而在基本的服务范畴中,如电子商务支付、物流配送及信息科技服务等领域的收益率却呈现下降态势,但仍保持在 16.73% 的高位,至于衍生的服务类别,其收益率则上升至 20.3%。

数字平台经济为服务业赋能,推动了服务业质量的变革。这种变革使服务业在商贸流通和公共服务方面变得更加聚合,同时也变得更加敏捷。新的趋势是服务平台化,用户的评价与反应会在这些平台中聚集并在公共领域展示,这大大减少了虚假消息的扩散,解决了信息的不对等问题,使服务变得更加透明。此外,数字化科技也提升了行业的一致性水平,有利于解决服务内容的多样性,实现了一部分服务品质的管理。

在主要的服务平台上,商家每天都能获取大量客观的服务评估,这些实时反馈有助于市场调整,形成了一个优胜劣汰的市场环境。借助大数据和消费者到企业(customer to business,C2B)模式,消费者的需求可以精确地传达给商家,从而协助商家提供更加精准和定制化的服务。

通过数字化技术的应用，服务行业已经从人力资源密集型转变为技术和知识密集型，这不仅提升了服务的附加价值，也促进了高级服务领域的进步。这种融合发展使"服务"成为一种特殊的商品，推动了服务业向更加专业化和高质量的方向发展。

1.3　产业数字化转型总体方向

1.3.1　链长型企业产业数字化加速推进

在产业数字化升级的过程中，集团化企业通常处于产业链和价值链的核心环节，掌握了大规模战略性市场，同时具有较强的科技创新能力和规范的管理机制，这些都是集团化企业打造现代产业链链长具有的良好资源和能力的基础。因此，在传统实体企业的产业链中，集团化企业常常承担起"链长"的角色。特别是作为中国科研投入、产出和研发平台的重要主体，集团化企业在关键核心技术突破、实现国产替代、破解"卡脖子"技术等方面发挥主导力量，为保障国家安全奠定了良好的基础和条件。而且，集团化企业是整合并协同上下游、带动各类创新主体构建创新网络和生态的核心力量，为自身打造产业链链长、驱动产业创新发展创造了良好的条件。

链长制[①]政策推动创新能力提升，实现延链、补链和强链的目标。链长制是实现产业链与创新链协同发展的重要手段。链长制政策依托重大科技创新平台，打通全链条节点，连接不同属性科研创新机构、链主企业、中小微企业以及社会群体参与创新过程，从过去个别节点的小范围协同创新迈向连接全流程、全链条的整体协同创新，汇聚数据、知识、技术、设备等创新资源[②]，实现知识经验随时调用，推动创新模式从封闭走向开放，促进创新主体更多元、创新资源更广、创新工具更优、创新价值含量更高，最终实现创新能力的提升和产业链的现代化。

集团化企业作为产业链链长在推动产业数字化发展上具有三个方面的现实意义。一是能够为产业链中的其他企业提供激励来促进产业链协同。例如，可通过提供订单等方式来牵引上游企业积极性投资，或者通过供应链融资方式来解决其他企业的资金约束。二是能够对产业链中的其他企业予以有效协调来促进产业链协同。例如，为供

---

① 链长制是由地方政府主要领导担任"链长"，利用地方最高负责人的综合协调优势，在更高层面上保障各个产业链稳定发展的一种地方主导型产业政策。链长制包含三个要素，即链长、链主和产业链。链长通常由地方政府高级公务员和行业协会负责人担任，负责协调相关领导和部门，统一产业政策，并对外统筹负责链上企业发展、招商引资、人才引进、技术创新等重大事项。链主则是产业链上的龙头企业，为实现自身利益最大化，会协调产业链上的各个节点，淘汰落后环节。产业链则是由各个相关企业组成的产业生态系统。

② 孟祺.产业政策与产业链现代化：基于"链长制"政策的视角 [J].财经科学，2023(3):93-107.

应商提供大规模市场或产品开发承诺，牵引产业链在特定技术路线开展协同研发或产业化。三是能够对产业链中的其他企业提供公共物品以促进产业链协同。例如，为其他利益相关主体提供共性技术或产业基金，以弥补创新系统的结构性缺失。

1.3.2　中小微企业产业数字化协同转型

根据工商注册企业数据，中小微企业占比达到注册公司的 90% 以上，是我国国民经济与社会发展的基础力量，在缓解社会就业压力、稳定经济发展等方面，发挥着至关重要的作用。随着互联网、大数据算法、万物互联等技术的快速发展，绝大多数中小微企业的增量市场的红利逐步褪去，大部分企业的战略模式也从"活得好"向"活下去"做转变，面对时代和技术变革，企业需要通过技术手段建立数字化运营管理模式，提高数据开发能力和基于数据的汇总分析能力，从而获得企业增长新动力。同时，它有助于全方位了解客户需求，快速响应市场，及时预防和应对突发事件，准确实施营销策略，提高企业运营效率。此外，它还能为管理者调整业务结构、制定创新的商业模式和发展目标提供有力的数据支撑，以数据驱动赢得竞争的主动权。

目前，中国正处于全力推动经济转型、加快产业升级的关键时期，传统产业正在努力向高技术含量、高附加值产业转变，经济结构也在慢慢转向"创新、绿色、环保"的新主题。数字化企业也将先进的管理思想与现代信息技术相结合。信息技术的商业应用价值在不断促进企业管理的科学化，现在越来越多的企业在向数字化迈进，希望通过信息技术改变商业模式，为企业带来新的商业机会。[①] 数字化转型是基于数据整理的过程，即大家所说的大数据时代。它是一种通过数字化技术推动企业商业模式创新和商业生态系统重构的方法。核心目标在于实现业务转型、创新和增长。数字化转型并非短期眼前的战术手段，而是涉及企业战略层面的概念。其本质在于以客户为中心，利用数字化技术对业务、流程和组织进行全面重构，以深度了解客户体验和喜好，把握市场发展趋势，推动数据和业务能力的服务化。

国家发展改革委和中央网信办于 2020 年启动了"上云用数赋智"行动，旨在支持中小微企业的数字化转型。该行动从能力扶持、金融普惠、搭建生态等多个方面出发，鼓励企业加速数字化转型，为新经济的培育提供支持。在"上云用数赋智"行动中，"上云"指的是推行普惠型的云服务支持政策；"用数"是深入推进大数据的融合应用；"赋智"则强调对企业智能化改造的支持，特别是推动人工智能与实体经济的深度融合。为推动这一行动，国家发展改革委和中央网信办联合发布了《关于推进"上云用数赋智"行动培育新经济发展实施方案》，在现有工作基础上，致力于培育数字经

---

① 陈林楚，潘艳君.浅析新业态下的中小微企业数字化转型 [J].商场现代化，2020(14):117-119.

济新业态，深化企业数字化转型，构建数据供应链，通过数据流引领物资流、人才流、技术流和资金流，打造产业链上下游和跨行业融合的数字化生态体系。

1.4 产业数字化转型发展趋势

1.4.1 链长企业加速推进产业链改进程

集团化企业可通过链长建设工作强化与其他国有企业和民营企业的协同发展，并在此过程中深化大中小企业融通发展，促进混合所有制改革纵深发展，也就是链长企业的链改模式。简而言之，战略性重组或专业化整合是推进链长制体系的重要方法，尤其是发挥需求牵引、创新供给、人才供应、资本支持等方面的功能，有效引领产业链中的其他市场主体积极参与到完善产业链的过程中。

根据制度经济学理论，对于资源的有效配置，市场机制虽然是有效的方式，但由于存在市场失灵、对于资源的配置难以克服外在性等问题，所以需要政府这只"有形之手"去消除市场失灵导致的资源误配。但是，由于政府和市场之间的边界难以有效区分，当政府对于资源配置的干预程度过高时，将导致比市场失灵更大的资源浪费。"链长制"是地方经济管理方式的创新，是在市场失灵情形下以政府有形之手补充市场功能的制度化尝试。以"链长"服务"链主"，发挥"链主"的主导作用，服务"链主"联通产业链上下游和链内、链外企业，在要素保障、市场需求、政策帮扶等领域精准发力，助力企业克服市场失灵，从而可以实现稳固和提升特定地方与特定产业链的分工格局和分工地位的作用。从链长制的实践内容看，各地区都在市场主体作用的基础之上，发挥政府的积极作用，以"有效市场＋有为政府"的方式实现资源的有效配置。具体来看，大部分省份的链长制工作机制包含了产业链规划和产业链发展保障协同的具体方案①。

从有效市场机制角度看，链长制与传统产业政策有所不同，它更注重市场发挥作用。一方面，通过制度因素促进供需结构协同升级，激活链主内生动能，推动产业链建设，强化产业链和供应链，实现上下游集群化，达到稳链、固链、延链和强链等目标。另一方面，强调市场分工和地区间协调合作，特别是建立全国统一大市场，破除地方政府的自我封闭小循环，在统一政策规则和充分竞争的基础上，通过市场调节效应和价格信号机制，畅通产业和市场循环，推动产业链向高端发展，提升韧性。

从有为政府的角度看，链长制强调有为政府的作用。政府通过完善市场制度，改善营商环境，放管结合、维护公平竞争，减少对市场资源的直接配置和直接干预，补

---

① 孟祺. 产业政策与产业链现代化：基于"链长制"政策的视角 [J]. 财经科学，2023(3):93-107.

充市场机制的不足。实践上，各地通过差异化的原则，地方政府根据本地产业发展实际，绘制产业链地图，建立全国范围内产业链企业分布，精准招商，加强产业统筹协调，克服市场资源配置的自发性、盲目性和滞后性问题。同时，在人才引进、技术创新、要素集聚等方面出台一系列政策措施，推动创新链和产业链的"双链融合"，构建全产业链、全生命周期的服务体系。链长制有助于解决"卡脖子"问题，对于科技创新水平发展程度不高的地区，积极推动本地区产业发展与科技创新发达的地区和载体进行合作，或者直接引进科研院所的技术成果进行产业化落地，或者对本地区企业发展过程中存在的技术障碍发布需求，推动科研院所进行技术攻关。链主的作用就是根据产业链路线图，寻找本产业发展过程中的关键技术和存在的障碍，为科研院所和本地中小企业牵线搭桥，促进产业链和创新链融合。

此外，对于技术创新程度比较高的地区，在链长制政策的推动下，发挥新型举国体制的作用，将市场机制和举国体制的优势结合起来，统筹内外部相关资源，包括企业、资本、科研机构、领军人才、中介服务机构等构建全产业链技术创新体系，突破产业链补链和延链的技术瓶颈，实施科技攻关，对关键基础材料、核心基础零部件元器件以及先进基础工艺进行适应性创新，补短板、锻长板，实现补链、强链的现实需求。

1.4.2　链员企业用数赋智促进产业升级步伐

数字技术帮助链员企业管理者以短时间和低成本有效地获取企业内外资源的动态情况，提升了资源的流动性。相较于传统企业的限制，这种能力可以使企业更快速地识别对其发展有益的资源。通过迅速获取资源并灵活配置，企业能够更敏捷地响应情境变化，更迅速地满足消费者需求，从而取得更为强大的市场地位。对于链员企业而言，利用数字经济相关技术能够快速获取数字资源，灵活适应情境变化，合理配置资源，更快满足消费者需求，进一步巩固市场地位。

在产业互联网的视角下，新一代信息技术将产业链各环节与互联网全面融合，为企业降低成本、降低风险、提高运转效率提供了可能。链长企业在产业链上除了主营业务，还通过将订单分拣、分装、分配给小企业，实现了链上链长企业和链员企业资源禀赋的平衡，实现了资源的合理配置。当前，各领域的生产经营模式都在信息化基础上走向智能化发展，其商业模式逐渐从产品向服务过渡。参与者在努力构建生态闭环，促使产业链内形成互惠共赢的良性循环。

1.4.3　产业数字化转型迈向可持续发展之道

坚持以可持续发展为中心对区域经济的去边界化起到积极的引导作用。产业数字化的核心目标是提高整体效率。我国产业数字化已初见成效，但整体仍处于初期局部区域推进的发展阶段，导致区域发展不协调，部分产业内领军企业数字化进程较快。未来，产业数字化的成功发展需要加强企业对数字化转型的认知，促使多方合作，共同助力区域经济的去边界化。

坚持以可持续发展为中心是实现产业数字化转型的基本纲要，为建设可持续发展的产业数字化模型提供了指导。这需要完善基础设施，发挥各区域的优势，确保数字化转型目标的均衡发展。各地在数字化转型过程中发展不同，应因地制宜，充分发挥自身优势，推动产业数字化转型的精细化治理。

坚持以可持续发展为中心推动产业链绿色化转型，这是制造业领域实践和应用绿色经济的关键。产业链绿色化转型要实现经济和生态效益的双重目标。这需要制造业放弃传统的高耗能、高排放、低效率的模式，转向能源消耗减少、污染排放减少、生态环境影响逐步降低、劳动生产率提高、可持续发展能力增强的生产模式。坚持以可持续发展为中心可以促进能源利用效率提高，降低能源损耗，推动制造业产业链绿色化转型。

坚持以可持续发展为中心有助于企业更好地适应市场环境。相较于稳态系统，敏态系统的业务流程、外部环境通常不可预测，需要不断迭代和变化。在供应链、客户服务、数字化营销等领域，企业需要敏捷的系统适应环境变化。坚持以可持续发展为中心可以使企业更加敏捷、灵活，更好地适应市场变化，提升服务价值感。

1.4.4　产业数字化转型迈向质量型转型之道

高质量发展是以社会进步为终极导向的数字化转型之路，其发展历程分为以下四个方面。

一是科技型转型。科技型转型中，科技创新扮演着关键角色，它是现代化建设的重要推动力。科技创新解放和发展生产力，其推动产业沿内涵式发展道路迈进，实实在在提升产出效益，推动产业质量提档升级，进而提高全要素生产率。信息技术的广泛应用催生了智慧产业链，以物联网、大数据、区块链和智能装备等为支撑，推动平台经济和技术经济相互融合，促进数字经济的全面转型。这一转型致力于推动经济更为智能和高效运作，为产业发展注入新的动力。智慧产业链的形成通过信息技术的普及，使企业能更迅速地适应市场需求，实现生产过程的智能化和数字化。物联网连接了各个环节，大数据分析提供了深刻的洞察，区块链技术确保了数据的安全和透明，而智能装备的应用则使生产更加灵活高效。这一过程不仅仅是产业升级，更是数字经济的全面转型。平台经济与技术经济相互交织，形成协同效应，推动产业向更加数字化、智能化的方向前进。整个经济生态系统在科技创新的推动下逐渐变得更为复杂而高效，为社会创造了更大的价值。

二是创新型转型。在创新型转型中，数据成为数字经济时代企业管理的最新要素，深刻影响着传统组织结构和流程，颠覆了传统的交易和交流方式。为适应复杂的供应链体系，企业组织采用了极小化的自由组织结构，这种灵活的自由组织模式使生产更加柔性，决策更加分散，管理实现了平台化，从而实现了管理水平的升级。与此同时，数字技术可在短时间内、低成本内帮助企业管理者有效获取企业内外资源的动态情况，增强了资源的流动性。相较于传统企业的局限性，这种新模式能更快速地识别对企业发展有用的资源，进而实现产业链的升级。这种创新型转型在企业运营中产生深远的影响。数据驱动的管理模式使企业能够更敏锐地捕捉市场变化，更迅速地调整战略和资源配置。极小化的自由组织结构提高了企业的灵活性，使其能够更迅捷地应对市场需求和竞争压力。数字技术的应用不仅提高了企业内外资源的获取效率，还为企业带来了更多创新和升级的机会，实现了产业链的持续升级和发展。这样的创新型转型不仅提升了企业的竞争力，也推动了整个数字经济时代的发展。

三是敏态型转型。强调系统的敏捷和灵活性，是以市场和业务为驱动的。它需要采用相对敏捷甚至去中心化的治理方式。在产业数字化转型中追求敏态的效果，有助于企业更灵活地适应市场环境，更好地应对时局的变化。这种敏态型转型注重系统的动态适应性，要求企业具备迅速调整策略、高效应对不确定性的能力。数字化转型的敏态取向使企业能够更加主动地迎接市场挑战，实现更加灵活、快速的决策和响应。这样的转型方式不仅有助于提升企业的应变能力，也有助于推动整个行业的创新和发展。

四是注重发展新动能，促进数据要素化发展。促进数字经济与实体经济深度融合，已经成为抓住科技革命和产业变革机遇、抢占未来发展制高点的有力举措。数字经济通过新技术、新要素、新业态可以有效地促进实体经济的增长，而实体经济则为数字经济的应用和数字产业的发展创造了巨大的外部需求。在经济发展新形势下，促进数字经济和实体经济深度融合，是顺应科技革命浪潮、契合国家战略需求的必然之举，也是实体经济实现高质量发展的关键所在。通过推动数字经济和实体经济深度融合，借助中国超大规模市场优势和丰富应用场景，有利于加快推动中国经济由人口、资金、技术等传统要素驱动模式转为全要素驱动模式，为中国未来经济繁荣发展带来无限新机遇及新变革。

1.4.5　产业数字化转型迈向绿色型转型之道

为了推动绿色发展、实现碳达峰和碳中和的目标，迅速推进产业数字化转型显得尤为迫切。特别是对于制造业的数字化转型而言，这不仅有助于制造企业实施精细化管理和精益化生产，降低生产过程中不必要的物资和能源损耗，从而减少碳排放，为碳达峰和碳中和提供强有力的支持。此外，产业数字化转型还有助于推动产业开放、协同和共享发展，促使产业基础设施、物资、原料以及生产能力等实现更广泛的共享与利用，有效降低了重复建设和投资浪费的现象。

这一转型也为推进数字化、网络化和智能化生产创造了有利条件，为实现更环保的绿色节能生产提供了有力支持。通过数字化转型，制造业得以更加高效地运营，提高资源利用效率，减少浪费。此外，数字化的协同和智能化的生产方式有助于实现生产过程更加环保，进一步减轻对环境的不良影响。因此，加速产业数字化转型无疑是走向绿色型发展的必由之路。

产业数字化，重点在于数字技术对传统产业改造，从而实现数字化、智能化以及网络化的过程。基于创新的协作性要求和数字技术降低跨界跨地域链接成本的优势，数字技术能够使产业进行研发活动的效率水平有所提升。不仅如此，数字化还可以通过扩大创新主体的范围以及创新合作来提升区域创新系统的效率。产业数字化还可以借助其降低信息检索成本和渠道成本的优势，通过提高产业内相关企业的创新能力和生产效率来提升企业的创新效率[①]。

第2章 数字经济发展谋篇布局

2.1 产业数字化转型战略之平台引领

2.1.1 平台经济的发展方向

平台经济是数字经济的一种特殊形态,它是指依托于云、网、端等网络基础设施并利用人工智能、大数据分析、区块链等数字技术工具撮合交易、传输内容、管理流程的新经济模式。它是一种基于数字技术,由数据驱动、平台支撑、网络协同的经济活动单元所构成的新经济系统,是基于数字平台的各种经济关系的总称。

在互联网技术基础上,平台经营者向平台各边的不同主体提供差异化的产品与服务,从而整合多主体之间的资源和关系,将供需双方进行匹配和交易,从而创造价值,使多主体利益最大化的一种新型经济形态。常见的数字平台包括电子商务、网络约车、文娱、社交媒体、搜索、数字金融等。

近年来,在数字经济的迅猛发展和企业数字化转型的推动趋势下,平台经济也得到了快速发展。目前,平台经济的发展主要由以下几个方向引领:首先,应以产业互联网为导向,构筑供给侧平台化,来解决低附加值的盈利模式问题,实现供给侧改革;其次,应构造优质发展的平台生态圈,赋能传统实体企业,创造新型经济增长点,推动平台经济发展;同时,面对数字安全和市场竞争法规不完善问题,努力形成多维监管体系,构建平台经济发展公平、安全的竞争和发展环境,使发展结果惠及更多企业和群众,促进我国数字经济的发展。

1. 以产业互联网为导向,构筑供给侧的平台化

目前,平台的盈利模式依然以低附加值的消费侧服务为主,制约高质量发展。过去流量变现的盈利模式快速催生各领域诞生了头部平台,但其模式本质仍以低附加值为主:广告、佣金、游戏、金融等方式仍是数字平台企业盈利的主要模式。2021年第三季度财报数据显示,阿里巴巴电商广告及佣金营收占比为36%,而云计算及创新业务占比仅为11%;腾讯游戏与广告营收占比则高达47.3%。平台企业的创新较多集中

在商业层面，在云计算、人工智能等数字技术在研发创新及技术与产业融合应用方面仍有待进一步提升。[①] 无法依靠技术创新带来独特的产品与服务，缺乏信息技术应用对产业升级赋能的价值创造，已成为制约我国平台经济发展的重要因素。

因此，当下平台企业的核心目标是要以产业互联网为导向，树立消费侧与供给侧的联结，推动供应链敏态化，将线性产业供应链转化为生态供应链，构建平台经济生态体系。在传统背景下，产品要经过产业链的上游—中游—下游，然后才到消费者这里。这种线性模式可能会导致大量浪费。企业应通过平台搭建产业链，来形成产业生态圈，将各行各业的用户群体纳入这个圈子。企业可与更多的合作伙伴实现产品、服务和资源的共享和协同。平台企业通过将自身消费端资源导入赋能产业形成价值创造，实现生产制造环节与需求精准对接；同时，提供供应链及流程管理数字化服务，提升全链条效率。平台企业通过提供云服务、基础及应用软件如运营、营销、供应链数字系统，为企业采购、生产、库存管理、运营等环节提供数字化解决方案等服务或产品，助力提升生产和管理效率，为产业数字化转型提供"软"支持。

通过此举，企业可以推动产品和服务向更大范围、更深层次、更高效率的方向发展，与全球各地客户直接沟通、合作，为平台经济释放能效。同时，受益于更灵活和更高效的管理方式，企业可以更好地应对市场变化和挑战。

2. 赋能传统实体企业，创造新型经济增长点

平台企业拥有激发传统实体企业发展创新的潜能和价值。同时，平台企业单纯靠流量等模式难以持续发展，因此也应强化实体属性，加快成为新型实体企业。当下，平台将物流、数据、供应链等资源进行开放，并将其深度融合于传统产业发展趋势的时代蓝图之中。作为数字化进程中的各大实体企业，应顺应数字化趋势，推动平台经济为实体经济的赋能作用，支持平台企业依托数据和算法优势，为生产制造提供个性化定制、按需生产、无人生产等新型生产制造模式，实现产品、服务模式的创新，形成新的盈利模式；顺应国家战略，引导平台企业布局农村，加快数字农业、智慧农业的发展，赋能乡村振兴；借助成熟的消费互联网平台开展消费升级，扩大高质量供给，创造高品质的产品和服务，激活新的消费市场和潜力，为数字经济培育新的增长点，赋能传统实体企业的数字化转型。

平台经济不断催生的新业态和新服务不仅满足了消费者个性化、多样化和品质化的消费需求，更推动了消费扩容提质，打开了新增长空间。依托于平台的订单驱动和个性化定制逐渐成为主要的生产和消费模式，推动中国经济结构由生产驱动转换为消

---

① 陈静，孟凡新. 新发展阶段平台经济发展问题、演变走向及建议 [J]. 商业经济研究，2023(11): 102-106.

费驱动，而这种转换正是数字化高质量发展的重要组成部分。

平台企业应充分发挥赋能实体经济发展的价值作用，通过优化发展消费互联网平台进一步激发内需潜力，通过大力发展工业互联网平台，有效带动中小企业联动创新。而对传统实体企业来说，应将平台业务作为切入点，将数字技术与实体产业进行交融，通过数据驱动这根指南针，实现供需的精确对接，从而实现供给效率的提升。

3. 形成多维监管体系，构建合规安全新环境

平台经济天然就具有资本青睐、无限扩张及自然垄断的倾向，故容易引发新旧业态间的矛盾冲突、平台与其他经济主体间的非公平竞争，形成平台垄断的暴利而导致财富悬殊，成为实现共同富裕、构建平台经济生态圈的重大障碍。目前，平台企业中市场监管依然不到位，垄断现象和消费者权益受损现象依然存在。垄断行为抑制中小企业发展，有悖于市场公平竞争，导致产业创新能力不足，同时加大垄断带来的产业结构分配失衡风险。平台和产业链上下游商家形成支配和依赖关系，平台具备了重构产业结构的能力，影响社会分配。因此，平台应将重心落在规则调整上，以谋求竞争合规化。平台企业应加快运营规则建设，逐步纠偏，实现业务合规化，以满足监管基本要求。这样带来的效果是平台经济业态将完全纳入市场监管，在市场竞争、消费者权益保护等方面形成线上线下趋于一致的市场监管标准，从而有效遏制平台经济的垄断现象，统筹平台竞争与创新发展；同时鼓励和引导平台经济在城乡之间、地域之间的扩张或移植，让更多欠发达地区的人们共享平台经济红利，促进平台经济生态体系的形成，通过高质量发展促进产业链共同富裕。

其次，应保障用户权益，打造安全放心的平台环境，使平台就业者保障等体系更加完善。《中华人民共和国数据安全法》《中华人民共和国个人信息保护法》等法律法规陆续出台，推动平台企业在用户数据获取、利用等方面更为谨慎合规，围绕平台用户数据保护、大数据杀熟、侵权商品问题等消费者权益的保障体系日益完善。

2.1.2　平台经济的构成模式

根据数字平台的赋能主体不同，平台经济赋能领域可分为八个部分，即数字平台在产业、区域、传统市场、传统企业数字化转型、生态圈的构建、企业、创客以及数字政府八个领域的赋能模式。

1. "平台＋产业" 模式

产业平台化与平台产业化相互交织，形成了如金融平台、支付平台、直播平台等大型平台经济体，这是平台经济的基本形态。平台产业经济带模式推动着传统产业向高附加值的现代服务业、高新技术产业转型，推动着交通运输业、加工制造业、房地产业、金融业等支柱产业的升级及其与服务业的融合发展，促进了各个产业的供需衔

接、匹配与产销融合，由此产值、产能与增值潜能均得以提升，平台经济革命的成果在多个产业、多个领域得以共享。

从产业规模看，数字平台市场规模将持续扩大。据美国通用电气公司（GE）预测，到2030年数字平台及相关产业将为中国经济带来累计3万亿美元的GDP。德勤预计中国平台经济规模将会在2030年突破100万亿元。赛迪顾问认为，以工业互联网为载体的新型工业和经济模式成为中国经济复苏的发力点。预计到2025年，中国工业互联网市场规模达到12 688.4亿元，预测增长率为13.8%。

从应用推广看，数字平台在行业中的应用将逐步走深走实。随着数字孪生、边缘计算等新兴技术的应用深化，数字平台作为物理世界与数字孪生世界的桥梁作用日益突显，其整体发展将更加务实，将聚焦行业痛点问题，将技术突破、模式创新与产业实际需求相结合，面向特定场景、具有更大价值的行业解决方案以及第一、第二、第三产业融通领域的系统解决方案将会涌现。以服务业为例，截至2021年，52.7%的网民是网上外卖用户，外卖日益渗透到居民的生活中。"外卖＋社区团购＋生鲜到家"多种模式满足用户不同需求；此消费习惯已逐步从一线延伸至下沉市场，预计将产生更多服务类需求及就业；以生鲜、药品为代表的"即时零售"业务发展迅速，助力疫情下的民生经济，美团也通过无人配送、中小商户纾困政策等措施为不同的主体给予帮助，彰显社会价值，推动了服务业的发展。

从转型创新看，产业互联网转型步伐加快。当前，消费互联网增速放缓、趋于饱和，产业互联网发展潜力正逐步释放。互联网平台企业纷纷调整投资和运营策略，积极向产业互联网发力。腾讯、阿里巴巴、百度、京东等主要平台企业打造的工业互联网平台均入选工业和信息化部发布的"跨行业跨领域工业互联网平台名单"。展望未来，产业互联网发展前景广阔。埃森哲预测，到2030年，产业互联网能够为全球经济带来14.2万亿美元的经济增长。我国是制造业大国、网络大国，拥有工业体系完备和信息技术创新活跃的产业优势，以及市场需求广阔、应用场景丰富的市场优势，因此发展产业互联网潜力巨大，也能为平台企业的转型创新开辟一个更加广阔的新空间、新赛道。

2. "平台＋区域"模式

目前，大批自贸区、经济开发区、高新技术区等平台经济体在中西部地区创立，平台产业或大型平台企业进驻乡村或欠发达地区，如淘宝乡镇，还有"一带一路"合作区，都是平台区域经济带的表现形式。

直播平台实现了不同区域的短视频内容创作者、主播与潜在用户的需求匹配与对接，创造了新的社会价值。例如，抖音助力乡村文旅发展的"山里DOU是好风光"项目、"山货上头条"直播电商助农项目等，使在大山里无人知晓的滞销农产品或商品进入全国人民的视野，显著带动了欠发达区域的经济发展，为乡村振兴发展带来实实在在的助力。"东方甄选"借助直播平台以及电商平台以"数字供应链＋全网渠道"的形式完成客户交付，"数字供应链"匹配东方甄选线上直播带货的特点，使销售预测与生产计划无缝对接。"全网渠道"就是充分利用东方甄选的流量效应和传播声量，在全网所有电商平台开通东方甄选旗舰店，销售自有品牌的产品。这一方面带动了农村农业的经济发展，另一方面使收入转化为新东方公司的市值，同时为自己创造无限的发展机遇与潜能。

平台区域经济带的形成与发展促进了欠发达区域商品、信息、文化与生产的互动与沟通，推进了城乡间、区域间的内外区域联动与一体化发展；平台经济能够突破欠发达地区相对偏僻、生产相对分散、供求信息不对称相对严重、产供销网络不够顺畅等发展障碍，推动欠发达地区的快速发展和区域间、城乡间的经济均衡发展。

3. "平台＋传统市场"模式

传统的集市、股市、人力资源市场、进出口交易市场、零售市场等，都可以形成电商平台或跨境电商平台，传统的商业银行已经开放了投资理财产品，形成了新型的理财集市，传统的渠道商可以转型为多边市场。这些多边市场与电商平台经济带通过连接与整合产供销网络，创新与健全流通方式，覆盖欠发达地区、乡村及低收入群体，在提高生产生活质量和资源配置效率的同时推动着平台经济成果的普惠共享。

国家统计局数据显示，2022 年全国电商平台交易额达 43.83 万亿元，按可比口径计算，比上年增长 3.5%（见图 2.1）；我国网络购物用户规模达 8.45 亿人，占网民整体的 79.2%。网络零售持续增长，成为扩大内需、拓展消费的重要力量：2022 年全国网上零售额达 13.79 万亿元，实物商品网上零售额达 11.96 万亿元。商务大数据监测显示，2022 年全国农村网络零售额达 2.17 万亿元（见图 2.2）。同时，海关数据显示，2022 年我国跨境电商进出口额为 2.11 万亿元（见图 2.3）；其中，出口 1.55 万亿元，进口 0.56 万亿元。

可以看出，"平台＋传统市场"的电商模式近年来飞速发展，未来可创造经济价值的潜力无限。同时，它推动了数字乡村建设进程，促进乡村振兴成效显著；"丝路电商"的不断扩大也助力跨境电商企业拓展新的市场、创造新的价值和打造良好的国际环境。电子商务已步入和传统产业深度融合的阶段，助力经济高质量发展。

4. 传统企业转型平台企业

由于传统企业存在着明晰的垂直边界、水平边界、外部边界、地理边界及心理边界，互联网时代信息技术的发展与广泛应用，要求组织提升对信息的获取、传递、反馈能力，故而新时代要求模糊各种边界，通过组织协调，提高整个组织信息的传递、扩散和渗透能力，把互联网时代的信息技术与组织结构的创新结合起来，实现组织设计的新变革。

图 2.1 近十年全国电子商务交易额及其增长率

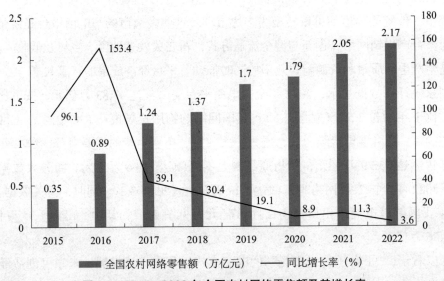

图 2.2 2015—2022 年全国农村网络零售额及其增长率

　　传统企业可借助平台的技术优势，连接生产者与消费者，同时通过重构产业链与价值链等方式创造新的价值，从消费端快速向生产端、供给端推进，以数字化转型为导向形成供求高效匹配的新机制，培育传统产业发展的新动能。

　　而平台企业的经济辐射作用不仅在于对平台用工的影响，而且其在平台化转型过程中通过合约控制权的对外开放，引入了更多的互补品生产者、互补服务提供者、互补技术开发者或运营承办者。例如，京东、国美等零售企业开放了部分销售空间和渠道，海尔、华为等加工制造业开放了技术开发、程序开发等业务，商业银行开放了其

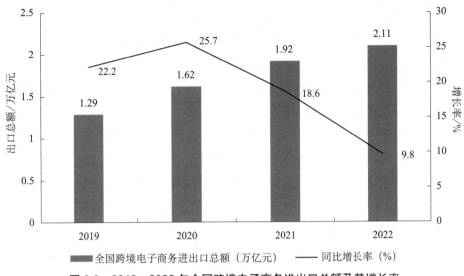

图 2.3　2019—2022 年全国跨境电子商务进出口总额及其增长率

他金融机构投资理财产品的网络销售权。每一份合约控制权的开放均意味着经济利益的开放共享。

目前传统企业转型平台企业的进程中应通过数据要素的深入挖掘与合理应用，帮助企业技术捕捉消费新需求，赋能企业创造新产品、新服务、新场景。以高质量供给满足和创造新需求，推动形成供需互促、产销并进的良性循环。传统企业的平台化转型在提升专业化分工效率的同时，辐射带动了所在行业的整体发展和生态系统成员的收益增长。

5. "平台 + 生态" 模式

平台生态系统是数字经济时代下商业生态系统创新的再一次范式革命，为人类社会与生产生活带来效率变革、治理变革以及创新变革；同时，平台生态系统也加速嵌入到社会中并影响着社会。在下一个转型十字路口，平台生态系统需在真正意义上开展面向共同富裕视野下平台综合价值与共享价值的创造活动，切实发挥企业本位下的市场主体与社会主体的平台责任[①]。

此模式中平台通过平台裂变、网络平方、平台聚合、互联互通等演化途径，吸纳、聚集或联通其他平台，在增强平台联通与覆盖能力继而提升平台规模与创富潜能的同时，产生了组织再生产的分工协作效率和经济辐射效应，但也可能因为走向平台垄断而牺牲了市场公平与收入平等，因而需要政府的监管与规范。

平台生态系统是一种建立在硬件或系统等技术平台之上，包含技术创新、生产制

---

① 阳镇，钱贵明，陈劲. 下一个十字路口的抉择：平台生态系统迈向何方[J]. 清华管理评论，2022(9):14-24.

造、服务提供和外部辅助环境等子系统的生态圈，可被定义为将产业链上的供应商、分销商、互补者和开发商连接在一起，以为终端客户开发有价值的产品和服务为目的，具有协同、共生、多样、稳定等特征的生态圈。从平台生态系统中各组件的功能及关系来看，平台生态系统是一种不同互补商以核心平台为中介，对产品、服务和技术进行合作性创新开发所形成的有机系统。尽管目前对于平台生态系统的定义有诸多不同的侧重点，但总体来说，平台生态系统是大型互联网平台基于初始产业领域的多样化扩张而构建出的跨产业的多元网络生态经济圈。在平台生态系统内部，平台企业处于核心位置，为该系统构建基础的运行逻辑与底层框架，协助其他成员向着共同的愿景前进，以调整他们的商业行为，并找到相互支持的参与方，最终实现平台生态系统的自我演化与成长；消费者通过购买、使用商品或接受服务参与平台生态系统内部的资源流转与共享，为生态系统的运行注入活力；其他参与者也在平台生态系统内部发挥一系列对应的功能，并且不同的参与者通过平台企业设定的利益共建、共创、共享机制在生产、销售、服务的各个环节进行有机结合，最终实现平台生态系统的有序运行。

平台生态的建设与创新并非一蹴而就，需要平台企业、政府部门以及社会组织与社会公众凝聚共识形成合力，尤其是平台企业需要从真正意义上转变企业家精神导向，以契合平台共赢—社会公益的新视野，重塑平台共益型企业家精神，在真正意义上开展面向共同富裕视野下平台综合价值与共享价值的创造活动，为企业和供应链数字化转型提供稳定优质的生态环境。

6. "平台+企业"模式

位于数字化潮流前端的企业，如亚马逊、海尔和华为等，在其快速响应力的背后，是一整套的支撑平台——顾客触点平台实现全方位洞察顾客所需，资源服务化平台快速供给数字化服务，数据自服务平台支持基于数据的决策，新技术实验平台赋能业务创新。这样的平台经济帮助企业构建了强大的生态圈。企业平台化转型要求大企业深刻理解并准确把握转型的时代背景、内涵模式、路径方法，主动在组织形态、商业模式和创新管理等方面做出变革。

大型企业平台化转型是指企业通过采用去中心化的平台型组织结构，开放技术、资本、市场等优势内部资源，链接各类外部资源，打造创新创业生态圈，促使大量社会创新主体围绕大企业在线上线下形成集聚，从而实现大中小企业融通发展。经过转型，企业从封闭发展模式转向内外协同模式，从生产者、交付者转变为资源的链接者、整合者的角色。

平台化转型是企业应对颠覆性创新、适应快速变化环境、实现大型企业永续发展的重要机制。企业在实现自身转型升级的同时，更能盘活存量资源，孵化出大量中小微企业，实现爆发式成长，为培育壮大经济发展新动能提供重要机制。对于大型企业相对集中的区域，虽然在新旧动能转换过程中遇到严峻挑战，但完全可以通过推动大企业平台化转型释放能量，激活新经济发展，将区域内大企业多年积累的势能有效转换为新动能，变被动为主动，创造新的发展机遇。目前，由大型企业平台孕育孵化具有新兴业态属性的瞪羚和独角兽企业已成为中国经济发展的一大亮点。[①] 例如，海尔集团孵化出海融易、众海汇智，海信孵化出海信医疗、亿联客等瞪羚企业，五星控股孵化出孩子王，北汽集团孵化出北汽新能源，中粮集团孵化出我买网等独角兽企业。

同时，在"平台＋企业"模式中，大量的中小企业可以进驻大型平台从事产品、技术及服务的开发与创新。例如，在华为手机平台及鸿蒙操作系统上，就有数以万计的企业生产零部件、开发应用程序；在阿里平台，有数以百万计的中小企业在淘宝、天猫平台上开展销售或从事互补服务；在抖音等新媒体或腾讯等社交平台上，有数以千万计的中小企业开展营销推广或直播销售等业务创新。新产品的推出、新技术的开发、新服务的补充、新业务的开展，势必带来利益相关方收入的增长，这是平台创新经济带辐射与渗透的结果。

中小企业作为中国经济"金字塔"的塔基，量大面广、铺天盖地，是产业转型和跃升的微观基础，在稳增长、促改革、调结构、惠民生、防风险中发挥着至关重要的作用。作为中小企业，更应顺应数字化转型这一时代发展的必然趋势，转型平台企业。可通过结合自身优势，加强与大型企业的协作配套，促进上下游企业协同数字化。为此，需要基于龙头骨干企业的数字化转型，构筑面向中小企业的数字化赋能平台经济，通过大企业"建平台"和中小企业"用平台"来双向发力，推动大中小企业形成协作共赢的数字化生态。从研发设计、生产制造、能力共享、质量溯源等行业共性需求入手，满足中小企业小批量试制和定制生产的需求，延伸产业链和价值链。支持中小企业基于产业集群，与供应链上下游企业打通数据渠道，建设数字化园区和虚拟产业园，实现数据信息共享、制造资源共用、转型过程协同。这不仅能使中小企业在数字技术的赋能下把生产各要素各环节数字化，推动技术、业务、人才、资本等资源配置优化，引领组织流程、生产方式重组变革，从而提升企业运营效率、降低成本；还能让中小企业紧跟数字经济时代大势，不断将产品、技术和商业模式推陈出新，为以后的发展注入新的动能[②]。

7. "平台＋创客"模式

互联网平台为当代中国社会经济发展提供了多种灵活就业的社会选择，最大化地提升了个人的自由选择程度，构成平台促进就业的区域均衡与社会公平的重要社会基

---

① 佚名.大企业平台化转型：新时代推进企业变革的必由之路（上）[J].新材料产业，2019 (12):57-61.

② 刘淑春，林汉川.探索符合我国实际的中小企业数字化转型[J].中国中小企业，2021(11):71-72.

础。据不完全统计测算，以微信、抖音、快手、京东、淘宝、美团、饿了么等为代表的平台，在 2021 年为中国净创造就业约 2.4 亿人，为当年约 27% 的中国适龄劳动人口提供就业机会。这表明，平台在助力经济发展的过程中发挥了重要的就业稳定器作用。

平台经济创造了大量的新业态、新模式，催生了多样化的就业领域和职业类型。近年来，以电商主播、外卖骑手、快递小哥、网约车司机等为代表的新就业形态劳动者数量激增，成千上万的大众创业者可以通过进驻猪八戒网、滴滴、美团、抖音直播等平台开展创业、销售或提供劳务；或将自有的闲置房产、汽车等资源接入爱彼迎、携程、神州租车等平台，通过开放闲置资源的使用权取得相应的收益；或进驻各城市、大学及科研院所主办的创新创业基地或孵化中心，开展创新创业活动并取得相应收入。据统计测算，2022 年我国电子商务从业人数达 6937.18 万人。

同时，平台经济的发展也带来就业市场结构的变化，丰富了劳动者的职业选择。借助平台，人们可以依照自己的兴趣、技能、时间及拥有的各种资源，以自雇型劳动者身份灵活就业。"为自己工作"意味着自谋职业、短期合同工作、非全日制工作等灵活就业在就业形态中占比越来越高。基于平台的灵活用工模式在缓解就业市场结构性矛盾、增加收入等方面的重要作用更加凸显。受疫情影响，线下餐饮、酒店等服务业企业大量员工待岗，而电商、物流等企业则出现短期内业务暴涨、人手严重不足等情形，基于平台的"共享员工"模式使劳动力资源得以有效流动。这一模式还渗透到了房地产、科技、物流等多个行业。从发展趋势上看，企业自身核心的关键环节仍将保持传统雇佣模式，但同时大量非核心的或者季节性波动强的岗位，将越来越多地采取灵活用工的模式。未来的就业市场将呈现出包含传统雇佣就业、基于网络的灵活就业、服务外包和众包等多元化就业方式并存的格局。

另外，平台经济也使新就业形态具有更强的包容性。技术进步加上灵活的就业模式，大大降低了就业门槛；而平台上丰富的开放资源，也提高了劳动者的就业效率。商务部数据显示，截至 2020 年，全国农村网商突破 1300 万家，吸引了大批农民工、大学生、退伍军人返乡创业。在滴滴平台的就业者中，有 51.5% 是农民工、12% 是退役军人、6.7% 是建档立卡的贫困人员，他们都是国家重点关注的就业群体。2019 年，在美团平台就业的外卖骑手共有 398.7 万人，其中 25.7 万人是建档立卡的贫困人口，占骑手总量的 6.4%。新增骑手来源中，排名第一的为工厂工人，占比 18.6%；其次为销售人员，占比 14.3%。此外，各类灵活就业平台也通过带动上下游产业发展，间接创造了更多就业机会。平台经济的发展为就业发挥了稳定器和蓄水池的作用，大幅提升了我国经济运行的就业承载力，助力创造就业和改进民生。

8. "平台＋政府＋企业"模式

建立与互联网时代经济社会发展相适应的政府管理服务模式，是一种迫切的需要。在互联网时代，人民群众对政务服务有新的期待、新的需求。大力推进"互联网平台＋政务服务"，加快全国一体化政务服务平台建设，有利于进一步优化营商环境，进一步降低制度性交易成本，进一步激发社会和市场活力，为企业和群众创业营造更好的环境，为经济社会发展注入新的动能。

我国政府可通过优化升级国务院政策文件库，方便企业和群众对国务院政策文件"一网通查、精准获取"；推进建设中国政府网政策答问平台，逐步实现国务院重要政策咨询"一网通问、一网通答"；利用国务院客户端小程序平台，联合相关部门推出利企便民精品应用，服务中小微企业数字化转型。利用平台经济的优势，推动政务模式的进步和企业数字化转型的进程。

平台经济的推动是数字政府建设的一个重要基础。政务服务效能的整体提升有赖于各部门数字化水平的普遍提升。信息的可用性不能仅仅停留于信息的生产与加工，还需要将一个个信息节点打造成互通互联的信息网络和数据平台。由于数据的开放、共享、融合是实现数据价值的关键，所以提高数字化政务服务效能，应努力加强政府数字化平台建设。《数字中国建设发展进程报告（2019 年）》显示，全国一体化政务服务平台整体上线试运行以来，接入地方部门三百六十多万项服务事项和一大批高频热点公共服务，有效提升了服务效率，各地区一网通办、联通联办、协同共办逐渐成为趋势。要进一步消除信息互联的障碍，使不同部门之间的数字端口更好联通，构建完整的大数据治理体系与政务一体化平台，提升全流程、一体化在线服务[①]平台功能。将公众、社会、企业等最关注的领域与问题摆在显著位置，优先加强这些领域的数字平台建设，以数据之间的融合共享支撑公共服务跑出"加速度"。

在建设数字政府过程中，一些城市通过建设覆盖从市级到基层各层级、各部门的政务微博，把政府的事项发布与群众利益诉求、反馈推至"云上"，通过一键"@部门"就能得到政府部门回应，大大简化了政府部门回应民众诉求的流程。政府部门业务流程的智能化，能够简化行政流程，让政务沟通、政务决策与服务回应从烦琐的层级制中解放出来，通过数据流动构筑扁平化的行政关系，打破部门之间、地区之间的隔阂，实现让数据多跑路、让群众少跑腿。可以全面推进政府运行方式、业务流程和服务模式的数字化和智能化，推动政府治理流程再造和模式优化，提升公共服务效能。当然，在这个过程中，要高度重视数据安全，完善数据安全法律法规，提升数据安全防护技术水平，构筑保障政府数字化运行的安全屏障。

现代社会的复杂性、风险性显著提升，无论城市治理还是乡村治理，公共生活的不同场景相互交织，各种因素相互影响，给国家和社会治理带来新挑战。数字化技术

---

① 于凤霞. 平台经济促就业助脱贫的内在机理与发展建议[J]. 新经济导刊, 2020(3):40-44.

能够把不同治理场景更好地整合统筹起来。以一些城市建构的"一网统管"体系为例，这一体系基本能够覆盖城市治理中的社会治理、交通治理、风险治理、环境治理等领域的多个治理场景，把城市运行中台系统、城市生命体征监管分析系统、城市轨道交通综合管理系统、大客流聚集管控系统、公共突发卫生应急事件管理系统等整合起来。在遥感技术、地理信息系统、传感器等相关技术的支持下，城市的"神经元"网络可以有效发挥作用，成为感知和预测风险的手段与提供风险信息的平台，可以结合城市治理、基层治理中的突出问题以及人民群众的基本需求拓展数字化应用场景，进一步扩大数字化政务服务场景建设。根据公共治理中出现的新问题及时调整应用场景，将服务端前移，通过提前识别潜在风险，形成城市问题预警与及时有效治理的良性循环。有效治理各类社会风险，离不开高效能的信息收集、分析与应用的全过程机制，可以探索建立公共卫生安全风险情报机制、智慧城市安全情报体系等，构建系统性、整体性、协同性的智慧平台，提升政府部门对各类风险的监测、预测、预警水平和应急处置能力。

2.1.3　平台经济的发展总结

1. 基于发展现状，把握坚实基础

平台经济规模庞大，发展势头强劲。截至 2020 年年底，我国共有 197 家数字平台企业的市值突破 10 亿美元，总价值达到 3.5 万亿美元，其中 9 家平台成为大型平台。平台经济市值总额超过 22 万亿元人民币，年均增幅超过 50%，仅 5 年时间就增长了约 3.5 倍。我国平台经济规模约占 GDP 总量的 10%，如将数字经济算在内，则占比高达近三分之一。如果考虑平台经济的连接性、覆盖性及辐射性，则几乎每一分 GDP 都可以看到平台经济的影子与支撑动能。

在增速方面，2015—2020 年平台企业数量保持在平均每年新增超过 26 家的速度扩张，超 10 亿美元市值平台年复合增长率达 35.4%。新冠肺炎感染危机给平台经济发展带来了机遇，2020 年当年平台经济逆势实现了 56.3% 的高速增长。在未来很长一段时期，"人工智能 +""互联网 +""物联网 +"以及大数据与云计算必将为平台经济发展提供更多能量平台经济利用规模，范围经济可以增加市场的广度和深度，以交叉网络效应促进市场竞争，推动供给侧结构性改革。

作为平台企业及处于数字化转型中的传统企业，应牢牢把握时代的风口与数字化的必然趋势，激发平台经济无限潜能，赋能实体企业快速发展进步；以产业数字化为导向，释放平台经济的活力，创造新的经济增长点。

平台经济享政策扶持，受政府重视。平台经济强大的网络连接与资源整合、促进互动合作与供需匹配、降低交易成本和外部性辐射渗透等功能得到了我国政府的高度

重视。2018—2020 年连续三年的中央政府工作报告提出发展平台经济，2021 年中央政府工作报告更明确地提出支持平台企业发展与创新。当前，上海、广东、北京、浙江、江苏等十余家经济相对发达的省（市）均把发展平台经济作为重大战略举措。平台企业应把握政策红利，充分理解政策内涵，抓住机遇奋勇前进，为平台经济的发展注入活力。

支撑平台经济发展的资源要素条件稳固。我国信息基础设施全球领先的优势地位一直稳定，支撑平台经济发展的网络基础更加坚实。5G 基站数量达 231.2 万个，建成全球规模最大的 5G 独立组网网络，千兆光网具备覆盖超过 5 亿户家庭的能力。建成全球最大的移动物联网络，在连接规模和"物超人"比例上远远高于美国、日本、韩国、德国等主要发达国家。我国是数字经济大国，拥有海量数据规模和丰富应用场景优势，近日国家印发《关于构建数据基础制度更好发挥数据要素作用的意见》，促进数据合规高效流通使用，将进一步增强平台经济发展的新动能。平台企业应充分利用现有资源优势，加快核心技术突破，激活数字经济潜能，推动企业数字化转型新征程。

平台经济自身拥有助力高质量发展的潜能。平台经济能够降低交易成本，畅通经济中消费和流通等环节；同时能够促进实体经济数字化转型，保障全产业链稳定发展，提升实体经济的生产率，实现多主体共享数字红利。平台经济还具有开放包容性、跨界跨域性、互联互通性等特性，适合不同经济成分、不同投资主体、不同经济业态与企业形态的混合，容易释放各类经济主体及生产要素参与创新创业的创造潜能。

以腾讯为例，腾讯拥有通信与社交、数字内容、网络广告、金融科技、云及企业服务等多元化业务板块，拥有能够共同创造价值多元化的各类型用户群体，不断拓展范围经济内涵、用技术赋能实体经济，是复合型平台生态体系的代表。基于既有用户，微信用支付连接商业与用户，为金融机构和商户提供专业、安全、便捷的移动支付与综合结算管理服务。随着企业微信与微信的互通能力不断升级，与超过五亿微信用户连接，联合腾讯会议、腾讯文档为企业远程办公提升效率体验，让一千两百万企业客户的数字化转型有了更多的机会与路径。基于互联网广告和金融科技业务，腾讯努力降低市场交易成本，为企业创新和转型提供空间。

平台企业应利用好平台的天然优势，通过实现多业务并存的状态，延展范围经济内涵，提高交易生产的效率，降低交易信任成本；通过构建平台生态圈，可凭借生态治理，实现多业务协同发展并全方位赋能实体经济。

2. 明确现有痛点，创高质量发展

近年来，平台经济已经成为发展迅猛、广受关注、引领经济发展潮流的经济形态。在推动模式创新、颠覆传统产业的同时，平台经济的发展也暴露出一些问题，其负面影响日渐凸显。平台经济领域的问题呈现出一些新的特征，例如互联网行业收入不断缩减、互联网企业市值下跌、互联网投融资大幅收缩等。目前，我国平台经济发展存在的主要问题有市场监管不完善、产业互联网程度不高等问题。企业需要分析问题，制定新的战略路径，扭转这种整体下行态势，使我国平台经济突破瓶颈，实现可持续的高质量发展。

市场监管需完善，垄断和侵权现象时有发生。目前我国平台经济依然呈现出竞争与垄断并存的态势。近年来，我国的一些头部平台企业不断被指控存在涉嫌垄断行为，特别是限定交易行为，这突出地表现为近年来愈演愈烈、社会关注度非常高的电商等平台的"二选一"现象；同时，一些商旅平台和外卖平台存在的"大数据杀熟"以及一些头部平台针对初创企业和新生企业的大规模并购等问题也引起了很大的关注。此外，从产业特点来看，平台经济具有交叉网络效应和跨界影响的杠杆效应，并且产业成熟的周期在不断缩短，如果不加干预地放任其无序发展，则"强者愈强，弱者愈弱"的局面将会成为定局。凭借技术和资本的巨大优势，一些平台企业的经营规模迅速扩张、业务领域快速扩大，形成了更强的用户黏性，损害消费者的情况也时有发生，中小微企业的生存空间被大大压缩。特别是一些巨型平台企业，通过先引入资本进行大量补贴的手段把同行竞争者赶出市场，再在垄断市场后进行涨价。

就作为分析平台经济领域的市场竞争和垄断状况逻辑起点的相关市场界定来说，通常应分为电子商务、即时通信、本地生活服务、搜索引擎、移动出行、第三方移动支付、数字音乐和网络视频等不同的平台类型。相应的市场竞争和垄断状况也不尽相同：有的一家独大，有的双寡头，有的则是多寡头。总体来说，我国头部平台企业，特别是三大巨头：百度、阿里巴巴、腾讯，通过收购、控股、参股等方式将其业务范围向多个领域渗透，而得到头部平台应用巨头加持的业务具有非常明显的优势。2019年，我国10亿美元以上的数字平台中，TOP10平台企业的市值占比达68.4%，头部企业集中的趋势明显，每个细分领域基本都呈现出高度集中的市场结构。

这种现象主要是由监管规则的分散性与滞后性、科学的监管体系未建立等原因造成的。

首先，监管规则的分散性与平台经济的跨领域化形成鲜明的对比。数字经济具有跨领域、跨地域、跨部门的特征，以互联网为支撑平台，以数据、算法为核心要素，现有规则制度仍遵循传统经济形态下的框架，并没有相应的规则与之直接匹配；平台在新型经济中扮演着多重角色，按市场活动的不同阶段可分为技术研发者、市场参与者以及规则制定者。监管规则没有针对平台不同角色分类规制，亦缺少不同阶段监管规则的衔接。监管规则的滞后性与平台经济的快速更迭形成鲜明的对比。在数字经济时代，社会经济系统具有更强的动态性，产业更迭速度较以往更加迅速，社会关系变化更为快速，因此平台规则滞后性进一步放大，大部分规则的制定是为应对数字经济发展而被动制定的，缺少应有的主动性和前瞻性。数字经济得益于信息技术的快速发展，是以技术手段架构平台、以算法技术为依托、促进各领域数据快速流动的新型经济模式，其在引发经济发展新浪潮的同时也带来数据确权、信息泄露、算法滥用等一系列新问题[①]。

其次，以纵向监管为主，尚未构建有效的共同监管体系。现有的监管体系是建立于分散化、片状化的传统行业划分基础上的，不同行业的界限差异导致监管理念与监管措施不同。传统的监管机构对传统经济的监管呈现纵向监管的特点，但平台经济具有跨领域、跨行业、整体化、技术化的特点，其凭借积累的庞大用户规模开展跨界活动，一个平台市场活动可能遍布社交、金融、网购等诸多方面，单独监管机构很难对平台经济问题及时回应与监管，因此对平台监管不仅要改变传统纵向监管特点，还亟需诸多监管机构协同合作。在尚未明确监管责任的前提下，多部门共同监管可能导致责任推卸，产生监控领域的空白地带，导致监督成本过高而效率低下。

垄断和侵权等行为抑制中小企业发展，有悖于市场公平竞争，导致产业创新能力不足，客户信任力度不足，同时加大垄断带来的产业结构分配失衡风险。平台和产业链上下游商家形成支配和依赖关系，平台具备了重构产业结构的能力，影响社会分配。如何建立和完善监管体系，谋求竞争合规化，塑造良好的平台生态环境，是当下需要解决的主要问题之一。

产业互联网仍需努力，加速发展数字化平台。我国的产业互联网底子薄、基础弱，发展仍落后于欧美国家，在一定程度限制了相关领域平台经济模式的发展。根据麦肯锡数据，2018 年，美国、欧盟企业的上云率约为 85% 和 70%；而中国电子学会相关机构数据显示，同期我国企业上云率只有 40% 左右。高端数控机床、可编程控制器、工业网络协议及高端工业软件等多数被国外企业垄断，工业数字化程度有待提升。同时，我国平台企业布局产业互联网时间相对较晚，应用场景分布不平衡，在云服务和办公软件等领域与美国产业互联网企业仍有较大差距。

"十四五"规划明确提出"科技自立自强"。有关部门出台新的国家鼓励的软件企业条件，收紧对重点软件企业的认定标准，并对企业研发投入占比等指标提出更严格的要求。数字平台企业转型投入"硬核科技"，夯实技术本色，既是政策推动，也是自身发展的必然要求。目前，在基础软件、研发设计类工业软件、生产控制类工业软件等重点软件上的应用开发，以及大数据、云计算、物联网、区块链和人工智能等具有革命性的关键信息技术领域，数字平台企业具有较大优势和发挥空间[②]。

---

① 田浩明，王波. 我国平台经济监管的不足及完善路径 [J]. 海南金融，2022(4):41-49.

② 陈静，孟凡新. 新发展阶段平台经济发展问题、演变走向及建议 [J]. 商业经济研究，2023(11): 102-106.

因此，应重点引导平台企业在"硬科技"创新上增加投入，进一步提高国际竞争力，在模式创新上聚焦发挥数据要素价值，服务中小微企业。作为数字化转型进程中的平台企业，应努力提高自己的创新能力，攻坚突破技术领域，以产业互联网为导向，打造良性的平台生态环境，实现平台的高质量发展。

2.1.4　平台经济的未来路径

1. 以产业数字化为导向，赋能产业生态协同创新

平台经济是平台与基于平台的不同价值创造主体共同构成的一种集信息、交易、流通与服务为一体的生态系统，是产业数字化中的重要部分。在连接红利和平台资本自我扩张本能的驱动下，平台经济继续呈现多元生态化与数字化发展的趋势，成为我国经济的新增长点。在数字化浪潮和规模效应的推动下，平台的空间规模、市场规模和生态规模不断壮大，平台经济的吸附能力和创造价值能力将不断提高，庞大的供给侧用户均从中获益。因此，应促进平台经济的辐射与联通作用，赋能传统产业的转型升级，推动生态系统优质稳定发展。

首先，未来企业应继续加强推进"多边平台+"与"互联网+"战略，构建产业生态，引导平台企业投身产业发展浪潮，助力生态系统的优质稳定发展。深化开放共享，破除市场准入壁垒，构建大中小微企业专业化分工协作、互利共赢的产业新生态。引导平台资源向产业端倾斜，积极拓展融合应用场景，深化数字平台与传统产业融合发展。支持平台企业开展云外包、众包等新模式，开发适应性广的数字化解决方案。引导平台企业利用数据资源提升数据管理和开发利用水平，发挥对产业链的资源整合作用。

积极推动新兴组织的平台化演化与中大型平台的产业化发展，赋能传统产业的平台化升级及其与新经济业态的融合发展，重点推动"平台+产业"形成的平台产业经济带、"平台+区域"形成的平台区域经济带、"平台+传统市场"形成的多边市场经济带或电商平台经济带、"平台+平台"形成的平台网络经济带、"平台+企业"形成的平台创新经济带、"平台+个人"形成的平台创业经济带的建设与发展，加强发挥各类平台经济带对国民经济的流通与循环、市场供求对接与匹配、服务业升级与产业融合发展、创新创业与就业的辐射带动功能。

同时，要把握住加速互联网平台与传统产业深度融合的重点战略。实体经济平台化趋势明显，传统企业搭建数字平台与创建数字平台企业、传统中介企业数字化升级、传统企业向数字平台型企业转型等，成为实体经济数字化转型的重中之重。平台应发挥数字化优势赋能传统产业，通过帮助中小微企业练好数字化、智能化基本功，提高要赋能实体经济发展，通过优化发展消费互联网平台进一步激发内需潜力，通过大力发展工业互联网平台有效带动中小企业联动创新，提高生产效率，降低全社会流通成本。

最后，要强化平台基础设施的联通与支撑功能，持续推动创新突破，围绕底层技术等关键核心技术，加大研发投入，开辟更多新领域、新赛道。平台基础设施是平台经济运行的空间载体和硬件环境，发挥着"总开关"的作用，直接决定了平台的支撑强度和平台经济发展赋能的潜力，影响了平台经济生态系统能否优质稳定发展。平台基础设施运行过程中应继续改进传统的交通、物流、金融等平台基础设施，重点关注信息基础设施这个"卡脖子"领域。要加快推进 5G、数据中心、工业互联网等数字"新基建"建设。推进高度光纤宽带网络、骨干传输网等信息基础设施建设，提升高速传输、智能适配能力。加强推进云计算、5G、工业互联网与人工智能等大基建和安全可靠的信息网络系统建设，加强自主创新能力，助力产业互联网建设，推动生态系统优质稳定发展。

2. 促进平台全链辐射，构筑供给侧平台化发展

目前，平台企业向产业互联网转型步伐加快，具体表现在：消费互联网增速放缓、趋于饱和；产业互联网发展潜力正逐步释放；互联网平台企业纷纷调整投资和运营策略，积极向产业互联网发力。

因此，企业应树立供给侧—消费侧的联结，推动供应链敏态化；同时构建平台供给侧转型发展，把握平台经济由低附加值的消费侧模式与流量红利转向供给侧产业链的一体化平台，把向产业互联网进化作为主要趋势和方向；努力创造新的盈利模式和新业态，创造新的经济增长点，释放产业互联网潜能。

平台企业应重点通过将自身消费端资源导入赋能产业形成价值创造，通过数据、算力、算法有效组合要素资源，整合采购、营销、物流、渠道、金融、商务、政务等系列资源，实现生产制造环节与需求精准对接，有力推动形成需求牵引供给、供给创造需求的更高水平动态平衡。由此，围绕供应链条上的一家核心企业，不仅可以提高全产业链的生产效率，还可以通过管理上下游的资金流和物流来为整条产业链条上的企业授信，将单个企业的不可控风险转变为供应链企业整体的可控风险，将宽货币转化为宽信用，改变风险管理模式。

例如，以 C2B 反向定制模式，实现柔性化、小批量灵活生产。提供供应链及流程管理数字化服务，提升链条效率。平台企业通过提供云服务、基础及应用软件，如运营、营销、供应链数字系统，为企业采购、生产、库存管理、运营等环节提供数字化解决方案等服务或产品，助力提升生产和管理效率，推动供应链敏态化，为供应链全链数字化转型提供支持。由此通过形成新的业务撬动点，助力数字技术与实体产业的产业链深度融合；同时提供供应链及流程管理数字化服务，提升产业链条效率，为企业提供数字化解决方案等服务或产品，提升生产和管理效率，实现产、供、销一体化管理。

企业通过满足相关企业供应链一体化服务需求，为平台中的合作伙伴提供全流程供应链服务，助力平台合作伙伴提高供应链管理效益，不断增强企业在市场中的核心竞争力，最终实现整个供应链平台生态圈的共赢发展。

3. 注重市场合规保障，引导平台经济健康发展

平台经济相对于传统经济具有更强的动态性、灵活性，基于传统经济模式建立的监管理念与制度难以适应平台经济的发展，因此，其权益监管等问题成为亟待解决的难题。总体上看，平台经营者应加强内部管理和安全保障，强化平台在数据安全和隐私保护、产品服务质量保障、劳动保护等方面的责任，研究制定相关措施，有效防范潜在的技术、经济和社会风险，保障市场主体权益。同时，要加快构建大型数字平台的长效监管机制，明确平台扩张的边界，对平台经济实施常态化监管，对扰乱市场秩序、侵害产业发展和用户权益等问题予以坚决治理，推动平台经济可持续健康、高效发展。致力于保护平台上生产者和消费者的合法权益，维护市场公平；引导平台经济体承担责任，严格落实平台的主办方责任和平台企业的主体责任。

首先，平台企业应提升平台规则制定者的技术以应对新技术的发展要求，前瞻性地预测数字经济的发展趋势，架构适应数据、平台、算法的三维结构的法律框架，减轻滞后性对数字经济的阻碍。建立不同的监管机制与模式，增强监管规则的灵活性。平台经济在发展扩张的同时，触角不断向线下领域延伸，进一步推动线下实体的数字化转型，使平台经济与实体经济进一步深度融合。为此，在加强对平台经济监管的同时，需要注意上下线联动，扩大监管视野范围，注重监管规则线上线下的整体协调。以平台经济的三维结构为指向，深挖数据与算法之间的逻辑联系，推动算法、数据的质量标准规范的建设，明确平台的监管对象、监管内容、监管主体以及监管工具，推进平台经济监管规则的动态化与灵活化。同时健全平台领域的数字价值伦理观，围绕数据、算法、平台形成数字道德伦理规范。确定技术中立、以人为本，尊重用户数据的个人隐私与合法权益保护。定期进行平台伦理风险评估，形成监管规则与道德规范双管齐下的治理框架。

其次，平台企业要健全完善平台经济反垄断治理规则，从战略高度统筹，完善平台反垄断制度。从构建新发展格局的战略高度出发，强化反垄断，深入推进公平政策实施。加快健全市场准入制度、公平竞争审查机制、数字经济公平竞争监管制度。加快明确平台经济、数字经济领域垄断的判定标准，细化网络不正当行为和监管细则，抓紧清理规范和修订完善，进一步形成明确、精准的监管标准和政策工具。打破平台封闭格局，推动平台间互联互通。建立平台间封闭生态的监管治理长效机制，分步骤、分阶段解决平台利用外链屏蔽等方式阻断互联互通、公平竞争等行为。关注平台通过新结盟、不合规并构等方式建立封闭生态，导致各自为政的问题。倡导平台间互联互

通降低交易成本，防止由此形成数据孤岛和带来新的隐性垄断风险。强化事前、事中、事后监管链条。重构反垄断事后惩罚的传统监管模式，将监管前移，通过技术手段、机制改革等方式将监管链条延伸至事前、事中，形成全链条的监管体系。在事前监管阶段，通过明确用户准入的必要资质、鼓励平台制定规则辅助监管、引入担保机构等多种方式形成用户筛选合力。在事中监管阶段，大力发挥平台技术、数据等资源的优势，通过明确平台连带责任等方式发挥平台的监管职能。在事后监管阶段，强化政府部门执法力度，对于明显严重损害竞争的行为，执法机构积极介入严格执法，加强对突出问题的监管力度。

另外，企业应该重点监控与遏制平台经济领域诸如"大数据杀熟""自我优待""扼杀式并购"和"二选一"强制等有损利益相关者权益的市场操纵行为；重点监控平台无端获取用户隐私，注重铲除"数字垄断""数字霸权"等行为，保护数据安全、隐私安全与用户的合法权益。积极运用大数据、云监控等技术，加强对平台治理规则和算法的审查监管，更有效地保护生产者和消费者的合法权益。

4. 加强企业公共属性，推动全社会协同发展

为促进生态系统优质发展，推动全社会共同富裕，企业在监管体系完善、产业生态圈发展优质的基础上，也应该强化数字平台的社会责任。企业应该更多深入思考能创造多少社会价值、参与解决多少核心科技的问题，如何更好地支持乡村振兴的发展，如何变得更绿色和可持续，从而做一家真正意义上有担当、负责任的好公司。

平台企业应该立足前沿科技与应用场景，集聚产业生态圈与社会的优质资源，努力打造未来既能解决创新创业中的成本及效率难题，使双创成本投入降到极致，又能进一步加快创意创新的商品化、产业化进程，全面促成大众创业、万众创新的升维。例如，在中小企业打磨应用程序（application，App）产品投入较大的问题上，平台企业通过打造软件开发平台或开源平台，聚拢主流的软件开发编写服务和一站式的便捷操作，提供强大的技术支撑，极大地缩短了中小企业 App 的开发周期及版本迭代周期，避免了时间和成本的高投入、高消耗。同时，平台还将加速创新创业发展趋势，以国外创新平台众创为例，通过更多激励维度、用有趣互动的方式，鼓励大众将创意创新想法在平台上探讨；同时也有众多用户将这些创意创新想法转化为实际产品和服务，实现了打破时间、空间限制的设计与生产的对接，加大了大众创意与创造能量的释放。

企业应提高站位，明确平台自身发展要与普惠民生、优化产业、构建良性网络生态紧密结合。鼓励和支持企业充分运用数字技术和数据资源，在基层医疗、社会治理、促进城乡数字生活均等化等方面发挥自身应有力量。进一步扩大开放普惠服务领域的数字化服务创新及应用。尽快出台数字平台在养老、医疗、文化等领域服务创新的支撑政策、标准和规范。鼓励互联网企业在普惠服务领域培育业态模式创新，推动智慧

养老、数字适老化、互联网医院等模式的发展壮大，更好发挥信息技术赋能作用。加快制定数字平台的就业劳动保障政策。平台企业可以推出多样化的途径，如创业扶持计划、职业技能培训等，助力提高社会就业。加快推进"不完全符合确立劳动关系情形"等新型劳动形态、劳动权益保障工作，探索构建灵活就业人员职工基本养老保险、纳入最低工资制度保障、按时支付劳动报酬的规则体系[①]。

平台企业在未来将成为发掘前沿技术、新兴业态、创业商机的洞察者，带动创新创业生态向健康、活跃、可持续的方向发展。

2.2 产业数字化转型战略之技术驱动

2.2.1 技术经济发展概述

1. 技术经济的概念及作用

技术经济，即基于数字技术，由数据驱动、网络协同的经济活动单元所构成的新经济系统。它为产业数字化提供新基建和数智底座，推动技术发展的一体化，加速赋能产业数字化。

目前，产业数字化是数字经济发展的重要特征。同时，智能技术是数字经济创新发展的基本驱动力。通过产业数字化，应用新一代数字技术，以价值释放为核心、数据赋能为主线，对传统产业进行全方位、全角度、全链条的改造转型。在产业化数字过程中不断实现数字技术的融合创新，以多种技术的集成形成乘数效应，可以推动赋能企业数字化转型，为各行业领域形成协同共生的技术生态提供了驱动力和基础。

因此，加快发展技术经济，推进产业数字化，以数字技术赋能传统产业转型升级，从"传统+数智化"两个方向打造具有双交付能力的解决方案，对赋能传统产业与数字技术深度融合发展，促进工业产业迈向中高端，具有十分重大的意义，是把握新一轮科技革命和产业变革新机遇的战略选择。企业要把握数字化、网络化、智能化方向，推动制造业、服务业、农业等产业数字化，利用互联网新技术对传统产业进行全方位、全链条的改造，提高全要素生产率，发挥数字技术对经济发展的放大、叠加、倍增作用。

2. 技术经济主要赋能领域

1）农业领域

农业在国民经济中发挥着重要的基础作用。技术经济在农业中的价值主要体现在

---

① 陈静，孟凡新. 新发展阶段平台经济发展问题、演变走向及建议[J]. 商业经济研究，2023(11): 102-106.

可以将所有影响农业的重要因素数据化，指导农业的生产活动，从而降低成本、提高产出和品质，同时增加产品附加值。智慧农业的技术框架大体包括信息感知、智能决策和决策实施三个方面。通过智能技术，可以将农民从劳动者转变为管理者，通过物联网自动化、大数据数字化、智能无人化，为农业企业实现农场的规模化扩张、种植流程的标准化管控和信息化的现代管理模式，从而达到用更少的精力获得更大收益，创造更大的经济价值；同时利用数智化解决方案，可以推动我国农业的数字化转型。深入产业链、优化产业链效率，形成技术一体化的数智底座，是技术经济赋能于农业企业发展转型的首要目标。

2）工业领域

近年来，我国企业加快工业互联网规模发展，推动数字技术在实体经济领域的融合应用。面对需求收缩等多重压力，大量制造业企业必须通过数字技术的应用降本增效，积极应对。工业企业必须抓住新一代人工智能技术与制造业融合发展带来的新机遇，把发展智能建造作为制造业转型升级的主要路径，用建设更新驱动建造革新，以建造革新引领制造创新，推动制造业从跟随、并行向引领迈进，用创新不断实现新的超越，实现"换道超车"、跨越发展。

当前，智能、绿色生产的实践正在各地展开。工业和信息化部数据显示，智能工厂建设规模不断扩大。截至目前，各地建设数字化车间和智能工厂近 8000 个，其中，2500 余个达到了智能制造能力成熟度 2 级以上水平，数字化转型基本完成。经历了数字化的工厂中，产品研发周期平均缩短 20.7%，生产效率平均提升 34.8%，产品不良品率平均下降 27.4%[①]。在汽车、工程机械等装备制造业，协同设计、远程运维等模式加快推进；在家电、服装等消费品行业，通过大规模定制、用户直连制造、共享制造等，不断挖掘体验价值；石化、冶金、建材等原材料行业，跨工序质量管控等模式促进产业提质增效和节能降耗……数字技术加速向工业生产制造各环节、各领域推广，智能制造新场景、新方案、新模式不断涌现。

推进新一代人工智能技术与先进建造技术的成果积累，打造产业横向复制、行业纵向领航、对外赋能应用、对内更新迭代，为工业企业的前段设计、生产建造、服务销售等各环节及其集成带来时代特质的根本性变革，成为新生代数字化、网络化、智能化建造的解决方案产业链，有助于释放工业产业链数字价值的无限潜力，推动我国工业企业数字化转型。

3）商贸服务业领域

数字技术作为数字赋能与数字经济发展的工具和载体，近年来也顺应商贸服务业

---

① 刘晓曙. 数字经济释放经济增长技术红利[J]. 金融博览，2022(3):58-59.

的需求，同服务业密切融合，使产业内出现工业互联网平台、新零售、在线教育等新业态和新模式，促进中国服务业向提质扩容和转型升级的目标迈进，推动服务业成长。具体表现在产业规模不断扩大、产业结构优化升级、实现提质增效、增进民生福祉和自主创新能力不断增强这五个方面。未来，商贸服务业企业应从完善基础设施和平台建设、强化要素支撑、完善相关法规等方面予以完善，推动第三产业企业数字化转型，形成与社会协同一体的技术生态体系。

3. 技术经济主要内容

目前，技术经济的业务模式主要围绕"8+N"方面展开，即以大模型技术、数据技术、网络通信技术、云计算、智能终端、数字化安全管控、产业链整体智能制造、区块链等为核心技术主要方面提出数字化解决方案，以及依照不同产业领域的需求，形成多样化、个性化的数字技术解决方案，形成一系列未来技术经济的新模式，作为技术经济的主要框架。

2.2.2 "8+N"技术运用

1. 大数据技术

1）"大数据＋农业"

大数据是智慧农业的基础。大数据技术对农业生产的作用有以下几点。

（1）监测农情：对自然灾害、作物估产及生长动态进行监测。

（2）监测预警农产品：大数据技术为农产品信息的全面收集提供了技术基础，使农产品质量能够进行全方位比对，增加农产品质量监测的准确性。

（3）精准农业决策：精准农业决策是指根据各个方面的农业信息制定出一整套有可实施性的精准管理措施。

（4）搭建农村综合信息服务系统：搭建农村综合信息服务系统是为了帮助农业信息的快速和有效传播，使用全国范围实现信息资源的共享。

大数据技术和农业相结合将改变农业从田间到餐桌的整个链条，推动精细化农业，实现全程可追溯，"大数据＋农业"推动农业农村数字化发展取得显著进展，大数据的应用与农业领域的相关科学研究相结合，可以为农业科研、政府决策、涉农企业发展等提供新方法、新思路，是智慧农业发展中的核心，对农业数字化转型有非常重要的作用。

2）"大数据＋工业"

在工业领域中，围绕典型智能制造模式，大数据技术可以实现从客户需求到销售、订单、计划、研发、设计、工艺、制造、采购、供应、库存、发货和交付、售后服务、运维、报废或回收再制造等整个产品全生命周期各个环节所产生的各类数据的技术性和实际应用，实现全工业产业链的数字化转型。大数据技术为工业产业链提供的主要功能包括以下几种。

（1）研发设计：大数据技术为工业中的研发设计提供了相应产品的需求画像、产品功能需求分析、精准量化产品研制需求分析以及指导产品设计等。

（2）生产制造：大数据技术为工业中的生产制造环节提供了设备数据、产品数据、材料数据、生产数据等数据的整合和分析，实现更准确的生产过程控制、诊断及优化。

（3）管理运营：大数据技术具有分析产量、库存、物流、供应数据，提升企业组织运营效率及仓储、配送、人员行为、供应商管理等功能。

（4）市场营销：大数据技术可以通过分析最终用户需求和企业营销数据，精准锁定市场动态，合理制定营销策略。

（5）售后服务：大数据技术可以远程监控出售设备运行状态，通过数据分析，减少产品故障和风险，提高服务质量。

3）"大数据＋商贸服务业"

算法技术激发商业模式创新，如网络直播平台借助个性化推荐，实现不同领域、风格的短视频内容创作者、主播与潜在用户的需求匹配与对接。算法经济也创造了新的社会价值。例如，抖音助力乡村文旅发展的"山里 DOU 是好风光"项目、"山货上头条"直播电商助农项目等，为乡村振兴发展带来实实在在的助力；医疗服务中，可以为客户提供电子病历、实时的健康状况告警、医学影像分析等；旅游服务中，可以提供旅游个性化定制（线路、景区），利用卫星定位来完善景区的用户体验，实现景区的无购物系统、客流分析等；金融服务中，可以提供客户画像、精准营销、风险管控、运营优化等。通过运用数字技术，推动了乡村振兴，使数字化成果惠及全体人民，有效推动了技术生态的建设。

2. 网络通信技术

1）"5G+ 农业"

5G 时代可以赋能现代农业产业链的三级递增属性，即生产加工的一级智能化、经营服务的二级信息化、统筹管理的三级智能信息化。一级智能化，是基于物联网、大数据、云计算、人工智能和机器人技术形成智能农业，实时收集温室温度、土壤温度、二氧化碳浓度、湿度信号和环境参数，如光照、叶面湿度和露点温度。自动开启或关闭指定设备，实现生产和加工领域的智能化。在二级智能化中，与 4G 相比，5G 传输速率达到毫秒量级。连接设备的数量增加了 10～100 倍；交通密度增加 100～1000 倍，达到每平方千米每秒数十兆比特；移动性达到 500km/h 或以上。这些关键技术指标，将使得物流仓储等经营服务领域的信息传输速率大幅度提高，成本大幅降低。三级智能化中，5G 技术的发展使人类有机会进入万物互联的超级全连接时代。协调第一级和第二级阶段的管理，减少人工操作，实现现代农业整个产业链的智能信息化。

5G 的产生为农业的数字化转型以及其他智能技术的运用提供了底层支持，加速和扩大了数字化运用的过程，加快了农业产业链数字化转型。

2）"5G+ 工业"

5G 全连接工厂充分利用以 5G 为代表的新一代信息通信技术，打造新型工业互联网基础设施，形成信息运营深度融合、数据要素充分利用、创新应用高效赋能的先进工厂。工业互联网融入 45 个国民经济大类，"5G+ 工业互联网"在千行百业落地并向生产核心环节延伸，加速了工业产业链的数字化转型。我们应以 5G 等应用创新为着力点，深度挖掘垂直行业需求，鼓励信息通信业与工业、交通、医疗、能源、教育等各个行业更大范围、更深层次的协作创新，不断丰富应用场景，构建广泛应用生态，加快赋能各行业数字化转型。以下为应用赋能案例。

（1）港口行业。天津港 5G 智慧港口项目由天津港集团有限公司联合中国移动打造，项目总体采用"一张 5G 行业专网 + 一张北斗高精度定位网 + 一张车路协同网络 + 一个港口智能调度平台 +N 大应用场景"的建设模式，通过"5G+ 车路协同 + 高精度定位"等多重基础网络能力，结合人工智能和大数据平台的智能规划和调度，最终形成人工智能运输机器人无人驾驶、全域感知和全局策略控制的无人水平运输系统，可节省 60% 人力成本，码头效率提升 20%。

（2）电子设备制造行业。海能达通信股份有限公司与中国联通合作，采用独立 5G 核心网部署，利用 5G 无线信号覆盖海能达深海龙岗工厂楼宇车间以及工厂园区。室内车间实现 SMT 车间、电子仓库、来料接收区的全覆盖，并将摄像头、自动导向车、扫码枪、智能终端等应用全部连接起来；室外园区实现智能安防监控、车辆识别、人脸识别、音视频集群等应用。经过 5G 数字化改造，这一工厂降低运营成本 20% 以上，实现无纸化办公，降低生产管理 30% 费用，并提升了人员利用率。

3）"5G+ 商贸服务业"

首先，5G 的出现会代替一部分服务业。例如，无人驾驶的出现会替代司机，数据导向化后的快递可以取代快递员。这将大量减少人力成本，促进社会各界服务业的数智化转型。另外，随着 5G 时代的到来，所有人均可以通过流量通道向用户发送 5G 消息。该产品由手机原生的短信收 / 发件箱承载，是传统短信的智慧升级，支持更丰富的消息聊天形式，如发送图片、卡片、按钮、视频、共享位置和文件传输等。虽然名字叫 5G 消息，但是它不仅仅支持 5G，更是一种升级的触达方式，将带来全新的人机交互模式。用户在消息窗口内就能完成服务搜索、发现、交互、支付等一站式的业务体验，构建了全新的信息服务入口，让数字化转型成果融入每个人的生活中。

5G 连接能力要与行业信息化系统结合运用，才能真正产生价值。5G 在商贸服务业中的运用，可以显著提高人们的生活水平，使产业数字化成果惠及社会全体人民，有效助力形成协同一体的优质技术生态，推动我国各领域行业数字化转型。

3. 云计算技术

云计算是通向数字化的关键。云计算技术具有虚拟化、动态可扩展、资源可控、可靠性高、性价比高等特点，可以将任务分布在大量计算机构成的共享资源池上，使各种应用系统能够根据需要获取计算力、存储空间和各种软件服务。

1）"云计算 + 农业"

基于云计算的农业综合信息服务平台搭建后，降低了农业信息化的建设成本，加快了农业信息化服务基础设施的建设速度，同时可以提升农业信息化的集中管理、统一接入和便捷服务的能力，在农业信息资源存储、农产品网上供销、农产品安全控制、农业信息检索引擎、农业决策综合分析、农业生产智能化控制及农业综合信息服务方面具有较大的应用效果。

2）"云计算 + 工业"

首先，云计算给工业带来了极低的成本。比如，能为中小企业按需获取信息技术应用能力，节省项目投入、运营和维护成本。云计算平台相比传统的小型机、商业数据库、高端存储、商业应用软件等方式，成本下降 80% 以上。采用云计算的自动化运营技术大大降低了运维人力的需求，比如一个人可以管理数千台乃至数万台的信息技术设备。

其次，云计算在工业产业链的数字化发展中显现出极度的敏捷：云计算的平台即服务（platform as a service，PaaS）计算平台为用户提供了应用的全生命周期管理和相关的资源服务，用户可以完成应用的构建、部署、运维管理，不需要自己去搭建计算环境，如安装服务器、操作系统、中间件和数据库等。互联网企业为了加快业务上线速度，通过 PaaS 进行了企业工作流程、组织架构、企业文化以及信息技术平台的重构，从而实现了新业务从立项到上线的周期不超过 2 周，最短甚至不到 2 天，相比传统的模式，少则半年、多则 1～2 年甚至 5 年规划的信息技术应用架构模式，速度提升至少 6 倍，甚至百倍。

另外，云计算的运用实现真正的创新：云计算平台让创新团队只需要几个人，无须太高的知识水平即可完成快速创新工作，创新成本低，未来云计算平台具备人工智能特性的自动化创新，使未来可以实现个人商品和服务的需求，收集、设计、制造、发货、使用、售后等全环节都不再需要人工参与，而是全自动化完成，使企业的创新和效率极大提升。

云计算促进了传统企业的数字化转型，是传统工业企业转型升级的必要条件。在工业 4.0 的场景下，制造企业从产品的需求提出，到产品的设计、原型的生产、小批量试制、中规模试制、测试验证，再到大规模的生产、物流仓储，全部通过信息技术系统和互联网体系主导完成。人力工作只涉及这些过程的设计阶段，并在流程规范性方面进行少量有限的干预。

3）"云计算 + 商贸服务业"

云计算应用正从互联网行业向政务、金融、工业、交通、物流、医疗健康等传统行业渗透，上云比例和应用深度大幅提升。除大型互联网、信息科技企业外，电信运营商和专业的云服务商也持续加大投入，为第三产业的发展按下"快进键"。

首先，我们常用的存储云就是在云计算技术上发展起来的一种新的存储技术。典型的场景就是通过个人云盘，随时随地把文件、照片、音频、视频等资料上传，并分享给别人。例如，百度云盘便利和丰富了我们的生活；还有医疗云，在云计算、移动技术、多媒体、4G 通信、大数据以及物联网等新技术基础上，结合医疗技术，使用云计算来创建医疗健康服务云平台，实现了医疗资源的共享和医疗范围的扩大，像现在医院的预约挂号、电子病历、医保等都是云计算与医疗领域结合的产物，医疗云还具有数据安全、信息共享、动态扩展、布局全国的优势。除此之外，教育云的运用和发展创新，为学校、培训机构提供了无线的可能，通过教育云平台和各大直播平台，学校和培训机构可以实现远程授课和线上学习，通过在线发布和批改作业系统，提高了教学效率，赋能产业数字化进程，为形成优质的技术生态打下了坚实的数字底座与基础。

4. 智能终端

智能终端的产业链上游为硬件及软件，包括芯片、显示屏 / 面板、传感器、电池、大数据平台系统、语音控制交互技术等；产业链中游为产品制造，包括智能手机、平板计算机、VR/AR 设备、智能手表、智能家居、无人机等；产业链下游为销售渠道，通过线上销售渠道及线下销售渠道，将产品送达消费者手中。

1）"智能终端 + 农业"

典型的运用为农业生产生活中可视化终端的运用，利用物联网、可视化、大数据等信息技术手段将抽象的文字信息转换为具象的图像信息，并统一集成信息系统，为用户提供全面综合的显示操控和便捷管理。可视化终端具有设备实时监测、远程调控设备、预警点位展示等作用，可以提高生产效率，赋能农业产业整体数字化。

2）"智能终端 + 工业"

工业手持终端是专门为工业领域或者针对工作应用场景设计研发的，与消费类手持终端的主要区别就在于可以在恶劣的工业环境中使用，比如高温、低温、粉尘、潮湿、油污等。其具备自动识别能力和操作便利性，在各行业得到广泛应用。从功能上来说，工业手持终端内置蓝牙、摄像头、通话、卫星定位系统、多模式无线网络、数据通信功能，适用于各种苛刻环境。工业手持终端还具有条码扫描、射频识别、指纹识别等数据采集功能，可以提升效率、优化生产流程、增强数据管理和提高工作安全。作为产业链的中游，它为工业产业链数字化提供了坚实支撑和贯通作用。

3）"智能终端 + 商贸服务业"

该项包括为我们的生活提供了无限便利的扫地机器人、智能家居、给独居老人安装的智能水表等智能终端设备。这些智能设备的使用，使居民尤其是老人的关怀实现细化，给居民的生活带来温暖，让数智化成果融入人们的日常生活，推动数字化智能生态圈的形成和建立。

5. 数字安全管控产业

政企用户对于数据安全的关注度正在提升，安全需求增长明显，促进安全市场的规模不断扩大。目前，我国数字安全产业已达到千亿元规模，2022 年，网络安全产业规模预计近 2170 亿元，同比增长 13.9%。预计 2028 年我国数字安全产业规模有望突破万亿元。

1）"数字安全 + 农业"

我国农业产业链环节多、地域广、类型多、周期长、品类多，在数字化发展过程中呈现出网络范围广、网络类型多、应用模式多的特点，因此对数据要素的整合利用将成为未来发展的重点，而对数据业务及基础设施的保障将成为其基石，需要通过人员、工具、服务多层次多角度来保证数据安全。如果这些海量涉农数据的完整性、机密性、可用性遭到破坏，将会影响我国农业生产经营、关键核心技术研发、涉农部门管理决策等，将损害农民利益，破坏粮食安全，甚至影响社会的安全稳定。因此，亟须加强智慧农业建设中的数据安全综合防护能力建设，筑牢安全防线。例如，奇安信集团基于农业农村大数据业务场景、大数据风险画像等，构建了数字农业安全保障的数据安全保障能力体系，以识别、防护、监测、服务为闭环，形成技术体系的有机互动。

2）"数字安全 + 工业"

随着工业领域数字化、网络化、智能化持续深入，工业数据的处理方式、关联程度、流转路径、汇聚节点都在发生新的变化，数据暴露面不断扩大，高价值数据面临被窃取、滥用和误用的风险逐渐增多。由于产业链上下游各环节紧密相连，安全问题越发重要，工业企业需从以下四个方面推动数据安全工作走深走实：切实提升数据安全意识，持续完善数据安全制度规范，不断提升数据安全保护能力，大力增强数据安全技术产品和服务供给。

例如，安恒信息为工厂带来了生产制造执行（manufacturing execution system，MES）系统，打通了整个生产流程，生产数据实时采集，管理可视化，使整个生产效率和生产质量大幅提高。同时，公司利用安恒云 Web 平台进行专业级安全防护，保障中小企业在生产运行中核心数据的安全可靠。这不仅可以让公司更安心的提高生产，在未来的投融资角度也有了更好地保障。

数字安全企业运用数字技术，从组织、管理、业务、风险、措施、运维、响应等多方面进行统一的安全评估、方案设计，开展针对性的数据安全技术能力固底建设，快速提升数据安全保障能力，为企业和产业链数字化建立起安全基线。

3）"数字安全＋商贸服务业"

很多服务企业以实时数据复制、数据库语言级复制、云灾备等技术，为各类用户在物理、虚拟或云计算平台的关键数据和业务提供全面保护及统一管理。其客户包括人民银行、全国近 70% 的券商、国家电网、贵州天文台、华为公司，以及多地政府信息中心，因此数字安全的维护愈发重要。

6. 产业链整体智能制造

智能制造产业链分为上、中、下游：上游为核心零部件供应商，可分为硬件层和软件层；中游为智能制造企业，企业可通过提供智能制造装备与解决方案参与中游市场；下游为需求方，例如电子产品、汽车、重工业等。

1）智慧农业产业链

总的来讲，智慧农业产业链主要从三大方面助推产业链的数字化转型。

（1）由人工走向智能——生产领域。在种植、养殖生产作业环节，摆脱人力依赖，构建集环境生理监控、作物模型分析和精准调节为一体的农业生产自动化系统和平台，根据自然生态条件改进农业生产工艺，进行农产品差异化生产。在食品安全环节，构建农产品溯源系统，将农产品生产、加工等过程的各种相关信息进行记录并存储，并能通过食品识别号在网络上对农产品进行查询认证，追溯全程信息。在生产管理环节，特别是一些农垦区、现代农业产业园、大型农场等单位，智能设施与互联网广泛应用于农业测土配方、茬口作业计划以及农场生产资料管理等生产计划系统，提高效能。

（2）突出个性化与差异性营销方式——经营领域。物联网、云计算等技术的应用，打破农业市场的时空地理限制，农资采购和农产品流通等数据将会得到实时监测和传递，有效解决信息不对称问题。近年来各地兴起农业休闲旅游、农家乐热潮，旨在通过网站、线上宣传等渠道推广、销售休闲旅游产品，并为旅客提供个性化旅游服务。这也成为农民增收新途径和农村经济新业态。

（3）提供精确、动态、科学的全方位信息服务。面向"三农"的信息服务为农业经营者传播先进的农业科学技术知识、生产管理信息以及农业科技咨询服务，引导龙头企业、农业专业合作社和农户经营好自己的农业生产系统与营销活动，提高农业生产管理决策水平，增强市场抗风险能力，做好节本增效、提高收益。

2）智慧工业产业链

由于人口红利逐渐消退，发展智能制造成为必由之路。发展智能制造可有效提升工人工作效率，帮助中国制造业重塑竞争优势。制造业是我国 GDP 增长的主要来源，因此各工业制造业发展智能制造，实现产业链协同创新具有重大意义。在全球价值链分工条件下，最终产品的创新程度不仅取决于产品所在行业，还取决于其中间投入品所在行业。产业链创新力综合反映了产品生产过程中所有中间投入品所在行业的创新程度，体现在产业链各环节的协同创新过程中。数字技术持续创新，能够促进产业链各创新要素、创新主体、创新环节之间的有效衔接，催生一系列新业态、新模式、新产品，促使生产方式转变、发展动能增强、产业结构优化，形成优质的数字生态圈。

7. 区块链技术

近年来，我国区块链持续赋能智能制造、智慧乡村、金融、政务服务等多个行业领域，产业链上、中、下游持续拓展，技术研发能力的提升以及区块链与边缘计算、人工智能、物联网等其他新一代信息技术产业融合发展，催生了一批如软硬件一体机、数字藏品、元宇宙、数字人民币等产业链新赛道。同时，区块链产业规模不断扩大。据研究院统计，我国区块链全年产业规模由 2016 年的 1 亿元增加至 2021 年的 65 亿元，增速明显。

在我国去年落地的区块链项目中，政务服务领域的区块链应用是最多的，占比25.89%。金融是应用场景最为丰富的行业领域，金融领域全年落地 25.12%。同时工业、农业等传统产业应用市场规模增速明显。数据显示，2021 年工业区块链增加值规模为 3.41 万亿元，带动第二产业增加值规模达 1.78 万亿元。

1）"区块链＋农业"

采购与加工方面。农业领域面临的挑战是跟踪所购买的食品运送并进行支付。目前的处理依赖于第三方来协调食品的运送。卖家通常借助代理机构来确保食品安全运送，而买家则借助代理机构来推荐支付并审计运送流程。这一流程涉及多个代理机构，因此整个系统中增加了高昂的成本，并且流程非常耗时。利用区块链，整个流程可以简化为单一的分布式账本。借助于智慧农场，IoT 传感器可以获取像土壤温度、水位、肥料详情等重要信息并发送到区块链。基于保存在区块链上的数据，智能合约可以触发并执行特定的动作。这有助于改善耕作流程以及所产出农作物的质量。

农业金融管理方面。缺乏信用历史的透明度是小企业和金融机构之间面临的重大问题之一。金融服务不仅允许小农场主投资农业，同时帮助他们解决流动性限制。这导致的结果是，买家支付农民变得很有挑战性，使小农场主只能在较低价格出售农作物。使用区块链，农业金融流程可以更加透明和公平，同时让各方得以分享数据的访问。当涉及食品安全检查时，农业要维持和建立消费者的信任还有很多工作要做。基于区块链的农业解决方案为农业的透明度改善提供了极大的可能。区块链有助于提供产品从起源到零售商店的不可修改的记录，从而让消费者增加对要购买产品的信心，这也是一个回馈生产者的机会，因为他们遵从了良好的农业实践来培育产品的原则。区块链的这一应用将最终实现可持续的农业实践和有责任消费。

2）"区块链＋工业"

（1）区块链可以解决工业互联网数据共享中的关键问题。我国工业互联网数据资源总量呈爆炸式增长，区块链技术可以有针对性地解决工业互联网平台数据共享模式中存在的主导权不清晰、隐私保护难、数据确权难、资源负载严重等问题。

第一，基于区块链分布式账本技术构建的共享、复制和同步的数据库，让参与各方共同维护账本、记录数据，一个节点的缺失或损坏均不会影响整个系统的运转，可确保工业互联网系统及数据共享的稳定性。第二，区块链使用加解密授权、零知识证明等密码学技术，构建了自上而下逐层认证、逐层信任且完整可信的计算信任链，可有效防止非法攻击，实现工业互联网数据在交易、储存、处理过程中全程加密保护。第三，利用区块链分布式记账、不可篡改、不可抵赖、可溯源等特点，可有效进行数据确权，为工业互联网标识数据管理过程中交易的真实性及可信度提供重要支持。第四，基于区块链技术的去中心化理念，通过共享经济模式，可以盘活网络上的存量存储和计算资源，缓解数据运营商的数据存储及运维压力，彻底改变工业互联网的信息共享方式。

（2）区块链可以实现对工业互联网企业运营的柔性监管。区块链特有的"物理分布式、逻辑多中心、监管强中心"的多层次架构设计，能够为政府监管部门和工业企业相互之间提供一种"松耦合"的连接方式，比如，政府与企业、企业与企业、同一企业内部不同的生产部门，均可实现工业互联网对象标识的管理需求。监管机构能够通过调用区块链智能合约的方式获取整个产业链上所有的运营状态信息，从而行使监管统计的可信审计监察职能，实现低介入的"柔性"监管。用区块链技术实现市场需求、技术设计、项目采购、制造生产等工业企业间的全流程有效监管，推动工业数据在监管条件下的有效共享和深度挖掘。

（3）区块链技术还可以提升工业互联网企业的制造协同管理能力。工业互联网应该赋能整个工业系统，使其拥有描述、诊断、预测、决策、控制的智能化功能。基于共识算法、密码学、智能合约等技术，可构建一个多方可信的"工业互联网＋区块链"生产协作平台，提高工业生产制造效率和促进企业管理协同。该平台有助于实现工业互联网各参与企业的产业链数据信息共享和业务协同，打通研发、设计、生产、制造、销售等环节，达到快速生产组织、库存削减、风险管控、质量控制等目标。有助于提高工业互联网企业生产制造过程的智能化管理水平，将订单信息、操作信息和历史事务全部记录在链上,帮助企业发现、追踪和解决问题,实现智能制造产业链各参与者业务协同和价值网整合。可有效防止对流程信息的擅自篡改,加强工业互联网企业对产品质量的把控,同时将工业软件与云平台相结合,以云端开放的方式将流程管理信息分而治之,实现云—边—端的无缝协同计算,网络各节点互联、数据互为备份,积极促进工业软件的"云化"发展。

(4)区块链技术可助力工业互联网建立主动防护体系。区块链技术提供了一种在不可信网络中进行信息与价值传递、交换的可信通道,为解决工业互联网安全问题提供了新方法和新思路。区块链可有效保障工业互联网中各类数据的真实性与完整性,实现数据权益保护,为工业大数据运营业务筑牢安全基础。基于去中心化的区块链存储设计可将设备安全信息存放于网络节点,有效避免因单点的工业流程控制程序遭恶意篡改造成的工业制造安全问题。区块链可对工业互联网运行安全信息与事件日志进行可信记录,通过信息共享、攻击溯源以及事件关联分析,实现全网快速的安全信息更新与安全事件响应联动,完善工业互联网安全事件的应对机制。区块链技术能够实现异地多节点的快速共识与备份,降低受攻击和灾害的影响程度,提升工业互联网受到攻击后的恢复能力。

3)"区块链+商贸服务业"

分布式账本技术使非商业机密数据在参与节点均有存储备份,解决了供应链金融业务中的信息孤岛问题;通过在区块链上登记的可流转、可融资的信息,解决了核心企业信用不能向多级供应商传递的问题;在区块链架构下,信息系统可对供应链中参与方的行为进行约束,通过对相关的交易数据整合上链,佐证贸易行为的真实性;智能合约的加入,在满足执行条件时可自动执行,防范履约风险;区块链技术与供应链的结合,有效解决了供应链上企业"贷款融资难"的问题,实现了融资降本增效。

8. 大模型技术

1)"大模型+农业"

一亩田集团发布了国内首款基于大模型技术的农业 AI 机器人——"小田"。其融合了一亩田平台所覆盖的全国多个县的农产品流通大数据,以及多个农业细分领域的专业知识,覆盖新品种新技术、农业技术、供需行情、产销智能匹配等多个模块,针对不同用户群体,涉及从生产、流通、采购等全链条多个场景,帮助农民解决种什么、怎么种、如何卖、高效买的问题。其解决方案是——结合产地提供品种建议、解决生产中的农技难题、及时准确地提供农产品行业信息、找采购和供应商等。

农技方面,利用更加精细的大模型技术、千万级的农业问答语料及语义搜索增强,用户能随时随地打开手机向大模型提问,获取专业的解决方案;价格行情上,利用大模型技术,基于公司行情大数据体系,以"地域+品类"提供精准的各品类农产品行情查询。在新品种新技术领域，可以帮助公司与众多农业科研高校、院所合作，融合上百种新品种新技术，结合用户产地情况，进行新品种的推荐；针对从业者最关心的流通难题，大模型技术一方面以供需走势提供更加科学的产销建议，同时可以结合用户地域、品类、需求等建立精准画像，进行更加智能的供需匹配。

随着大模型技术更广泛、深入的运用，我们将持续探索更多模态的互动方式，如图片提问、语音问答、视频问答等形式，让农户能够以多样化的形式实现知识获取，推动智慧农业的发展，提高农业生产、农户生活的品质和效率，推动农业领域数字化转型。

2）"大模型＋工业"

中工互联联合复旦大学自然语言处理实验室等科研机构，首发工业领域大模型产品——智工。智工·工业大模型定位于一个工业领域垂类大模型，利用大模型作为技术基座模型，可以支持工业领域诸多下游任务，向所有下游场景提供工业领域问答式专家系统、工业数字化智能交互集成、工业代码自动生成等基础能力。基于此，该产品在智工大模型的基础上，还可以为不同工业场景设计定制化、私有化部署的模型，以实现大模型产品和企业应用场景的高度契合。

大模型技术可以推动多个工业企业实际落地场景，赋能工业产业链智能化，推动工业数字化转型。

3）"大模型＋商贸服务业"

在教育领域，利用大模型技术，通过赋能智能学习、智能教学、智能评测以及智能管理等各个核心环节，可以为学生、教师和家长提供更有效的支持和指导。作为下游产业，商贸服务业运用大模型技术，可以显著提高人们的生活水平，使工业产业数字化成果惠及社会全体人民，有效助力形成协同一体的优质技术生态。

2.2.3　技术经济现存问题及痛点

1. 创新技术有待提升，努力支撑数字化需求

近些年各企业数字基础设施建设实现了跨越式发展，但企业关键领域创新能力依然不足，在操作系统、工业软件、高端芯片、基础材料等领域，技术研发和工艺制造水平落后于国际先进水平。

据统计，我国使用的高端智能机器人大部分依然是从德国、日本和瑞士等国家进口的。这些国家拥有坚实的工业基础，其生产的高端机器人甚至可能构成全球垄断；而我国的高端仪器和仪表的制造几乎没有，基本上都是从国外进口的。这些工具都是产业数字化中的关键因素，制约了各企业，甚至三大产业的数字化发展。

例如，我国的模型智能制造能力不足，上游产业中的芯片等智能终端设备的核

心硬件依然依赖欧美国家，成为制约发展的"卡脖子"的关键点，不足以驱动下游应用服务运作，制约数字化产业链的发展。数智化产业作为技术密集型产业，目前在技术能力、人才资金等方面还存在显著的短板。例如，产业中云计算的运用，由于技术能力和人才资金的不足，在上层云服务等领域面临巨大挑战；在数字安全产业中，数据安全管控技术的发展和能力无法应对发展更迅速、方式更多样的黑客攻击技术；产业链中由于区块链技术的大范围应用，需要高速数据通信网络和超级算力的支持，但目前我国的网络传输效率和算力水平远不能支持区块链技术的大规模深层次应用，国产区块链底层平台也不足以满足产业数字化需求。同时，当前区块链配套生态有待完善，区块链底层技术有待突破，特别是扩展性问题亟待解决，法律上缺乏针对智能合约的保护措施，区块链前沿技术缺乏配套生态，需要建立对上链数据真实性的保证机制。5G 供应链全球化态势明确，主要涉及芯片供应链、智能手机供应链和基站供应链。高端通用芯片与国外先进水平差距巨大。智能手机供应链方面，芯片、内存、操作系统等行业制高点以及射频前端、滤波器等，仍然摆脱不了对欧美和日韩厂商的依赖。基站供应链方面，涉及器件众多，对进口器件依赖程度较高，尤其是 FPGA、ADC&DAC 等难以找到较好替代。这在很大程度上制约了我国通信技术的发展，而通信技术也是产业数字化进程中的重要影响因素。

这些问题不解决，工业产业链供应链发展就会受制于人，数字产业化和产业数字化基础就不牢固，技术的能力难以满足产业链数智化的需求，技术经济受限制的局面也就难以根本扭转。

2. 监管机制有待健全，助力保障安全基线

各种数字技术的发展加剧了伦理、数据隐私安全等方面的矛盾，但目前缺乏合理的个人权益监管方案和政策，相应的监管机制尚不健全。

第一，以云计算为例，随着"云"的产生、全球范围内云计算的使用，风险变得比以往任何时候都更严重，大量的消费者和商业数据可供黑客入侵。云计算的问题是，用户无法查看他们的数据在哪里被处理或存储。如果在云管理或实现过程中没有正确处理，就可能发生数据盗窃、泄露、证书被破解、身份验证被破解、账户劫持等风险。对个人来说，云端和网络收集着例如电话号码、地理位置、语音权限等个人信息，且数据传播速度快、范围广，各种数据和信息可以储存在不同的终端设备中，而目前尚未建立完善的溯源机制。对企业来说，工业数据的处理方式、关联程度、流转路径、汇聚节点都在发生新的变化，数据暴露面不断扩大，高价值数据面临被窃取、滥用和误用的风险逐渐增多。

第二，产业数字化中算法的运用也带来了很多安全隐患，尤其体现在传统的场景中。很多企业滥用数据分析和算法推荐，侵害消费者合法权益，通过算法和数据实施

价格歧视，进行大数据杀熟，追求自身利益最大化；还有致瘾性推荐，无论内容是否恰当和正向，这些企业都将用户感兴趣的内容个性化推荐给用户，使用户沉迷致瘾。这些都会使用户的信任程度降低。全球信息安全调研报告显示，对网络安全部门不信任的情况在公司大部分部门仍普遍存在，如图 2.4 所示。

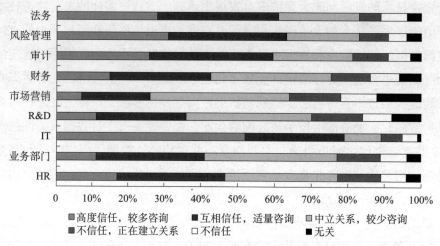

图 2.4　安永 2020 年全球信息安全调研报告

另外，某些不法分子可能会利用区块链传播政治有害信息，散布网络谣言以及一些煽动性、攻击性信息，给社会带来不利影响，这些新的信息监管问题将为监管部门带来很大挑战。

第三，安全技术评估手段缺乏。区块链在工业互联网领域的应用缺乏有效的安全技术评估手段。建立在对等网络上的区块链缺乏系统级安全评估手段，加之工业中的互联互通导致网络攻击路径增多，特别是底层工业控制网络的安全考虑不充分，安全认证机制、访问控制手段的安全防护能力不足，导致难以形成有效的安全评估技术手段。

产业数字化及网络安全同时兼顾的要求给企业带来极大的挑战。一方面，新时代的网络安全工作难度高、涉及面广，即使清晰了解方向与思路，仅凭内部力量也难以面面俱到；另一方面，数字安全需要大量资源投入，且试错过程会导致资源浪费、消耗管理层对安全工作的耐心与支持度。

3. 各数字化系统孤立，协同生态系统有待形成

尽管我国企业在数字化转型方面取得了很多成就，但是在数字化转型的过程中，仍有很多的短板需要克服。首先，企业的产业数字化程度整体上不高。一些国内制造业大型企业采用数字化技术实现了生产自动化，但对于中小企业，大部分还处于技术应用的初级阶段，数字化转型的步伐较为缓慢。部分企业在进行数字化变革时过分依赖外部技术力量搭建平台，没有在变革中培养自己的团队力量。企业对数字化的应用

是被动式的，未来依靠企业自身力量进行主动创效的能动性及能力均略显不足。

同时，我国数智化产业模式发展不够成熟，模型和应用服务之间尚未建立成熟的互动机制，即使智能能力接入，下游应用也无法将智能能力转换为实际的能力和服务。各数字系统数字孤岛现象普遍存在，没能形成协同共生的生态系统，这在一定程度上阻碍和限制了企业数字化转型的进程以及生产的效率：面对膨胀的数字化应用规模，企业对数据的计算需求和存储需求都呈现爆发增长的态势。许多企业因其巨大的业务量产生了海量数据，由于传统数据中心扩展性不足，无法用统一的数据库存储所有的数据，各部门数据都储存在不同的系统数据库中，这些数据难以在企业中实现动态流通，无法统一进行分析、挖掘、处理，只能将各个业务的相关数据都放置在分别部署的设备中。

数字孤岛以及数字化转型程度不平衡、不统一的问题，也是企业数字化转型、形成数字生态圈的一大难关，阻碍了供应链产业价值链一体化的进程。

2.2.4　技术经济未来路径展望

1. 筑牢安全基线，助力稳定发展

随着一系列数字技术的运用，技术经济的发展产生了不少安全隐患和风险。因此，企业要利用技术经济激发产业数字化、数智化的潜能，需要严格管控数字安全，筑牢安全基线，助力产业数字化稳定发展。

首先，企业需要探索新型安全治理机制，以提升企业的数字安全能力为目标，塑造企业数字安全建设所需的数字安全支撑环境和生态。企业需要通过健全的合规体系应对不同市场繁复的法律法规、监管要求和行业标准，即通过系统的方式，主动将合规工作从组织、流程和技术三方面融合到业务规划、实现、运行和变更的每一个环节中：在组织层面，要设立合规运营和执行团队，并采取充分措施保证团队地位，也需要将网络安全合规纳入治理层的决策范畴，建立"直达天听"的渠道；在流程层面，应该建立标准化、覆盖企业不同层级、业务线的合规流程，并有效实施。流程需包含合规要求的持续识别与更新、合规流程触发条件、实施方式、决策层级、执行、监控、事件响应等。应通过宣导让员工明了什么情景下涉及合规问题、应该执行什么样的流程、什么团队能协助处理；在技术层面，企业要构建数字安全合规治理平台，对合规体系进行流程执行、监控和展示，如线上流程、合规状态展示板、合规要求清单、合规风险评估等，提升效率并降低人力投入。同时，为了更好开展合规工作，构建数字化合规治理平台也是一个有效的方案，构建线上平台以及必要的数据对接，自下而上实现资料收集、分析和展示，提升工作的效果与效率，让企业管理层能直观地了解合规工作的开展成果。

其次，企业要推动数字安全管理落地，体现企业价值。数字安全最大的威胁还是来自于人，如安全意识不足而被利用，人员疏忽或其他人为原因导致数字安全工作的保障未能有效执行等。在良好的防护能力中，起关键性作用的仍然是有效的安全管理体系。在数字化转型时代，安全管理体系需具备新的特质：成为企业的一级管理体系。安全管理体系不应当从属于IT，因为安全涉及企业经营的方方面面，管理层必须提升安全管理组织及体系的地位并予以充分支持；将安全管理执行项与各项运营流程整合；建立奖惩措施，保障执行效果。

除此之外，企业要重点打造数据安全与隐私保护。企业应遵循以下逻辑，如图2.5所示。

图2.5　企业打造数据安全和隐私保护的逻辑框架

基于以上管理逻辑，企业在搭建数据安全保护框架时，应综合考虑合规性、价值输出、利益保障等，可从以下几点入手：①底线管控能力。每一天数据场景都在变化，包括数据的收集、字段的变化、业务场景的更新，决定了数据安全管控需具备一定的灵活度，在明确底线与职责分工的前提下，给予不同角色合适的自主决策权。②差异化的管控能力。企业应结合实际情况建立分级分类机制及其配套的管控手段，包括流程、决策权分配、使用条件、技术手段等。③动态监控与自动化控制能力。随着数据使用场景激增与场景复杂化，如数据识别、标签、处理（脱敏、匿名化等）、使用监控（如异常的数据访问、数据下载与外发行为）等管控工作越来越依赖技术控制手段，企业应在确立发展规划后逐步通过技术手段解决问题，而非进行革命性改革，以免适得其反。④持续的宣导与提升。企业需进行持续宣导，明确数据安全是各部门最大化实现数据价值的驱动者，而非反对者。此外，由于数据场景的多变性，数据安全比一般的安全管控工作更需要持续的优化机制。

最后，企业还可通过建立新一代技术防御模型与体系来筑牢数字安全。新技术的广泛应用、边界模糊化要求企业具备进阶的技术防御理念。这种超越传统数据安全和 IT 思维的安全技术生态系统包括以下特性：①一体化的安全防御能力。传统的安全防御主要根据既定的防入侵检测策略和传统防火墙的过滤数据包，实现对企业网络边界的防御和管控。如今，面对多样化的 IT 环境与架构（如传统物理互联网数据中心机房、公有云、私有云、混合云、物联网等）以及深入到应用级的攻击手段，传统的防入侵检测与防火墙已无法满足需求。企业需要考虑整合现有的与新生代的安全防御能力，打造一体化的安全防御能力。将应用程序和用户控制、入侵防护、高级恶意软件检测、威胁情报源收集等安全防御能力进行整合，探测恶意攻击的同时阻断潜在的后续恶意攻击路径，为企业提供七层入侵防护和跨网络的风险预知能力，保障企业的信息化安全。②安全响应自动化。安全能力除需要一体化平台整合外，更需要具备自动化能力，以应对激增的响应需求。新一代的安全管控框架应具备充足的自动化能力，如通过安全编排、自动化与响应以及必要的机器人流程自动化（robotic process automation，RPA）支持，提升一体化平台多点防御、多点监测、统一监控能力，并在提升威胁分析效率和响应速度的同时，减少可重复性操作，释放安全管理人员到更具挑战的工作领域中。新一代的安全管控框架还要具备基于"零信任"的统一用户身份权限管理能力。传统企业在面对数量持续上升的 IT 资产时，以及类型和体量不断增大的用户群时，主要考虑提升用户的 IT 服务体验，保障用户访问对应资源的效率与效果；而在 60% 以上的数字安全事件由内部网络引起的时代，基于"零信任"架构的用户身份权限管理，逐渐被企业重视，并置于安全技术生态系统的优先位置。"零信任"架构意味着与企业相关联的用户、设备、服务或应用程序等所有个体，都是不被信任的，必须经历身份和访问管理过程才能获得对应最低级别访问权限。新一代的用户身份权限管理，应在"零信任"的架构下，保证数据和关键资源仅对正当的访问开放并对其进行监控和记录、联动可疑告警等，及时识别并拒绝异常访问；同时，融合人工智能的安全威胁检测。③深度学习和响应不断变异的威胁。面对每日的海量告警信息，企业需要投入大量的安全分析、响应资源和人工处理成本，已无法满足当下企业对自动化的发展需求。利用人工智能技术（AI），对日常的威胁检测（如网络入侵、恶意软件、代码欺诈事件等）提供即时洞察，可显著缩短威胁探索、安全事件响应和补救部署的时间，以较少资源获得高效能。

安全的保障是构建数字基建、推动发展数字技术和企业一体化的基础。因此，企业应重视并投入更多的人才和资金，筑牢安全基建，保障产业数字化稳定、优质发展。

2. 推进技术一体化，赋能数字化需要

由于数字技术高速发展，很多制造企业不仅面临着大量的工程制造数量，还面临着供应链上下游企业的风险管控和沟通交易问题，造成企业生产效率低、成本高。

因此，企业可以通过推进技术发展的一体化，加强与供应商和销售商的合作，逐步提高生产效率，降低发展成本，以期带来更多效益，增强竞争优势。为了开发产业数字化的潜能，使企业同时具有高效率和高效益，采用技术发展一体化的理念改造现有企业，无疑是很有价值的策略。各数字化转型中的企业要充分发挥建造产业链长主导效用，落实供需两侧协同发展策略，带动行业数字化发展领域企业内部与产业链上下游的配套企业、生产服务型企业壮大，不断创造出市场机遇、产业潜能和行业动能；推动转变行业领域创新模式、创造条件，着力培育规范数字化技改市场、行业云平台服务市场，充分发挥市场主体与市场机制的作用。

推动技术发展的一体化，可分为横向一体化和纵向一体化。其中，企业首先要推动纵向一体化，也就是生产企业同供应商、销售商串联发展。实行纵向一体化的主要目的在于加强核心并加强对原材料供应、产品制造、分销和销售全过程的控制，使生产与经营过程相互连接，构建供应链全链一体化，使企业能够在市场竞争中掌握主动，从而达到增加各个业务活动阶段的利润的目的，形成坚实的数智底座，由此提高企业生产水平，获得更大的经济效益。推动企业的纵向一体化，需要企业把产品设计、计划、财务、会计、生产、人事、管理、设备维修等工作看作是本企业必不可少的业务工作，形成一条从供应商到制造商再到分销商的贯穿所有企业的"链"。由于相邻的节点企业之间表现出一种需求与供应的关系，因此从整体上形成了供应链。企业应利用数字技术形成数智化方案，保证供应链一体管理这一经营与运作模式，使这条链上的节点企业必须达到同步、协调运行，才可能同时受益。

其次，企业要推动技术发展的横向一体化，也就是利用数字技术形成的数智化方案，将与本企业处在生产—营销链上同一个阶段的具有不同资源优势的企业单位联合起来，形成一个联通的经济体。横向一体化的基本思想，即利用外部资源快速响应市场需求，本企业抓自己的有核心竞争力的业务，而将非核心业务委托或外包给合作伙伴企业，建立动态战略联盟，实行虚拟化运作，从而避免自己投资带来的基建周期长等问题，赢得产品在低成本、高质量、早上市等诸方面的竞争优势，更好地响应市场需求，从而大大提高企业的竞争力，使企业在复杂的市场环境中立于不败之地。

下面以赛博威数字营销一体化双 A 模型的路径为例进行说明。第一个 A（application）通过数字化系统建设，将营销链路费用、销售行为等数据化，并将各个系统数据打通，形成私域资产沉淀。第二个 A（analytics），打破信息孤岛，汇总线上线下数据，最终形成多维度分析报告，为大模型建设基础数据沉淀。通过数据洞察分析实现企业私域数据资产沉淀及数据智能分析，推动企业数据商业化、一体化应用，助力企业打破信息孤岛，建立企业私域数据体系。在提升不同职能和部门之间的协同能力、建立创新及技术驱动的业务模式的同时，通过智能数据分析，激发企业营销链路数据价值，辅助战略决策，推动整个价值链智慧创造，助力实现业务可持续稳定增长，推动产业数字化进程。

通过技术发展的一体化，可以使企业生产商同销售商与供应商联合，逐渐切入产业价值链，利用自己积累的数据、技术提高工厂效率，为后端价值链赋能，与此同时，迎合消费升级趋势，使用数字化工具带动后端生产进行转型，为消费者提供高性价比和个性化的商品，更好地预测产品的未来需求，获得生产率高、稳定性强的优势，稳定原材料的成本，进而达到稳定价格的目的，获取稳定的资源供给，节约上下游企业在市场上进行购买或销售的成本，提高生产效益。通过横向一体化可以实现规模经济，降低成本，快速获得互补性的资源和能力，增强自身实力以获得竞争优势，甚至在特定的地区或领域获得垄断地位，巩固市场地位。形成稳定的数智底座，推动数字基建发展，加速发展赋能产业数字化的需要。

3. 以行业为导向，形成协同生态

在以数智新基建为代表的产业数字化技术进程中，很多企业已经通过管理者操作不同的数字系统，达到数字化对整个生产服务效率的提升。但如果横向来看，这些系统大多分工明确且相互孤立，没能构成一个完整的生态链条。这在很大程度是源于过去看待技术的方式是孤立的，企业习惯性地将其分为通信、互联网、人工智能等不同的技术领域。落到企业经营中，就是不同的系统与技术对应不同的功能与业务，最终由人去完成各个系统之间的对接与协调。而如果将各方面技术以行业为导向融合在一起，让同行业间不同技术的数据流通起来，碎片化的系统将形成一个可以赋能于企业的新的生态圈，形成协同共生的优质技术生态，赋能企业数字化转型。

产业跨界融合下，传统生态正在重构。企业需要利用好技术这个"生物体"，与行业相互配合。特别是新基建下，基础设施是开放的，因此生态建设是必不可少的。在新的经济动能下，新的技术生态也在慢慢形成。在这样的环境下，企业之间要寻找能够提供"生态级支持"的技术合作伙伴，以"技术＋行业"为导向互联互通，借助数字化的新型基础设施为整个社会服务，将智能技术与智能应用融合渗透到各个行业，这比点对点的技术合作更易实现全链条的数字化转型。如何做好技术融合的投入与效率之间的平衡，是企业要解决的重要难题。

例如，海底捞作为在全国拥有 1500 家门店的餐饮连锁企业，拥有巨大的客流量与知名度，它的数字化改造过程正在成为绝好的转型样本。或许顾客很难察觉到，电费是海底捞门店成本的大头。一方面，为了保证顾客快速舒适的用餐体验，无论是炉具预热、空调降温还是食材的冷链保鲜都会消耗大量电力。另一方面，由于大多数门店开在热门的商圈，客流量呈现出很强的潮汐性。这就使整个店面的电力控制更为复杂，常常会造成不必要的能源浪费。为了有效开源节流，海底捞通过与英特尔合作，改造炉具与空调系统，加装传感器和边缘设备等设施，对门店的用电系统进行了智能化改造。通过算法建立用电模型，针对不同的店面推出用电方案，并根据实时的客流量动态调整炉具的预热、空调的功率。最终在不影响用餐体验的情况下，整个海底捞每年节省了上千万元的电力成本。在这次改造中，通过物联网、边缘计算、5G 以及数据中心等技术上的多方融合，打破了传统人机静态且粗糙的交互方式的边界，实现了整个服务管理模式的升级。在成本降低的同时，管理者也可以腾出更多的精力去做更有价值的工作，在海底捞重视服务的企业文化下，极大提升了竞争力。

同时，企业在形成技术生态的过程中，要发挥区块链技术的核心作用，激发强大潜力。大数据的核心功能在于提供静态数据、动态数据以及数据被使用后新生的叠加数据，这是系统的核心资源。区块链技术具有巨大潜力，是数字技术系统或平台的核心，数字技术系统在区块链技术的改造之下，形成生态系统，赋能企业数字化转型将会得到大幅度扩展和质的跃升。首先，企业利用区块链可以打破区域和空间障碍，贯通全时空，可以将所有生产、生活流程中的每一个点、每一个行业的合计数互通互联成一体，不停地进行数据或信息的收集、处理和传输。其次，区块链技术能够跨越行业界别，将生活、工作中的行为场景全部打通。另外，区块链可以通过人工智能的收集、分析和判断，预测未来的行为信息，打破单个价值体系的封闭性，将技术和各行业或各领域连接起来，穿透所有价值体系，整合创建出巨大的价值链，为技术生态的形成提供强大支持。

数字化技术与任何一个传统产业链结合起来，将会形成新的经济组织方式，推动数字基建的发展，形成协同共生的技术生态；将技术经济的潜能赋能于全产业链生态圈的数字化转型，从而推动社会发展。

2.3　数据经济导向产业的数字化转型定位

2.3.1　数据经济的兴起和发展背景

随着信息技术的迅猛发展和互联网的普及，大数据时代已经到来。数据经济作为一种新兴的经济模式，正在改变着传统经济的运行方式和商业模式。数据经济的兴起可以追溯到过去几十年的信息技术革命和数字化转型。

首先，信息技术的迅猛发展为数据经济的兴起提供了基础。计算机技术的进步和互联网的普及使数据的获取、存储和处理变得更加容易和便捷。同时，云计算、物联网、人工智能等新兴技术的出现，进一步推动了数据经济的发展。这些技术的应用使大量的数据可以被收集、分析和利用，为企业和个人提供了更多的商业机会和创新空间。

其次，数字化转型是数据经济发展的重要推动力。随着社会各个领域的数字化转型，越来越多的数据产生出来并被积累。企业、政府和个人都开始意识到数据的价值，并开始利用数据进行决策和创造价值。2020 年，《中共中央　国务院关于构建更加完善的要素市场化配置体制机制的意见》首次将数据与土地等传统要素并列为生产要素。2021 年 12 月，国务院发布的《"十四五"数字经济发展规划》指出，数据要素是数字经济深化发展的核心引擎。数据经济的兴起也得益于数据的开放和共享，越来越多的组织和个人开始将自己的数据开放，以促进创新和经济增长。

此外，全球化和国际竞争的加剧也推动了数据经济的发展。在全球化的背景下，数据经济成为国家和企业竞争的重要战略。各国纷纷制定相关政策和法规，鼓励数据的开放和利用，以提升自身的竞争力。同时，数据经济也为企业提供了更多的商业机会和创新空间，使企业能够更好地适应和应对国际竞争的挑战。

数据经济的兴起和发展背景可以归结为信息技术的迅猛发展、数字化转型的推动和全球化竞争的加剧。数据经济作为一种新兴的经济模式，正在改变传统经济的运行方式和商业模式，为企业和个人带来了更多的商业机会和创新空间。随着技术的不断进步和数据的不断积累，数据经济的发展前景将更加广阔。著名的 O'Reilly（奥莱利）公司断言："数据是下一个'Intel Inside'，未来属于将数据转换成产品的公司和人们。"

2.3.2　数据经济的定义和特征

1. 数据经济的定义和范围

数据经济是指以数据为核心资源，通过对数据的收集、分析和利用，推动经济增长和创造价值的经济模式。数据经济涵盖了从数据的产生、收集、存储、处理，到数据的分析、应用和商业化等的全过程。它不仅包括企业和组织内部的数据活动，而且包括数据的开放和共享，以及数据的交易和商业化。

数据经济的范围非常广泛，涉及各个行业和领域。在制造业中，数据经济可以帮助企业优化生产和供应链管理，提高生产效率和产品质量。在金融业中，数据经济可以帮助银行和保险公司进行风险管理和客户分析，提供更精准的金融服务。在零售业中，数据经济可以帮助企业了解消费者需求，优化产品定价和促销策略。在医疗健康领域，数据经济可以帮助医院和医生进行疾病预测和诊断，提供个性化的医疗服务。

2. 数据经济的特征

数据经济的数据具有大量性、多样性、实时性和价值性等特征。

数据经济的特点之一是数据的规模庞大。随着互联网的普及和信息技术的发展，大量的数据产生出来并被积累。这些数据包括结构化数据（如数据库中的数据）和非结构化数据（如社交媒体上的文本、图片和视频等），涵盖了各个领域和行业。

数据经济的数据具有多样性。数据可以有不同的来源，包括企业内部的数据、公共数据、社交媒体数据等。同时，数据的形式也多样，包括文本、图片、音频、视频等。这种多样性使数据经济可以从不同的角度和维度被分析和利用。

数据经济的数据具有实时性。随着互联网的发展，数据的产生和传输速度越来越快，数据几乎可以被实时地收集和分析。这种实时性使得企业和个人可以更及时地了解市场和消费者需求，做出更快速的决策。

数据经济的数据具有价值性。通过对数据的分析和挖掘，可以发现数据中隐藏的信息和规律，为企业和个人提供决策支持和商业机会。数据经济的核心就是通过对数据的利用，创造价值并推动经济增长。这些特征使数据经济成为一种新兴的经济模式，正在改变着传统经济的运行方式和商业模式。

2.3.3　数据经济与传统经济的区别和联系

1. 数据经济与传统经济的区别

数据经济与传统经济主要在生产要素、价值创造、市场竞争方面有所区别。传统经济主要依赖劳动力、资本和土地等有形资源进行生产，而数据经济则将数据作为重要的生产要素，数据的获取、处理和应用成为经济发展的关键。传统经济主要通过物质产品的生产和交换来创造价值，而数据经济则通过对数据的收集、分析和利用来创造价值。数据经济强调数据的价值，通过对数据的挖掘和应用，可以实现更高效的资源配置和创新。传统经济中，市场竞争主要基于产品和服务的质量、价格等因素；而数据经济中，数据的质量、获取和应用能力成为企业竞争的重要因素。数据经济中，企业通过对数据的收集和分析，可以更好地了解市场需求和消费者行为，从而提供更精准的产品和服务。

2. 数据经济与传统经济的联系

数据经济与传统经济相互渗透、相互影响、相辅相成。随着数字化的推进，传统经济中的各个领域都在积极应用数据技术和方法，实现生产、管理和决策的优化。数据经济的发展也离不开传统经济的需求和支持，数据经济的应用和发展为传统经济提供了新的增长点和创新动力。数据经济的发展对传统经济产生了深远的影响，改变了传统经济的生产方式、市场竞争格局和消费行为。同时，传统经济的发展也对数据经济产生了影响，传统经济中各个领域的发展和需求推动了数据经济的应用和创新。数据经济的发展离不开传统经济的支撑；传统经济提供了物质基础和生产能力，为数据经济的发展提供了条件。同时，数据经济的发展也为传统经济提供了新的增长点和创新动力。

3. 不同行业中的数据经济与传统经济

它们的联系和区别在各个行业中都有所体现。在零售业中，传统经济是通过传统的实体店铺和销售渠道来进行商品销售的；而数据经济则通过电子商务平台和大数据分析，通过提供个性化的推荐和精准的营销策略，提高销售效果和用户体验。在农业领域，传统经济是依靠传统的农业生产方式和经验来进行农作物种植和养殖的；而数据经济则可以通过农业物联网和农业大数据分析，提供精准的农业管理和预测，帮助农民提高产量和效益。在金融行业中，传统经济是通过传统的银行和金融机构来提供金融服务的；而数据经济则通过金融科技和大数据分析，提供更快捷、便利和个性化的金融服务，如移动支付、在线借贷等。

综上，数据经济与传统经济在生产要素、价值创造和市场竞争等方面存在明显的区别，但又相互依存、相互渗透和相互影响。数据经济的发展为传统经济提供了新的增长点和创新动力，同时传统经济的发展也为数据经济的应用和创新提供了需求和支持。

2.3.4　数据经济的产业结构

数据经济的产业结构主要分为数据采集和处理、数据分析和挖掘、数据应用和创新、数据安全和隐私保护、数据服务和咨询。

数据的采集和处理包括数据的收集、清洗、整理和存储等过程。数据采集和处理的产业包括数据提供商、数据仓库和数据处理服务提供商等。

数据分析和挖掘是数据经济中的核心环节，通过对数据进行统计、模型建立、机器学习等技术手段的应用，可以从数据中发现隐藏的规律和洞察，为决策提供支持。数据分析和挖掘的产业包括数据分析公司、人工智能技术提供商等。

数据应用和创新是数据经济的价值创造环节，通过将数据应用于各个领域，可以实现资源的优化配置、效率的提升和创新的推动。数据应用和创新的产业包括数据驱动的企业、数据应用解决方案提供商等。

数据安全和隐私保护是数据经济中的重要环节，数据的安全和隐私保护是保障数据经济健康发展的基础。数据安全和隐私保护的产业包括数据安全技术提供商、数据隐私保护服务提供商等。

数据服务和咨询帮助企业和个人更好地利用数据，实现业务增长和创新。数据服务和咨询的产业包括数据咨询公司、数据服务提供商等。

2.3.5　数据经济的大市场建设

1. 数据经济的市场框架

数据经济大市场建设中的市场框架涵盖了数据经济的所有方面，从数据的产生到最终的应用以及数据的监管和保护，共同构成了一个完整的生态系统，如图 2.6 所示。

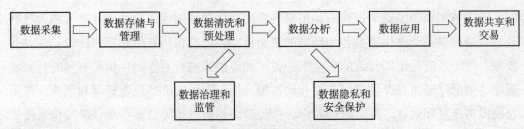

图 2.6　数据经济的市场框架

在每个环节中，经济主体需要注重数据质量、数据安全和数据隐私保护，以实现数据经济的有效利用和经济增长的推动。

（1）数据采集。经济主体通过各种渠道和手段收集各类数据，包括市场数据、消费者数据、企业数据等。数据采集可以通过调查问卷、市场调研、传感器等方式进行。

（2）数据存储与管理。采集到的数据需要进行存储和管理，以确保数据的安全和可靠性。经济主体可以建立数据库、数据仓库等数据存储系统，进行数据的分类、整理和备份。

（3）数据清洗和预处理。采集到的数据可能存在错误、缺失或冗余等问题，需要进行数据清洗和预处理。这包括去除异常值、填补缺失值、去重等操作，以提高数据的质量和准确性。

（4）数据分析。经济主体利用各种经济分析方法和模型，对清洗和预处理后的数据进行统计、计量、回归等分析。通过数据分析，可以揭示数据背后的经济规律和趋势，为经济决策提供依据。

（5）数据应用。经济主体将数据分析的结果应用于实际经济活动中，包括市场营销、产品定价、供应链管理等。数据应用可以帮助经济主体优化资源配置，提高效率和竞争力。

（6）数据共享和交易。经济主体可以将经过清洗和分析的数据进行共享和交易，以促进数据的流通和利用。数据共享和交易可以带来更多的商业机会和创新，推动数据经济的发展。

（7）数据隐私和安全保护。在数据的采集、存储、分析和应用过程中，需要加强数据隐私和安全保护。经济主体应制定相关政策和措施，确保数据的合法、安全、可信使用。

（8）数据治理和监管。为了保障数据经济的健康发展，需要建立健全数据治理体系和监管机制。政府和相关机构应加强对数据经济的监管和管理，推动数据经济的可持续发展。

2. 数据经济的市场主体

数据经济的市场主体包括以下几类实体，每个实体在数据的生产、收集、处理、分析和应用中都发挥着重要的角色，它们共同组成了图 2.7 所示的市场主体形式。

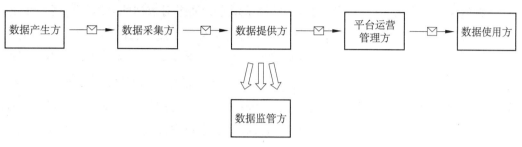

图 2.7 数据经济的市场主体

（1）企业和创业公司。企业是数据经济的重要推动者，它们通过收集、分析和应用大量的数据来改进产品、服务和运营。例如，亚马逊、谷歌、脸书等科技巨头利用用户数据为广告商提供精准的广告定向服务。

（2）政府机构。政府在数据的采集、整合和分析方面扮演关键角色，以促进公共服务的改善、政策的制定和社会问题的解决。例如，政府可以利用交通数据来优化城市交通流动性，提高市民生活质量。

（3）研究和学术机构。学术界在数据经济的发展中起到重要作用，他们通过数据分析来探索新的发现和解决实际问题。例如，流行病学家使用健康数据来研究疾病的传播趋势。

（4）非营利组织。非营利组织可以利用数据来推动社会变革，通过数据分析揭示社会不平等问题，促进社会公正。例如，全球见证组织使用图像和视频数据来监督人权侵犯事件。

（5）个人用户。个人用户在数据经济中也是一个重要的市场主体，他们通过社交媒体、移动应用等产生大量的个人数据。例如，个人用户可以通过健康追踪应用收集健康数据，帮助自己更好地管理健康。

（6）数据服务提供商。数据经济中的数据服务提供商为其他实体提供数据采集、处理、分析和存储等服务。例如，亚马逊云科技、微软云计算等云服务提供商为企业提供数据存储和分析的基础设施。

（7）金融机构。金融机构利用数据分析来进行风险评估、市场预测和投资决策。例如，对于借款人的信用评分模型就是基于大量历史数据进行建模的。

（8）新兴技术公司。随着人工智能、物联网等新兴技术的发展，越来越多的公司专注于开发和应用这些技术来处理和分析数据，以提供创新的解决方案。

总之，数据经济的市场主体是多样的，涵盖了各种组织和个人，他们通过不同方式参与数据的产生、传播和利用，共同推动数据经济的发展。

3. 数据经济大市场的概念和意义

数据经济大市场是指以数据为核心的经济形态，通过对数据的采集、存储、处理、分析和应用，推动经济的增长和转型升级。它的意义在于提供新的经济增长点和创新动力，促进产业的升级和优化。数据经济大市场在各个领域都发挥着作用。电商平台通过大数据分析用户行为和偏好，为用户提供个性化的推荐和定制化的服务。例如，阿里巴巴的淘宝平台利用用户的购买记录和浏览行为，为用户推荐感兴趣的商品，提高购物体验和销售效果。智能交通系统通过收集和分析交通数据，优化交通流量和路线规划，提高交通效率和安全性。例如，城市中的智能交通信号灯系统可以根据实时交通情况自动调整信号灯的时序，减少交通拥堵。医疗健康领域利用大数据分析患者的病历、基因数据等，提供个性化的诊断和治疗方案。例如，基于患者的基因数据和病历信息，医生可以制定更精准的治疗方案，提高治疗效果和患者生活质量。金融机构利用大数据分析用户的信用记录、消费行为等，为用户提供个性化的金融产品和服务。例如，银行可以根据用户的信用记录和消费习惯，为其定制信用卡额度和利率，提高用户的金融体验和满意度。

数据经济大市场的概念和意义在于通过对数据的采集、分析和应用，推动各个行业的创新和发展，提高经济效益和用户体验。数据经济的发展将为经济增长和转型升级提供新的动力和机遇。

数据经济大市场的建设具有以下重要意义：促进数据资源的整合和优化利用，促进数据交易和创新应用，提升数据经济的效率和竞争力，推动数据经济的发展和产业升级。数据经济大市场可以将分散的数据资源整合起来，提供一个统一的数据交易和应用平台，使数据资源得到更好的整合和优化利用。例如，中国政府推出"国家数据共享交换平台"，就是为了促进数据资源的整合和共享，推动数据经济的发展。数据经济大市场为数据提供者和数据需求方提供了一个交易和合作的平台，既促进数据的交易和共享，又推动数据的创新应用和商业模式的发展。数据经济大市场可以提高数据的获取和应用效率，为经济主体提供更准确、及时的数据支持，提升经济主体的决策能力和竞争力。数据经济大市场的建设可以促进数据经济的发展，推动相关产业的升级和转型，为经济增长和创新提供新动力。例如，滴滴出行利用大数据技术优化出行服务，推动了出行产业的升级；小红书利用社交电商模式，推动了电商产业的创新。

综上所述，数据经济大市场的意义可以总结为推动创新发展、优化资源配置、提升用户体验、加速数字化转型、促进合作与创新、提高社会福祉、创造就业机会。数据经济为企业提供了宝贵的市场信息，帮助它们更好地理解客户需求，从而推动产品和服务的创新发展。基于数据的决策可以帮助企业更有效地配置资源，减少浪费，提高生产效率，增加经济效益。通过数据分析，企业能够提供个性化的产品和服务，增加用户满意度，提高用户忠诚度，从而推动消费增长。数据经济鞭策企业加速数字化转型，提高运营效率，拓展新的业务模式，保持竞争力。数据经济鼓励不同领域的合作与创新，构建更大的数据生态系统，推动多方共赢。数据经济的发展可以改善医疗、教育、城市管理等领域，提高社会福祉水平。数据经济的兴起创造了大量的就业机会，涵盖了数据分析、数据科学、数据安全等多个领域。

4. 数据经济大市场建设的关键要素

在数字化时代，数据经济成为全球经济的引擎。数据经济大市场的建设涉及众多关键要素，这些要素共同构建了一个能够促进创新、推动经济增长的复杂系统。以下将深入探讨数据经济大市场建设的关键要素。

（1）数据基础设施建设，包括数据采集、存储、处理和传输等基础设施的建设，其作用是确保数据的安全、可靠和高效。快速的互联网连接、强大的云计算能力等数字基础设施能够支持数据的流通和处理，这也是数据经济大市场的关键支持。例如，近年来中国建设了高速的 5G 网络，为物联网设备提供了更加稳定和快速的连接。

（2）数据标准和规范制定，制定统一的数据标准和规范，可确保数据的互操作性和可信度，促进数据的流通和共享。

（3）数据安全和隐私保护。数据隐私和安全是建设数据经济大市场不可或缺的一环。用户的个人隐私需要受到严格保护，制定法律法规能够确保对数据的合法使用。同时，建立健全的数据安全和隐私保护机制，旨在保护数据的安全和隐私，增强数据使用者的信任和合规性。例如，支付宝等互联网公司采用多种技术手段保障用户支付安全。《中华人民共和国数据安全法》（以下简称《数据安全法》）等法律法规规定了数据的收集、存储、处理和传输等方面的要求，保障数据安全和个人隐私。欧洲的《通用数据保护条例》要求企业在处理欧洲公民的个人数据时，必须获得明确的授权。

（4）数据交易和合作机制。数据经济大市场的建设需要跨足多个行业，而数据的共享和合作能够促进创新。共享数据能够加速各个领域的发展，提高整体市场效率。建立开放、透明、公平的数据交易和合作机制，为数据提供者和需求方提供一个公正的交易平台。例如，医疗领域的研究机构可以通过共享病例数据，加速新药研发和诊断技术的创新。

（5）数据人才培养和技术支持。数据分析、人工智能等领域的专业人才对于数据经济的建设至关重要。培养人才能够推动相关技术的发展，促进市场的创新。加强数据人才培养和技术支持，提高数据分析和应用的能力，推动数据经济的创新和发展。例如，为了满足数据分析人才需求，许多大学开设了数据科学和人工智能相关专业。

（6）数据处理与分析技术。庞大的数据量需要通过数据处理与分析提取有价值的信息。数据分析技术，如人工智能、机器学习等，能够揭示潜在趋势、消费者行为模式等，从而为企业提供决策支持。例如，超级市场使用购物者的购买历史数据进行分析，了解购物者的偏好，并根据分析结果进行产品陈列和促销活动的调整。

（7）创新生态培育。数据经济大市场需要一个创新的生态系统，鼓励初创企业、创新者进行实验和创新。例如，一些城市设立了创新中心，为初创企业提供办公空间、导师指导等支持。

综上，数据经济大市场的建设是一个综合性工程，它需要数据采集、分析、共享等多个环节的有机组合。这些关键要素相互支持、相互促进，共同推动数据经济的繁荣发展。在不断变化的数字时代，合理应用这些要素将会为经济、科技和社会带来深远的影响。

5. 数据经济大市场建设的政策和措施

下面这些政策和措施的实施将有助于推动数据经济的发展，促进经济的增长和转型升级。

（1）鼓励数据资源的整合和共享，以促进数据经济的发展。中国政府推出的"国家数据共享交换平台"就是为了促进数据资源的整合和共享，推动数据经济的发展。

（2）加强数据安全和隐私保护的监管，制定相关法律法规。中国于2021年6月1日实施的《数据安全法》规定了数据的收集、存储、处理和传输等方面的要求，保障数据安全和个人隐私。

（3）支持数据产业链的培育和发展，推动数据经济的全产业链发展。中国政府发布了《大数据发展行动纲要》，提出了加快大数据发展的目标和任务，包括培育数据产业。

（4）鼓励数据驱动的创新和创业，提供相关支持和政策优惠。中国政府推出了一系列创新创业政策，如"双创"政策和科技创新引领计划，以促进数据经济的创新发展。

（5）政府加强数据人才培养，提供相关教育和培训支持。中国政府推动高校开设数据科学与大数据技术相关专业，培养数据人才。

为推动数据经济大市场的建设，政府和相关机构可以采取以下政策和措施：制定数据经济发展战略和规划，明确数据经济大市场建设的目标和路径；加强数据基础设施建设，提升数据采集、存储和处理的能力；推动数据标准和规范的制定和实施，促进数据的互操作性和共享；加强数据安全和隐私保护，建立数据安全管理体系和隐私保护机制；支持数据人才培养和技术研发，提高数据分析和应用的能力；鼓励数据交易和合作，建立开放、透明、公平的数据交易平台；加强数据经济监管和治理，保障数据经济的健康发展和社会效益。

2.3.6　数据经济的经济增长和创新驱动

1. 数据经济对经济增长的贡献

在分析数据经济对经济增长的贡献之前，我们首先聚焦两组数据，2009—2018 年，美国的数字经济平均增速达到 5.9%，远高于同期美国 GDP 平均 2.5% 的增速水平。2008 年国际金融危机以后，数字经济成为驱动美国经济增长的重要力量。2010 年以来中国数字经济发展迅速，特别是自 2016 年开始数字经济加速发展，在 GDP 的占比持续攀升，至 2020 年，中国数字经济规模达 39.2 万亿元，占 GDP 比重为 38.6%[①]。数字经济对中国 GDP 的增长贡献也非常显著，近年来以占 GDP 不到 40% 的比重，对经济增长贡献率达到 60% 以上。中国的经济模式之所以发生如此大的变化，究其原因是人口红利的消退，以及数据生产要素的出现为中国带来新的数据红利，为经济增长源源不断地注入新的活力。

数据经济对经济增长的贡献主要体现在以下方面。①数据经济为创新提供了强大的支持。通过对大数据的分析和挖掘，可以发现新的商业模式、产品和服务，推动创新的发展。数据经济还促进了科学研究和技术进步，为经济增长提供了新的动力。②数据经济可以帮助企业和政府更好地利用资源。通过对数据的分析和应用，可以实现资源的优化配置，提高生产效率和资源利用率。例如，通过数据分析，企业可以更准确地预测市场需求，优化生产计划和供应链管理，从而降低成本并提高效益。③数据经济为企业拓展市场提供了新的机会。通过对大数据的分析，企业可以更好地了解消费者需求和行为，精准定位目标市场，并开发个性化的产品和服务。④数据经济还促进了电子商务的发展，打破了地域限制，扩大了市场规模。⑤数据经济的发展带动了相关产业的就业增长。数据分析、人工智能、云计算等技术的兴起，催生了大量的就业机会。同时，数据经济的发展也促进了其他行业的数字化转型，为就业创造了更多机会。⑥数据经济为政府决策提供了更准确的信息和支持。通过对大数据的分析，政府可以更好地了解经济和社会的状况，制定更科学的政策和规划，提高决策的效果和精度。

综上所述，数据经济对经济增长的贡献主要体现在创新驱动、资源优化、市场扩大、就业增长和政府决策支持等方面。数据经济的发展为经济提供了新的增长动力和机会，推动了经济的转型升级和可持续发展。

2. 数据经济的创新驱动

数据经济为企业提供创新渠道，驱动企业进行创新升级。例如，云集数科依托政务大数据搭建出普惠金融综合服务平台，探索出数字普惠金融新模式；创蓝云智凭借在 5G 消息应用场景上的技术创新能力，成为国内首批与运营商在 5G 消息领域开展合

---

① 刘晓曙. 数字经济释放经济增长技术红利 [J]. 金融博览，2022(3):58-59.

作的企业。

数据经济的创新驱动体现在数据驱动的商业模式创新、数据驱动的产品和服务创新、数据驱动的科学研究和技术创新、数据驱动的市场营销创新等方面。数据经济的发展为创新提供了新的机会和动力，推动了经济的转型升级和可持续发展。

数据经济为企业提供了大量的数据资源，通过对这些数据的分析和挖掘，企业可以发现新的商业模式。例如，通过对用户行为数据的分析，企业可以实现个性化推荐，提供更精准的产品和服务。

数据经济还促进了共享经济的发展，通过共享数据和资源，创造了新的商业模式。①数据经济为企业提供了更多的创新机会。通过对大数据的分析，企业可以了解消费者的需求和行为，开发出更符合市场需求的产品和服务。例如，通过对健康数据的分析，企业可以开发出个性化的健康管理产品，提供更精准的健康服务。②数据经济为科学研究和技术创新提供了强大的支持。通过对大数据的分析，科学家可以发现新的规律和洞察，推动科学研究的进展。③数据经济还促进了人工智能、机器学习、云计算等技术的发展，为技术创新提供了新的动力。④数据经济为企业的市场营销提供了更精准的工具和方法。通过对用户数据的分析，企业可以了解用户的兴趣和偏好，实施个性化的营销策略。⑤数据经济还促进了精准广告的发展，通过对用户数据的分析，实现广告的精准投放，提高广告的效果和回报。

同时，数据经济的创新驱动在于充分利用数据分析和应用，从中发现新的商业模式、产品和服务，进而推动经济增长和社会发展。①数据分析可以帮助企业深入了解市场趋势和消费者需求，从而指导新产品的开发和推出。例如，网飞利用用户观看数据分析，制定个性化的内容推荐策略，提高用户留存率。根据数据，网飞在美国用户中的留存率达到了93%。②数据经济使企业能够为每个客户提供个性化的服务和定制化的产品。亚马逊利用用户购物历史和浏览数据，向用户推荐个性化的商品，根据数据，这种推荐引擎使亚马逊的销售额增加了29%。③数据分析可以帮助企业发现新的商业模式，创造全新的市场机会。优步等共享经济平台通过数据分析和智能算法，优化乘客和司机之间的匹配，提供更高效的打车服务，使全球范围内的每天订单数量超过了1500万。④数据经济可以通过预测性分析帮助企业做出更明智的决策。中外运敦豪利用数据分析优化供应链管理，从而降低成本并提高交货准时率。根据数据，交货准时率提高了20%。⑤数据分析可以帮助企业更好地了解产品的性能和用户反馈，从而引导研发和创新。特斯拉通过对其电动汽车的遥测数据进行分析，不仅改进了车辆性能，还推出了多项智能驾驶功能。⑥数据分析可以帮助企业更有效地分配资源，减少浪费。谷歌利用数据中心的能耗数据进行分析，通过智能管理降低了能源消耗，使能源使用效率提高了15%。

第 3 章　产业数字化转型过程理论

3.1　产业数字化转型过程框架

数字化转型过程，总体分为五个步骤：一是做好数字化综合评估，即结合企业的发展愿景、业务能力需求和数字化转型目标，识别需要构建的各项数字化能力，形成数字化架构设计的需求规约；二是围绕各数字化主题能力开展数字化顶层设计，用统一可视化的标准语言对企业数字化能力进行架构展现与表达，包括各主题能力主线的业务架构、数据架构、应用架构的规划设计及其统一数字技术架构设计；三是按各能力的演化关系逐步开展数字化变革迁移规划，明确阶段性数字化收益与滚动达成路径；四是全面推广逐步形成协同发展的数字化生态体系；五是依托数字化转型成熟度诊断机制，进行数字化转型成效的阶段评估，促进数字化转型的持续推进。

围绕数字化转型的五个视角，系统化、体系化建立发展战略、新型能力、系统性解决方案（要素）、治理体系和业务创新转型等五个过程联动方法，按照价值体系优化、创新和重构的要求，将新型能力建设贯穿数字化转型发展规划全过程。

3.1.1　数字化转型过程框架思路

组织应建立策划、支持、实施与运行、评测和改进（PDCA）的循环机制，以统一的 PDCA 循环为纽带，推动支持新型能力建设、运行和优化的系统性解决方案和治理体系各自迭代优化循环，并不断加强二者相互协调融合，持续打造所需的新型能力。与此同时，将打造形成的新型能力输出至业务创新转型过程联动方法，以新型能力为纽带实现业务创新转型过程联动方法与发展战略过程联动方法的有效衔接[①]。

1. 新型能力的识别与策划方面的创新

组织应按照发展战略联动方法中识别的可持续竞争合作优势需求、策划的业务场景及业务架构、提出的价值模式等内容，参考新型能力的主要视角，识别拟打造的新

---

① 赵泠淼. 数据驱动下制造企业数字化转型升级策略研究 [D]. 湘潭：湘潭大学，2022.

型能力，提出拟打造的新型能力（体系）。在此基础上，开展新型能力分解与模块化组合需求分析，完成新型能力（体系）的策划。

在识别和策划新型能力（体系）时，组织应：①充分考虑自身数字化转型的发展阶段、现状水平、资源条件等情况，以及对系统性解决方案和治理体系等方面的需求，选取最为关键、最为迫切且切实可行的新型能力；②确保所选取的新型能力（体系）与自身发展需求和条件相适应，且共同形成支撑业务创新转型的最大合力，能够支持获取最大化价值效益；③按照数字化转型深化发展要求，加速提升新型能力（体系）的战略性、前瞻性、系统性和全局性。

2. 新型能力的实施与运行方面的创新

组织应系统开展新型能力（体系）的实施与运行活动，包括但不限于：①从数据、技术、流程和组织等四要素入手构建系统性解决方案，通过系统性解决方案的统筹规划、分步实施、迭代优化打造形成新型能力（体系）；②从组织整体层面系统推进涵盖数字化治理、组织机制、管理方式、组织文化的治理体系建设，形成保障新型能力（体系）建设、运行和优化的治理体系；③以新型能力过程联动方法为纽带，加强系统性解决方案（要素）过程联动方法和治理体系过程联动方法的协调联动与融合创新，以更有效地推进新型能力（体系）的建设、运行和持续优化，更有力地支持价值创造。

3. 新型能力的评价与改进方面的创新

组织应开展的新型能力（体系）评价与改进活动，包括但不限于：①建立适宜的新型能力诊断、对标和评价体系，对新型能力（体系）建设与运行预期结果的实现程度，系统性解决方案、治理体系的适宜性、有效性及其适配性等进行诊断分析和评价，寻找可改进的机会；②建立并有效实施新型能力（体系）的改进机制，形成改进措施和预防措施，确保能够及时、准确把握改进的机会，不断优化提升新型能力，持续有效地支撑业务创新转型。

3.1.2 数字化架构设计技术思路创新

以作者团队所提出的 DAFE 企业架构方法为依托，能够为企业开展数字化架构设计与顶层设计，全面审视企业的数字化转型战略机遇及其可协同的数字化产业生态，帮助企业捋清创新发展路径及数据要素利用的加强机制，优选适应于变革与提升的解决方案组合，通过有效的商业模式优化与技术服务创新，促进企业实现数字化转型。

（1）能够帮助企业基于顶层架构视角和科技创新服务场景，设计业务运行支撑解决方案。业务架构规划是面向创新业务领域和数字化转型的业务运营模式重塑过程，该过程一方面基于现有的核心业务线产品和服务，梳理和还原企业的业务价值链结构，并结合企业的集团化统筹管控需求，分析和识别企业整体的业务运营能力框架视图；

另外，还会基于企业变革需求，以及政策、经济和科技环境发展需求，开展必要的业务运行和管理决策模式创新机会识别，绘制新的业务运营能力愿景视图。在业务架构的基础上，基于业务流程管理方法和业务运行支撑的可选方案，进行业务流程架构的变革和优化。

（2）能够面向新时期企业数字化转型愿景开展中长期数字化顶层设计和战略规划，分别通过企业经营模式分析、战略主线辨析、数字化成熟度、数字化转型着力点分析、数字化架构设计和战略实施方案等几个层次开展工作。企业经营模式分析主要是通过企业运营模型分析和企业战略分析，来明确企业当前时期的发展需求和经营模式。通过战略主线辨析获取企业实现战略所依托的经营主线，准确地找寻当前时期的业务发展/变革主线，并对业务主线的数字化服务能力着力点进行判断。数字化架构设计是基于业务主题和业务架构，开展支撑业务运营架构和核心能力构建需求的数字化架构设计，包含了应用组合设计、应用集成方案设计、数据资产运行架构设计、数据中台架构设计、数据治理策略设计、云管理平台设计、数据中心解决方案设计和安全防控架构设计等内容。

3.1.3　数字化诊断评估思路创新

目前，国内外研究机构、咨询服务机构等充分把握数字化转型的大趋势，开展企业数字化转型相关研究，但尚未形成科学系统的诊断分析体系。此外，企业数字化转型研究除了关注指标体系的科学性、适用性和表征性，对标数据的规模和覆盖的范围也直接影响着企业数字化转型诊断分析结果的准确性、科学性与针对性。如何能够高屋建瓴、充分分析企业数字化转型的发展演进路线，设立科学、正确的评判标准，通过规模足够大、覆盖足够广的样本数据开展对标分析，形成科学、客观、针对性强的分析报告，是本项目将要解决的技术难点之一。设计一套全方位、多角度的数字化转型诊断对标体系，以科学定量的方式找差距、找短板、找问题、找方向、找重点；通过基于平台的周期性自诊断，以关键指标数据为切入持续追踪转型成效，以发展阶段跃升为脉络明晰企业转型轨迹，形成以诊断为抓手的数字化系统推进和动态管控机制。

数字化转型作为一个长期目标战略，其实施过程必然会受到许多干扰性因素的影响。为了稳步推进数字化转型，组织需要定期评估发展过程中的数字化转型能力体系，发现数字化转型过程中遇到的干扰性因素，分析这些干扰性因素如何影响自身的数字化转型。而评估产业的数字化转型，首先需要了解数字化转型能力体系。

在当下的国家标准中，数字化转型能力体系是基于新型能力展开的。新型能力是一种深化应用新一代信息技术建立、提升、整合、重构组织的内外部能力，能够帮助组织应对不确定性变化，是组织能力的体现。组织能力是需要工具、流程、机制来形成的，具体体现在技术能力、机制能力等方面。当下人们普遍意识到，技术的发展和机制的优化并不一定能够带来能力的提高，来自组织内外部的不确定性都有可能阻碍能力的提升，这些不确定性包括需求方的变化、政策的出台、大环境变动、上下游企业调整、自身战略目标变动等。组织要想减少不确定性对于数字化转型的影响，就必须培育新型能力，故新型能力的评估在产业数字化转型综合评估中具有重要地位。

评估新型能力，首先要识别什么能力是新型能力。识别新型能力这项工作的核心目标是将组织的能力进行整体划分。组织应围绕其发展战略，充分考虑影响转型的内外部因素和环境变化，明确与其战略相匹配的可持续竞争合作优势需求、系统策划业务架构和业务场景，并参考价值效益参考模型中给出的价值效益分类体系（见图 3.1），进一步策划价值创造和价值分享模式，提出价值体系优化、创新和重构的总体需求。

图 3.1　价值效益分类体系

之后组织应按照价值体系优化、创新和重构的总体需求，依据价值效益参考模型中给出的新型能力的主要视角（见图 3.2），从与价值创造的载体有关的能力、与价值创造的过程有关的能力、与价值创造的对象有关的能力、与价值创造的合作伙伴有关的能力、与价值创造的主体有关的能力，以及与价值创造的驱动要素有关的能力等方面，系统开展新型能力识别与策划，明确新型能力建设的总体需求，提出拟打造的新型能力体系。[①]

识别与价值创造的载体有关的能力，组织需要关注利用新一代信息技术对产品的创新能力，主要包括产品数字化创新能力和数字化研发创新能力。识别与价值创造的过程有关的能力，组织需要关注生产与运营管控能力，主要包括智能生产与现场作业能力、数字化运营管理能力、信息安全管理能力，从而实现纵向贯通生产管理与现场作业活动，横向打通供应链和产业链各环节生产经营活动，提高全要素生产率。[②] 识别与价值创造的对象有关的能力，组织需要关注用户服务能力，主要包括需求定义能

---

① 周滔. T 公司面向动车组状态维修的数字化转型研究 [D]. 北京：北京交通大学，2022.

② 郝政，吕佳，杨蕾，等. 组态视角下商业银行数字化转型路径研究：基于创新生态系统的联动效应分析 [J]. 技术经济，2022，41(11):40-53.

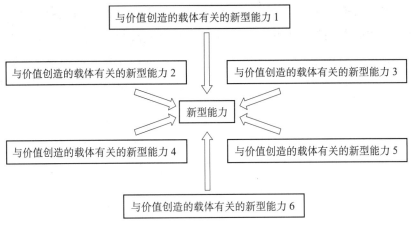

图 3.2　新型能力的主要视角

力、快速响应能力、创新服务能力,实现基于用户画像的用户需求分析和基于数据共享的创新服务、延伸服务、超预期服务等。识别与价值创造的合作伙伴有关的能力,组织需要关注生态合作能力,主要包括供应链协同能力和生态共建能力,构成优势互补、合作共赢的协作网络,形成良性迭代、可持续发展的合作生态。识别与价值创造的主体有关的能力,组织需要关注员工赋能能力,主要包括人才开发能力和知识赋能能力,通过赋予员工价值创造的技能和知识,最大程度激发员工价值创造的主动性和潜能。识别与价值创造的驱动要素有关的能力,组织需要关注数据开发能力,主要包括数据管理能力和数字业务培育能力,通过将数据作为关键资源、核心资产进行有效管理,发挥数据作为创新驱动核心要素的潜能。

　　新型能力的识别工作完成之后,我们就对组织的整体结构有了相对清晰的认知,但要对组织进行数字化转型评估,我们还需要对组织能力进行抽丝剥茧的解构,将识别的新型能力建设总体需求逐级细化分解,明确细分能力所对应的能力单元建设需求,分析每一项细分的新型能力存在的问题,具体的工作流程如图 3.3 所示。

　　分解新型能力的前提是确定新型能力建设的总体需求,之后组织应参考组织主体、价值活动客体、信息物理空间等新型能力分解的主要视角,对新型能力建设的总体需求进行逐级分解和细化,将各新型能力及相对应的价值效益需求分解至不能或不必再分解为止,这些细分的新型能力需对应明确的组织边界、价值活动、基础设施与资源环境。

　　新型能力分解后组织应当将新型能力进行重构,即将能力单元解构成不能或不必再分解的细分新型能力,根据细分新型能力和相应的价值效益需求,从过程维、要素维、管理维三个维度系统策划和构建能力单元。然后,组织应根据业务创新转型和特定价值效益需求,分析并确定能够支持获取预期价值效益的细分新型能力集合,及其对应的能力单元集合。能力单元构建好之后，组织需要将独立的能力单元进行有机连接，最大化地发挥其对于组织的推动作用。在具体实践过程中，组织应该参考能力单元组合典型范式（见图3.4），基于价值流、信息流等构建相关能力单元的相互协同和协作关系，形成面向特定价值效益的能力单元组合。

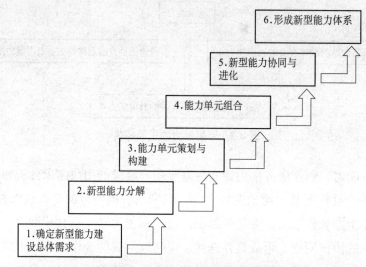

图 3.3   新型能力的分解与组合过程

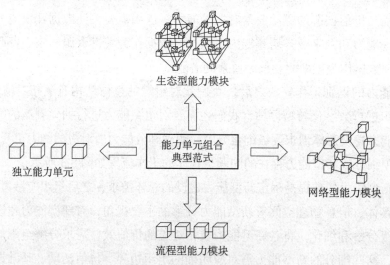

图 3.4   能力单元组合典型范式

能力单元组合之后，组织应当基于能力单元组合推动新型能力的协同建设。这里的协同建设主要指推进新型能力的模块化、数字化和平台化发展，支持能力节点、能力流、能力网络、能力生态等类型的新型能力的不断发展进化，最终使新型能力服务于战略实现。组织还应建设覆盖组织全局的能力单元组合的集合，通过能力单元的构建承载组织全部的新型能力，通过能力单元的有机连接支持价值体系优化、创新和重构，最终形成组织的新型能力体系。

新型能力的建设是一个循序渐进、持续迭代的过程。在参考架构中，新型能力的等级由低到高被划分为 CL1（初始级）、CL2（单元级）、CL3（流程级）、CL4（网络级）和 CL5（生态级）共五个等级，不同能力等级呈现出不同的总体特征，在过程维、要素维和管理维也有着不同的识别标准，具体内容如图 3.5 所示。

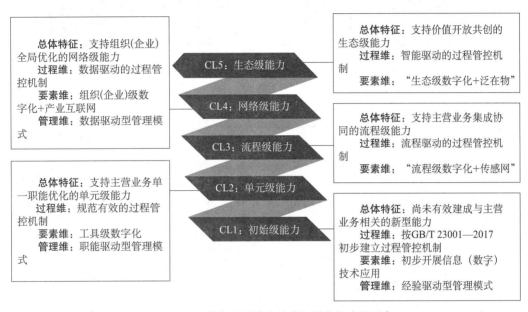

图 3.5　不同等级新型能力的特征及分级建设重点

以上新型能力的等级划分内涵着新型能力的协同范式，与新型能力的主要视角也存在着对应关系。新型能力的协同范式与能力单元的协同范式在形式上类似，均是由点连线、线织成网、网组成生态的关系。不同之处在于能力单元的协同范式由一个个独立能力单元构成，而新型能力的协同范式由能力节点构成，进而拓展成能力流、能力网络、能力生态。其中，CL2（单元级）能力一般呈现为能力节点，CL3（流程级）能力一般呈现为能力流，这两种能力通常只归属于新型能力主要视角中的一个视角。CL4（网络级）能力一般呈现为能力网络，通常跨新型能力主要视角中的多个视角，覆盖组织全局，适宜时可覆盖相关生态合作伙伴。CL5（生态级）能力一般呈现为能力生态，通常跨新型能力主要视角中的多个视角，覆盖范围从组织全局扩展至生态圈。而关于能力节点、能力流、能力网络和能力生态的具体内容如图 3.6 所示。不同等级的新型能力建设的核心各有侧重，如表 3.1 所示，CL5（生态级）能力坚持绿色可持续发展，打造支持价值开放共创的生态级能力。

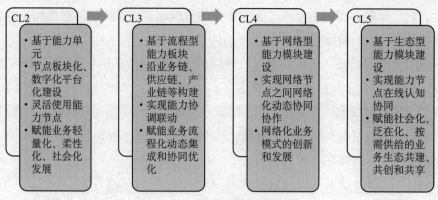

图 3.6 新型能力协同范式

表 3.1 新型能力分级建设重点

新型能力级	过程维	要素维	管理维
CL1 初始级能力	（1）开展策划，支持、实施与运行，评测与改进等 PDCA 活动。（2）围绕信息（数字）技术应用等相关新型能力的建设、运行和优化初步建立过程管控机制	（1）在单一职能范围内初步开展信息（数字）技术应用，但尚未有效发挥信息技术赋能作用。（2）初步开展基于信息（数字）技术的系统性解决方案的策划与实施，但尚未有效支持和优化主营业务范围内的生产经营管理活动	（1）主要经验驱动开展组织管理，组织管理的规范性程度有待提升。（2）初步开展与信息（数字）技术应用有关的数字化治理、组织机制、管理方式和组织文化等治理体系建设
CL2 单元级能力	（1）形成职能驱动型的 PDCA 过程管控机制。（2）围绕能力建设、运行和优化，规范有序开展策划、支持、实施与运行，评测和改进等活动	（1）形成工具级数字化的系统性解决方案，覆盖数据、技术、流程和组织四要素。（2）能够有效开展主营业务单一职能范围内的数据采集、技术应用、流程优化和职能职责调整，支持特定领域或业务环节数字化	（1）形成职能驱动型管理模式。（2）建立单一职能范围内（新一代）信息技术应用的管理制度，构建基于"经济人"假设的组织文化，有效支撑单元级能力打造
CL3 流程级能力	（1）形成流程驱动型的 PDCA 过程管控机制，实现对能力建设和运行关键过程的量化跟踪和分析优化。（2）围绕能力建设、运行和优化，规范、有效开展策划，支持、实施与运行，评测和改进等活动	（1）形成业务线数字化和基于传感网的系统性解决方案。（2）能够有效实现跨部门、跨业务环节的数据集成与共享利用、技术集成融合应用、流程贯通与优化、职能职责协同调整等，支持跨部门、跨业务环节的业务集成融合	（1）形成流程驱动型管理模式。（2）建立跨部门或跨业务环节的数字化治理体系，构建基于"社会人"假设的组织文化，有效支撑流程级能力打造

续表

新型能力级	过程维	要素维	管理维
CL4 网络级能力	（1）形成数据驱动型的 PDCA 过程管控机制，对能力建设和运行的全过程进行量化跟踪和动态优化。 （2）围绕能力建设、运行和优化，按需开展策划、支持、实施与运行，评测和改进等活动	（1）形成组织（企业）级数字化和基于产业互联网的系统性解决方案。 （2）能够构建组织（企业）级数字系统，有效实现覆盖全组织（企业）的数据在线交换和动态集成共享、技术综合集成和融合创新、业务端到端流程动态优化、职能职责动态调整等，支持组织（企业）级业务模式创新	（1）形成数据驱动型管理模式。 （2）建立覆盖组织（企业）全局的数字组织（企业）治理体系，构建基于"知识人"假设的组织文化，有效支撑网络级能力打造
CL5 生态级能力	（1）形成智能驱动型的 PDCA 过程管控机制，支持能力按需共建、共创、共享，以及能力的认知协同和自学习优化。 （2）围绕能力建设、运行和优化，自组织开展策划、支持、实施与运行，评测和改进等活动	（1）形成生态级数字化和基于泛在物联网的系统性解决方案。 （2）能够构建生态级信息物理系统，有效实现生态合作伙伴间数据按需互通和跨界共享，技术社会化开发和按需应用，跨组织（企业）的端到端流程自组织，职能职责按需调整和自学习优化，支持培育壮大数字新业务	（1）形成智能驱动型的价值生态共生管理模式。 （2）建立覆盖组织（企业）全局及生态合作伙伴的生态圈数字化治理体系，构建基于"合伙人"假设的组织文化，有效支撑生态级能力打造

3.2　过程框架之体系化评估诊断

数字化转型是在迎接新科技和产业变革浪潮的同时，通过深度应用云计算、大数据、物联网、人工智能、区块链等最新一代信息技术，激发创新动力，提升信息时代的生存和发展能力。这一过程加速了业务优化升级和创新改革，重塑了传统动能，培养了新兴动能，以创造、传递和获取新价值为目标，最终实现了企业的转型升级和创新式发展。在此过程中，组织的经济发展模式将从传统规模发展转变为数据驱动发展，其本质是一种利用数字技术降本增效的战略行为。总体而言，数字化转型离不开数字技术的赋能和组织全局的协调变革。赋能数字化转型的技术包括智能化技术、大数据、移动化、云计算、物联网等。通过这些技术的应用，组织可以进行管理运营和商业模式的转型，为员工、客户、产业内的各个参与者带来新的价值创造、传递和获取形式。组织全局的协调变革是指数字化转型不仅仅是技术部门的工作，而是组织内部所有部门的工作。数字化转型的推进需要系统的、全局性的战略目标、能力体系、业务流程、组织体系、数据收集流程、人才培养体系等组织数字化转型系统。

实现组织的数字化转型，首先需要一个明确的数字化转型战略目标。数字化转型的长期目标是捕获增长，提升价值，所有数字化技术的应用和落实、企业组织架构的变革都应围绕这个目标展开。明确数字化转型战略目标之后，组织需要针对自己的业务范围、技术能力、组织架构进行适用于数字化转型的顶层设计，在组织内部进行全方位的数字化布局，助力实现自身的数字化转型战略目标。对组织进行数字化转型的全面布局之后，组织还需要有效落实自身的转型工作。一项工作能否保质保量地完成，关键在于其质量标准是否确定。如果没有一个统一的标准，任何一项工作我们都无法客观地分析其进度、质量，无法判断其能否推动组织的数字化转型，因此组织的数字化转型综合评估标准就显得格外重要。组织需要依照国家在数字化转型方面提出的各项标准，结合组织自身的发展现状去拟定一个新的数字化转型综合评估模型，并定期依据该模型评估自身的工作状况，通过评估报告反思每个阶段数字化转型工作遇到的问题，进而针对问题提出解决方案。

3.2.1　数字化转型评估诊断实施框架

价值体系创新、优化、重构是数字化转型的核心任务，因此，评估组织数字化转型的重点是评估组织的价值体系。想要评估组织的价值体系，就要清楚组织的新型能力建设情况。在介绍完数字化转型的新型能力建设体系和价值体系之后，我们即可探索数字化转型评估诊断的具体实施框架。

以下为数字化转型评估诊断实施框架的逻辑。第一步，围绕价值效益分类体系识别组织的新型能力，形成总体新型能力体系。第二步，对已有的总体新型能力体系进行解构，即新型能力的分解与组合，依次整理出独立能力单元、流程型能力单元、网络型能力单元和生态型能力单元。第三步，通过整理的新型能力单元整合价值模式，即通过能力节点分析价值点、通过能力流分析价值链、通过能力网络分析价值网络、通过能力生态分析价值生态。第四步，依照给出的数字化转型评估诊断实施框架对每一个价值点、价值链、价值网络、价值生态进行量化评分，最终形成数字化转型评估诊断结果。

在实际操作过程中，以上思路比较抽象，难以具体落实。因此我们将数字化转型评估诊断实施框架具体分为以下四个步骤，如图3.7所示。

图 3.7　数字化转型评估诊断实施框架

一是全面摸清现状。这部分工作的本质是对组织的新型能力和价值体系进行调查分析，达到有效了解企业数字化转型发展水平、阶段和趋势，合理确定发展目标的目的。具体在实践过程中需要通过组织开展评估、诊断、对标，对数字化转型发展水平和关键指标测算跟踪，从发展战略、组织能力、系统性解决方案、数字化架构体系、平台建设、数据运营、治理体系、业务创新转型、综合效益等多视角观测,综合所有信息来构建系统的、完善的数字化转型监测体系。

二是引导组织对标。这部分工作实质上是对第一部分工作的自我审视。通过第一部分的工作,组织已经对自身的新型能力和价值体系有了相对系统且完整的认识,但这些认识还不一定完善。因此,组织需要做的下一个工作就是引导组织进行同产业对标,依据诊断体系和诊断数据去引导所属组织开展数字化转型工作的全面梳理和布局,加速企业数字化转型水平不断提升。

三是定位并破解问题。经过前两个部分的工作,组织对自身的数字化转型基本要素情况有了相对清晰的认知,接下来要做的就是评估数字化转型的核心工作。这里所说的核心工作其实就是找到当前组织进行数字化转型过程中所面对的问题,并针对每一个出现的问题拟定可实施的解决方案。发现问题的工作需要组织结合发展需求深入分析和挖掘诊断数据,从未达标、不平衡的数据中找准亟须突破的关键问题。组织在发现可能的问题之后要持续引导痛点部门有针对性地集中数据、技术、设备、网络等力量共同攻关,探索形成系统性解决方案。

四是瞄准发展方向。评估产业数字化转型的最终目的不是将组织包裹上一层数字外壳,而是用数字技术武装组织,让组织能够稳步向好发展。因此,数字化转型评估还需要将评估诊断结果与重大工程建设、项目分配等工作有机结合,分阶段、分类别明确政策施力点和重点支持方向,精准布局政策着力点。同时,将评估诊断结果作为组织发展规划或年度计划的制定依据,明确组织发展需求和路径,提高项目投资收益率,助推组织高质量发展。

明确数字化转型评估诊断的实施框架之后,我们再来思考如何在此框架下具体落实数字化转型评估诊断工作。总的说来,实施数字化转型评估诊断大体分为七个阶段:召开诊断评估启动会、确定诊断范围及匹配行业问卷、了解未来数字化建设方向和目标、开展线上数据填报工作、组织开展数字化转型诊断调研、数据分析与诊断、编制并形成数字化转型评估报告。

第一阶段,召开诊断评估启动会。在此阶段,组织需要通过会议或调查初步了解组织的基础信息,包括组织架构、主营业务、产品种类、经营状况、数字化建设投入等相关内容,经过初步梳理,可为后续的诊断工作提供基础数据支持。

第二阶段,确定诊断范围及匹配行业问卷。这一阶段的核心目标是确定参评组织覆盖范围。在实际操作过程中可以基于已有的指标体系和问卷体系,结合各参评组织的主营业务领域,确定出多种适配问卷类型,有针对性地完成业务板块诊断问卷匹配工作。

第三阶段，了解未来数字化建设方向和目标。在此阶段，需进行深入的高级管理层面访谈，以了解组织在数字化方面的未来构想和目标、核心业务及主要产品，同时对当前行业状况和未来趋势进行详细梳理和分析。通过横向比较，明确股份公司在行业中数字化规划和实际应用的水平，同时评估公司在行业发展中的机遇和挑战。

第四阶段，开展线上数据填报工作。这一阶段需要引导组织各部门开展诊断平台数据填报。如果在数据填报过程中遇到各类问题，还需要迅速改善数据填报系统、问卷，提供填报辅导与解释，并对填报数据进行核查，确保收集到的数据都是有用的数据，避免部门出现乱填乱报的情况。

第五阶段，组织开展数字化转型诊断调研。这一阶段需要组织在已有现状分析的基础上，进行现场部门走访，采用数字化诊断工具对企业应用现状进行评估，从而对企业数字化转型的整体和局部水平进行综合诊断及痛点分析。同时，组织可以开展数字化转型相关的宣贯培训，帮助企业深刻领会数字化转型的价值、内涵、方法、案例等，引导股份公司对数字化转型达成统一共识，形成统一话语体系。

第六阶段，数据分析与诊断。组织需要运用多种分析方法，对各企业填报的数据进行科学处理和深度分析，从整体及业务板块层面，对企业数字化转型工作进行综合评估和诊断，发现差距、总结规律，编制《企业数字化转型诊断分析报告》，报告项目包括数字化转型的总体水平，以及在发展战略、核心竞争力、解决方案、组织管理机制变革、业务转型与创新等方面存在的问题，并给出整体发展建议和下一步工作计划。

第七阶段，编制并形成数字化转型评估报告。在形成数字化转型评估报告时，组织不能仅仅囿于自身调查的数据，还需要对标全国和同行业样本数据，基于高级管理层面的交流，综合数字化建设目标和现场部门走访的研究结果，提炼关键信息并提供有建设性的建议。通过分析存在的差距和问题，为企业制定解决方案，解答疑虑，并制订专项服务计划，以协助企业更有效地实施数字化转型，避免不必要的困难。

3.2.2   数字化转型评估诊断实施参考实例

这里以 A 集团为例进行说明。A 集团为响应国家的"制定数字化转型规划和路线图""开展诊断对标"等有关要求及号召，对集团总部组织开展覆盖全部 41 家二级单位的数字化转型诊断工作。

通过诊断，A 集团数字化转型发展水平处于单元级，当前正位于迈向流程级的关键时期。如图 3.8 所示，集团数字化转型指数总体得分为 44.05 分，较全国平均水平（33.70分）高 30.7%，较中央企业平均水平（40.31 分）高 9.3%，超过全国 83.29% 的企业。

以数据管理能力为例（见图 3.9），约 50% 的单位尚未应用数字化技术手段开展数据管理，或仅能在某个部门或业务环节实现对数据资源的数字化管理；41% 左右的单位能够实现跨部门、跨业务环节的数据集成管理与协同利用，较全面实现数据资产化运营管理仍存在较大差距。

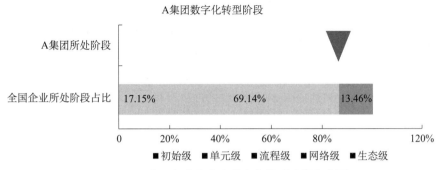

图 3.8　A 集团与全国企业数字化转型阶段分布图

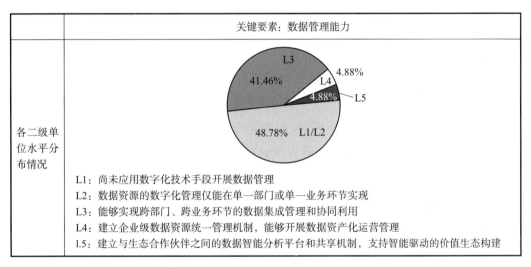

图 3.9　A 集团数据管理能力发展水平分布

以建筑施工板块为例（见图 3.10），A 集团基建施工业务数字化转型指数总体得分为 46.97 分。与整体建筑业对标，全国建筑业的企业数字化转型平均得分为 32.29 分，A 集团该业务较全国平均水平高 45.5%。

根据此次数字化转型诊断数据结果，结合 A 集团发展战略，有针对性地开展优化提升工作。提出深化数字化转型战略布局、加快数字能力体系建设、深入拓展 BIM 技术应用、加速新模式新业态培育等方面的工作建议。

基于此次 A 集团数字化转型诊断数据，通过与全国数字化转型诊断数据对标，全面摸清 A 集团数字化发展现状，定位亟须突破的关键问题，明确发展方向和目标，并为集团内各单位间、各部门间开展数字化转型工作交流提供"共同语言"，助力 A 集团数字化建设。

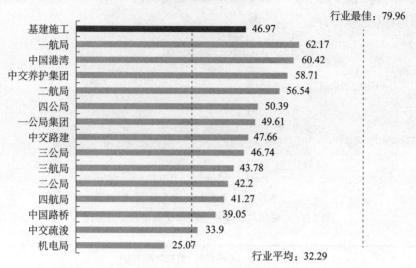

图 3.10   基建施工业务数字化转型总体得分同行业对标情况

3.2.3   数字化转型评估企业实践

行业通用型数字化成熟度评估模型在企业的实践中不断完善，为企业提供了更加精准和有效的数字化转型指导。埃森哲通过对领军企业数字化转型的常年跟踪调查，发现领军企业的数字化转型围绕三大价值维度（智能运营、主营增长和商业创新）展开。这三大价值维度并行不悖且相辅相成：智能运营让企业在核心业务上的优势愈加巩固；核心绩效提升又为企业探索新市场、新业务提供强大的财务投资能力；新兴业务的概念验证与规模化，也与核心业务形成协同效应。

基于以上洞察，埃森哲与国家工业信息安全发展研究中心合作，开发了中国企业数字转型指数模型（见图 3.11），从智能运营、主营增长、商业创新三大价值维度对企业的数字化进程进行评估。分值为 0～100，100 分代表当前所能预见的最先进状态的数字企业，数据由下至上逐级加总平均，最终得到企业的数字转型指数总分。

截至目前，埃森哲已经连续五年运用数字转型指数持续追踪中国企业转型进程，此模型也经过了一定验证。

另外，埃森哲还基于转型四大维度，结合多年来服务各行各业转型的经验，设计了数字企业进化图（见图 3.12），将数字化转型分为准备、启航、续航、远航、领航五大阶段，帮助企业对标行业领先实践并校准数字化转型之路。

在 IDC 联合 Cisco 发布的报告中，IDC 提出了中小企业全数字化成熟度模型来帮助中小企业清晰评估其当前能力。

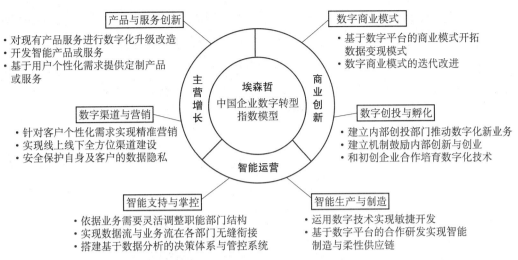

图 3.11　埃森哲中国企业数字转型指数模型

数字企业进化图		准备阶段	启航阶段	续航阶段	远航阶段	领航阶段
使命	战略共识	提质增效	主营增长	创新发展	行业转型	可持续发展
	创新驱动	个性创新	群体创新	合作创新	开放性创新	颠覆性创新
体验	互动连接	交易为核心	品牌为核心	场景为核心	角色为核心	生态为核心
	产品服务	单一价值	多样化扩展	延伸附加值	个性化定制	生态平台化
运营	组织治理	管控有形	多维矩阵	职能共享	平台型企业	生态化组织
	人才供应	被动响应需求	建立人才供应链	机器与人	无障碍的人机协作	重新定义工作边界
	流程精益	流程标准化	流程在线化	流程自动化	流程智能化	流程自适应
	数据资产	数据采集不完整	数据全但割裂	跨域数据联通	数据支持决策	数据资产变现
技术	技术架构	本地部署	集体上云	云上联通	云上智能	生态系统协同
	技术应用	探索效率提升	健全业务赋能	促进场景融合	推动模式创新	引领业务变革

图 3.12　数字企业进化图

中小企业全数字化成熟度指数由四个维度组成，即全数字化战略和组织、全数字化流程和监管、全数字化技术以及全数字化人才和技能。每个维度都针对全数字化掌握情况的一个重要方面，并可作为衡量业务职能和表现的特定方面的相对成熟度的指标进行独立评估，从而为中小企业提供针对其全数字化转型之旅的目标。

该指数将中小企业的全数字化成熟度分为四个阶段，从最早期的漠不关心阶段开始，到最成熟的游刃有余阶段。

在该报告中，IDC 调研了金融服务、制造、电信、媒体、交通运输、建筑、零售和批发等行业的 1400 多家中小企业，发现 2020 年有超过一半的中小企业通过接纳全数字化进入了主动观察阶段，而处于"游刃有余"阶段的中小企业仅有 3%。

此外，华为也曾发布过数字化成熟度模型，叫作开放数字化成熟度模型（open digital maturity model，ODMM）。模型来源于华为牵头成立的叫作"Open ROADS Community"的开放组织（由全球 ICT 领导者组成的数字化咨询委员会），默认为是华为提出的。

ODMM 是衡量企业数字化能力成熟度的一个整体模型。ODMM 将企业数字化能力划分为战略决心，数字文化、人才和技能，卓越客户体验三大评估维度，每个评估维度都包含 3 个子维度，一共 9 个子维度，如图 3.13 所示。

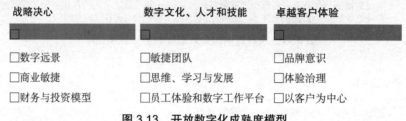

战略决心	数字文化、人才和技能	卓越客户体验
□数字远景	□敏捷团队	□品牌意识
□商业敏捷	□思维、学习与发展	□体验治理
□财务与投资模型	□员工体验和数字工作平台	□以客户为中心

图 3.13　开放数字化成熟度模型

该模型在战略方面主要考量对行业和生态的贡献程度、业务和技术的协同程度、对新的机会和业务的投资程度。在客户方面，主要考量口碑黏性和口碑传播的能力、客户体验管理和度量、客户通过线上渠道和你互动的活跃度；在组织方面，主要考量跨团队协同和主动创新的能力、其利用外部资源和社会化资源的能力、团队持续学习和数字化能力建设的能力；在创新与精益方面，主要考量应用设计思维的能力、持续交付的能力、应对变化的能力；在数据与智能方面，主要考量关键数据的元数据管理能力、数据集成和互操作能力、数据科学与人工智能（比如智能客服解答客户问题的成功率）；在技术领先方面，主要考量数据安全与风险控制、API First 与微服务的架构、基于 RPA（robotic process automation）的流程自动化。

在"2021 数字化转型发展高峰论坛"上，中国信息通信研究院发布了 IOMM 标准体系，具体内容如图 3.14 所示。

该标准体系以云智平台化、能力组件化、数据价值化、运营体系化、管理精益化、风控横贯化六大能力为转型目标，以智能敏捷、效益提升、质量保障、风控最优、业务创新、客户满意六大价值为效能验证，每个类别都对相应能力进行衡量，并以价值分数进行效能验证。

该标准体系针对现阶段企业在数字化转型过程中面临的痛点和问题，根据企业类型、规模和 IT 单元等分别制定面向平台 IT 和业务 IT 的五类成熟度。平台 IT 能力成熟度主要包括基础保障类、业务支撑类、平台服务类、客户运营类和创新引领类。业务 IT 能力成熟度主要包括电子化、线上化、协同化、智能化和生态化。

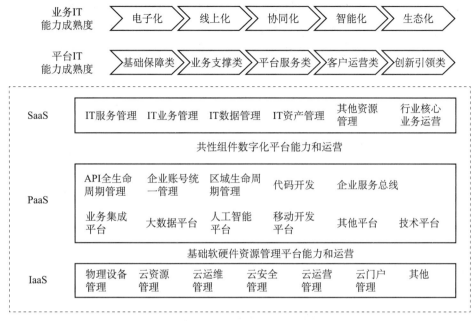

图 3.14 企业 IT 数字化能力和运营效果成熟度模型

此模型适于企业数字化转型发展过程中的相关领导者和相关人员,用于梳理、定位自身数字化转型能力水平。

3.2.4 金融行业数字化成熟度评估模型

工商银行业务研发中心业务架构管理部周添翼,基于业务能力模型,对商业银行数字化转型核心能力成熟度进行评估。

这里构建了商业银行数字化转型能力框架(见图 3.15),然后基于数字能力框架,

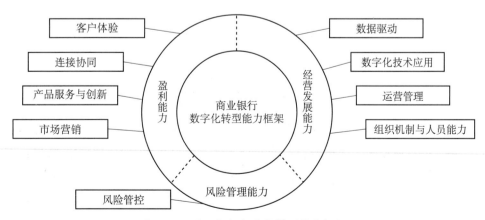

图 3.15 商业银行数字化转型能力框架

将二级数字化核心能力作为商业银行数字化转型成熟度的评价指标维度，对每个子维度分别进行五阶段的特征定义，最后将银行的三级数字化能力分别映射到对应阶段，并引入数字化转型成熟度评价函数，对各子维度进行成熟度量化评价。

基于能力模型，最终可将银行数字化转型成熟度分为五个等级阶段：初始认知阶段、探索入门阶段、实践阶段、优化阶段和智慧最佳阶段。

在初始认知阶段，商业银行刚完成信息化银行建设，对数字化的认知还处于最初始的阶段。在探索入门阶段，商业银行已经了解了数字化转型的实现路径和成效，开始储备数字化人才，积极开展组织架构转型，探索新技术研究和数字化场景实践。在实践阶段，商业银行开启大范围数字化转型实践，数字化场景应用更广泛，更多聚焦在体验式的精准营销、大数据分析、敏捷管理、新技术应用、开放生态建设等方面。在优化阶段，商业银行在实践的基础上，提升深化转型效果。在智慧最佳阶段，商业银行数字化最成熟，各方面都达到了最佳实践。

微众银行也在数字化转型领域发表过综合评估模型，即银行业数字化效能评价矩阵（DUE Matrix）。微众银行联合深圳市金融区块链发展促进会（金链盟）提出了DUE Matrix模型，其参照中国创新指数评价体系，将创新评价体系引入银行数字化领域，从创新投入和创新成效两个维度分别选取研发人员占比、人均产出两个指标，根据指标高低将矩阵分为四大象限，每个象限代表不同的数字化战略模式。最终将企业划分为数字化革新者、数字化探索者、多元化布局者和线下渠道深耕者四个部分，如图 3.16 所示。

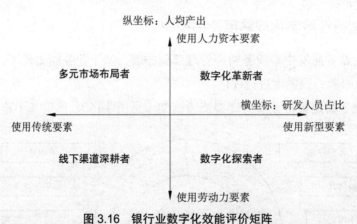

图 3.16　银行业数字化效能评价矩阵

数字化革新者是指在数字化建设方面进行了大量新型要素投入的银行，这些银行在数字化方面也取得了一定成效，能够在行业内引领行业数字化的方向。数字化探索者是已经投入了大量新型要素进行数字化建设的银行，但这些银行成效尚未充分显现。多元化布局者是指新型要素的投入相对较少，但充分发挥了传统要素作用的银行。这些银行在某些领域拥有独特的优势，其战略方向更加侧重于进行优势业务领域的多元化市场布局。线下渠道深耕者是指对新型要素投入较低且数字化的成效也暂不显著的银行，该银行或更专注于线下既有业务和渠道。

2022 年 11 月，百信银行联合安永咨询在《中国金融电脑》上发布文章，详细介绍了其数字化成熟度评估模型（见图 3.17）。

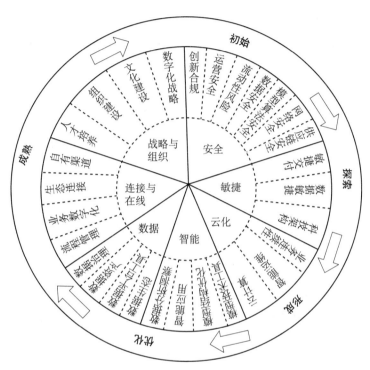

图 3.17　数字化成熟度评估模型

该模型将银行数字化转型概括为七项数字化能力，包括战略与组织流程建设能力、连接与在线能力、数据能力、智能能力、云化能力、敏捷能力及安全能力。

然后进一步将七项一级能力分解，最终形成了二十九项可以度量的二级能力，并围绕每一项二级能力设置了定性和定量两种评估方式。其中，定性方式可分为初始、探索、形成、优化和成熟五个等级，定量方式是指使用量化评估指标来进行评价。

3.2.5　零售行业数字化成熟度评估模型

零售企业数字化成熟度模型由德勤在报告中提出，如图 3.18 所示，从数字化程度、数字化转型管理和数字化转型驱动力三大维度、十项指标评估企业的数字化发展现状和目标。[①]

---

① 窦一清，蔡高楼，刘晓园. 电信运营商战略执行指标体系研究 [J]. 中国电子科学研究院学报，2022，17(12):1203-1210.

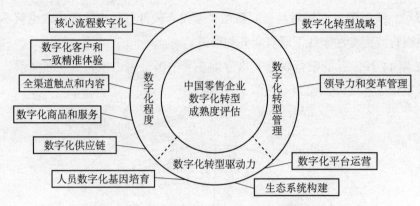

图 3.18 中国零售企业数字化转型成熟度评估

企业数字化成熟度阶段划分如图 3.19 所示，每一项指标给出 1～5 分的评分（分值标准如下），最终得出企业整体的数字化成熟度。

图 3.19 数字化成熟度阶段划分示意图

1 分：导入阶段。"百人一面，铜墙铁壁"，通过熟悉而传统的客户、实体渠道、流程、指标、商业模式和 POS\ERP\ 电商技术进行运作。业务和技术融合性不高，对公司战略和愿景的承接差，客户体验差。

2 分：起步阶段。开始以虚拟项目组形式进行数字化流程、接触点和人员的客户体验的改善和增强，驱动公司内的数字化能力打造，但尚未建立明确的数字化转型目标、路径和时间表。

3 分：实践阶段。"千人百面，若即若离"，数字化触点有限，洞察粗浅，与实体之间两线作战，体验实时互动差。有组织地在局部采纳新技术，联合合作伙伴和利用外部资源，推动数字化产品、服务创新和客户体验的产生，并将实验结果在公司内部进行推广。

4 分：优化阶段。开始关注消费者个体需求，保持局部实时在线。通过数字技术持续改造和决策端到端供应链、商品供给、商品结构和客户交付物流。在企业层面制定数字化转型战略，搭建企业级容纳和融合数字技术的新基础设施上的客户体验、流程和系统支持转型。

5 分：智慧阶段。"千人千面，永远在线"，围绕生活场景的全渠道数字化触点传达一致精准个体体验[①]。

3.2.6　制造行业数字化成熟度评估模型

工信部联合中国信通院、中国工业互联网研究院、华为、腾讯、阿里等 16 家单位共同编制评测标准（见图 3.20），分为数字化基础、数字化经营、数字化管理、数字化成效四大维度。不同行业各个维度的权重有所差异，分为制造业、生产性服务业和其他行业。图 3.21 展示了生产性服务业中小企业数字化转型水平评测标准，图 3.22 则是其他行业小企业数字化转型水平评测标准。

一级指标	二级指标	三级指标
数字化基础（25%）	业务系统（40%）	通过部署工业互联网云平台等形式实现业务数字化管理情况
	数据资源（30%）	实现各类数据汇聚及应用的情况
	网络安全（30%）	在保障网络安全方面采取的举措
数字化经营（45%）	研发设计（10%）	生产服务流程中是否涉及研发设计场景
	仓储物流（10%）	生产服务流程中是否涉及仓储物流场景，实现仓储物流数字化场景的覆盖范围
	业务流程（20%）	实现业务流程数字化场景的覆盖范围
	运营管理（20%）	实现运营管理数字化场景的覆盖范围
	产品服务（20%）	新一代信息技术在企业产品服务中的应用情况
	市场营销（10%）	实现市场营销数字化场景的覆盖范围
	售后服务（10%）	实现售后服务质量管理数字化场景的覆盖范围
数字化管理（20%）	经营战略（15%）	数字化转型意识与执行水平情况
	管理机制（35%）	在设置数字化组织与管理制度等方面采取的措施
	人才建设（25%）	在数字化方面培训覆盖的人员范围
	资金投入（25%）	上年度数字化投入占营业收入的比重
数字化成效（10%）	生产效率（30%）	上年度人均营业收入
	价值效益（40%）	上年度每百元营业收入中的成本
	服务质量（30%）	上年度客户满意率

图 3.20　生产性服务业中小企业数字化转型水平评测标准

---

① 孙铮铮. 新常态下民营建筑施工企业战略转型研究 [D]. 上海：上海财经大学，2020.

一级指标	二级指标	三级指标
数字化基础（25%）	业务系统（40%）	通过部署工业互联网云平台等形式实现业务数字化管理情况
	数据资源（30%）	实现各类数据汇聚及应用的情况
	网络安全（30%）	在保障网络安全方面采取的举措
数字化经营（45%）	研发设计（10%）	生产服务流程中是否涉及研发设计场景
	仓储物流（10%）	生产服务流程中是否涉及仓储物流场景，实现仓储物流数字化场景的覆盖范围
	业务流程（20%）	实现业务流程数字化场景的覆盖范围
	运营管理（20%）	实现运营管理数字化场景的覆盖范围
	产品服务（20%）	新一代信息技术在企业产品服务中的应用情况
	市场营销（10%）	实现市场营销数字化场景的覆盖范围
	售后服务（10%）	实现售后服务质量管理数字化场景的覆盖范围
数字化管理（20%）	经营战略（15%）	数字化转型意识与执行水平情况
	管理机制（35%）	在设置数字化组织与管理制度等方面采取的措施
	人才建设（25%）	在数字化方面培训覆盖的人员范围
	资金投入（25%）	上年度数字化投入占营业收入的比重
数字化成效（10%）	生产效率（30%）	上年度人均营业收入
	价值效益（40%）	上年度每百元营业收入中的成本
	服务质量（30%）	上年度客户满意率

图 3.21   生产性服务业中小企业数字化转型水平评测标准

一级指标	二级指标	三级指标
数字化基础（25%）	业务系统（40%）	通过部署工业互联网云平台等形式实现业务数字化管理情况
	数据资源（30%）	实现各类数据汇聚及应用的情况
	网络安全（30%）	在保障网络安全方面采取的举措
数字化经营（45%）	研发设计（10%）	开展数字化研发设计的情况
	仓储物流（10%）	生产服务流程中是否涉及仓储物流场景，仓储物流数字化场景的覆盖范围
	业务流程（20%）	实现业务流程数字化场景的覆盖范围
	运营管理（20%）	实现运营管理数字化场景的覆盖范围
	产品服务（20%）	新一代信息技术在企业产品服务中的应用情况
	市场营销（10%）	实现市场营销数字化场景的覆盖范围
	售后服务（10%）	实现售后服务质量管理数字化场景的覆盖范围
数字化管理（20%）	经营战略（15%）	数字化转型意识与执行水平情况
	管理机制（30%）	在设置数字化组织与管理制度等方面采取的措施
	人才建设（25%）	在数字化方面培训覆盖的人员范围
	资金投入（30%）	上年度数字化投入占营业收入的比重
数字化成效（10%）	生产效率（50%）	上年度人均营业收入
	价值效益（50%）	上年度每百元营业收入中的成本

图 3.22   其他行业小企业数字化转型水平评测标准

评测指标的权重大小实质上也反映了中小企业数字化转型的重点。整体看来，数字基础建设和数字技术对生产运营赋能是主要方向。评测指标的明确，同时也为中小企业正确评估自身数字化水平提供了依据，只有先清晰了解自身情况，才能科学地制定转型策略，提高数字化转型成功率。

3.2.7 供应链领域数字化成熟度评估模型

国有企业采购供应链数字化成熟度模型（以下简称 PS-DMAM 模型）如图 3.23 所示，其兼顾国家宏观政策、企业微观诉求、社会责任贡献等，总体架构涵盖政策依据、目标要求、设计逻辑、指标体系、评价依据、预期成效六部分。该模型完整描述了国有企业推进采购供应链数字化转型的过程和基于目标的评价、验证、改进、提升路线，形成闭环。PS-DMAM 模型以顶层的政策规划为主要依据，以基本目标要求为导向，按照战略、行动、成效三个域来细化对规划、保障、能力、场景、成果、贡献六个维度的分析，通过收集、获取、验证企业提供的文件、数据、系统、平台、清单、列表、标准、证书等资料，依据指标体系和每个指标的分级标准，对企业采购供应链数字化程度或成果进行客观全面的评价。

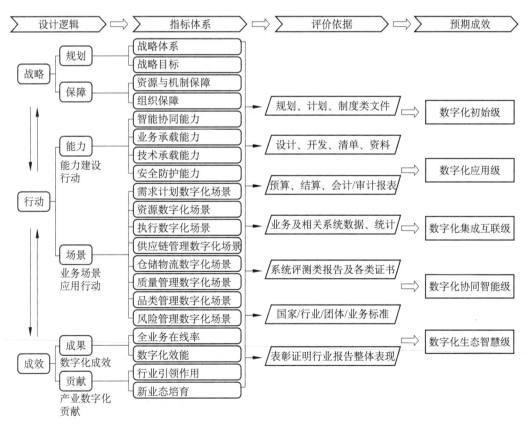

图 3.23 供应链数字化成熟度模型

其中，总体架构中的数字化能力建设、业务数字化场景应用是本模型的两个核心维度。本模型分为五个级别——第一级到第五级，数字越大，成熟度等级就越高。高成熟度代表企业具备较强的采购供应链数字化能力和较高的数字化应用水平、较好的数字化成效，反之亦然。

第一级：数字化初始级。

在第一级成熟度等级的情况下，企业的采购供应链数字化处于未就绪状态，企业尚未建成采购信息系统或数字化平台，但部分业务场景或部分业务流程环节实现了信息工具支撑，绝大部分业务场景、流程环节采用线下人工处理的方式。

第二级：数字化应用级。

在第二级成熟度等级的情况下，企业采购供应链数字化领域具有支撑业务操作或采购管理的一个或多个信息系统。但是，采购信息系统陆续、分散建立，未实现信息系统集成；未建成采购供应链数字平台或即使建立了也未得到全面应用；无法实现采购数据全程互通与信息共享。依托信息系统实现了某个或某几个业务场景的线上操作与管理，未实现采购供应链全流程、全场景的数字化应用。

第三级：数字化集成互联级。

在第三级成熟度等级的情况下，企业有规划、有计划地开展采购供应链领域的数字化。初步建成了一体化采购数字平台或对已有相关采购信息系统实施全面集成，实现数据交互共享；同时与企业内部相关部门实现跨部门、跨业务环节的信息系统集成互联、与企业外部的供应资源、供应市场、信息资源实现部分集成或数据信息交互；实现了采购供应链所有主要业务场景的数字化应用，但未实现全流程或全组织、全品类的数字化应用。

第四级：数字化协同智能级。

在第四级成熟度等级的情况下，企业按照战略规划有组织、有计划、有目标地推进采购供应链数字化。企业具备完善的采购供应链一体化数字平台或紧密集成的采购供应链信息系统，并与供应链上下游、内外部深度、无断点集成，实现数据资源全面共享与供应链相关主体的协同操作；实现了采购供应链所有业务场景和全流程、全组织、全业务品类的数字化应用和自动化操作；基于采购供应链数据建立模型进行智能分析预测，驱动采购供应链效率提升和运营绩效优化，形成了数据驱动的协同智能体系。

第五级：数字化生态智慧级。

在第五级成熟度等级的情况下，企业按照战略、行动、成效的实施路径有计划地实施采购供应链数字化。企业具有完善的采购供应链一体化数字平台，并在所有业务场景、全流程、全组织、全品类上得到充分应用；通过与供应链上下游、内外部所有资源实施集成协同，形成了以企业为核心的供应链网络生态；采购供应链数据作为生产要素驱动业务运行，实现规划、计划、运营、操作的建模、仿真、自动及智能预测、决策和优化。企业具有支持价值共创的生态智慧能力，全面实现与供应链弹性、适应性调整相关的生态合作伙伴连接赋能、数字业态创新、绿色可持续发展等价值目标。

3.2.8　面向产业的数字化转型综合评估模型

近年来，传统企业进入数字化转型大潮，国内外已经出现相当多的数字化转型评估模型。当前，国内数字化成熟度研究大多是从企业实践中开始探索，一般由政府机构牵头，联合权威咨询机构对于行业或者企业的数字化状态进行测评[①]。普华永道企业数字化成熟度评估框架从数字化战略、数字化业务应用、数字技术能力、数据能力、数字组织能力，以及变革管理六个维度对企业的数字化成熟度进行评估[②]，如图 3.24 所示。

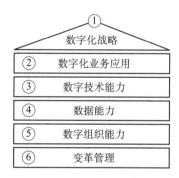

图 3.24　数字化成熟度评估框架

其中，引领性指标是第一点"数字化战略"，业务应用结果性指标是第二点"数字化业务应用"，其余四个维度是支撑性要素，每个维度又可以细分为若干子维度。对于成熟度模型的每一个阶段，模型都会继续细化出若干个关键过程域。只有当这一个阶段内的所有关键过程域都满足指标，我们才能认定组织的数字化成熟度处于该阶段。

参考架构中已经明确给出了当前产业数字化转型的五大成熟度等级：初始级数字化、单元级数字化、流程级数字化、网络级数字化、生态级数字化。

在明确当前数字化转型成熟度等级后，我们再来讨论关键过程域的选择。国外也有大量关于数字化成熟度的评估模型研究，在收集并整理了有关数字化成熟度模型的相关文献和研究报告基础上，最终选取了 5 个具有代表性的成熟度模型作为主要参考依据[③]，如表 3.3 所示。

---

① 王思惟.制造企业数字化成熟度评价体系研究[D].杭州：杭州电子科技大学，2024.
② 李迅涛.以客户为中心，建立数字文化，强韧务实推进数字化转型：浅谈设计企业数字化转型工作思路与组织建设[J].四川建筑，2021，41(6):278-281.
③ 王思惟.制造企业数字化成熟度评价体系研究[D].杭州：杭州电子科技大学，2024.

表 3.2　国外成熟度模型的关键过程域

序号	研究者	关键过程域	成熟度等级数	等级名称
1	Gröne 等	数字化投入、流程、基础设施、数字化产出	3	落后者、追赶者、领先者
2	Reinhard 等	横向价值链、纵向价值链、数字化商业模式、产品发展、顾客满意度	4	数字新手、垂直积分器、水平积分器和数字冠军
3	Westerman MIT/Capgemini Consulting	数字强度和转型管理强度	4	初学者、时尚达人、保守派和数字精英
4	Kubricki	人力资源、技术资源、数据战略、内容策略、渠道策略和社会商业战略	4	零级、低级、中级和高级
5	Jahn 和 Pfeiffer	战略和愿景、数字化领导、治理、组织文化、产品与服务、价值创造过程、客户交互	3	未实行数字化、初步实行数字化、数字化实行成功

通过观察表 3.2 我们不难发现，数字化成熟度模型在不同领域可能具有不同的指标，但是对于每一个成熟度阶段而言，他们所选取的关键过程域都是相似的，即都是从战略、组织、技术这三大方面去选取。回顾本节前面的内容可知，这与我们所讨论的新型能力、价值体系不谋而合。新型能力从六大视角去破解组织能力，价值体系以能力单元的建设为基础发挥数字化转型效用。依照这个思路，国家标准从发展战略、新型能力、系统性解决方案、治理体系和业务创新转型这几个关键过程域去评估产业数字化的转型阶段，具体内容如图 3.25 所示。

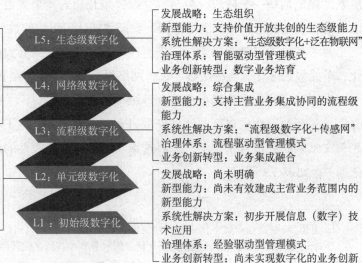

图 3.25　数字化转型阶段的关键过程域

3.2.9　关键评估指标

数字化转型战略在一定程度上反映了企业的数字化转型愿景，体现了企业主观上如何将数字化应用到生产域管理的方方面面。为了能够对企业数字化转型战略进行全面的评估，国家标准选取了战略分析、战略选择、战略映射、战略实施、战略改进五个二级指标去评估企业数字化转型。战略分析包括分析评估企业是否针对外在发展的国际、国内、行业及其上级单位的客观环境开展了数字化发展情况，是否形成了政策、经济、社会与技术等维度总结归纳数字化发展需求。战略选择包括企业是否根据外在环境进行了 SWOT 分析，形成了释放优势、弥补弱势、应对威胁与开拓机会的数字化战略定位。战略映射包括分析企业的数字化战略是否映射与遵从了企业总体发展战略；企业的数字化战略是否映射与遵从了上级单位的数字化战略；数字化战略中的技术规划是否映射与遵从了业务规划。战略实施是指分析企业是否形成了清晰的蓝图路线或滚动建设路径；是否建立了数字化战略实施的项目管控体系；是否建立了数字化战略实施的保障体系，包括组织保障、人才保障、投资保障和制度保障等。战略改进包括分析企业是否形成了数字化战略的年度考核机制，是否形成了数字化战略的滚动编修机制。

在评估了企业的数字化转型战略之后，我们要去综合评估企业对战略的实施能力，其中包括统筹管控的管理能力、内生驱动的业务能力和赋能支撑的技术能力。统筹管控的管理能力包括调研企业是否建立了数字化转型领导小组，形成企业数字化领导力；是否建立了数字化管理专业职能，发挥了统筹推进和管理协调作用。内生驱动的业务能力包括调研企业是否以业务能力建设为主线，形成了业务标准化建设和业务变革创新的布局；是否明确了业务数字化的业务部门主体责任制。赋能支撑的技术能力包括调研企业是否以数字化的技术职能定位于数字化技术的集成创新和赋能利用。

通过数字化转型战略和实施能力的评估，我们可以对企业的数字化转型成熟度有一个整体的把握，通过以上指标可以确定企业的数字化转型成熟等级。

在企业数字化转型的过程中，首先要将企业的管理能力进行数字优化。在宏观方面，需要体系化的顶层设计和体系化的治理保障；在微观方面，需要做到领导决策数字化和经营管理数字化。

为了合理评估企业的体系化顶层设计，国家标准从统一的愿景蓝图、统一的业务架构、统一的应用架构、统一的数据架构、统一的技术架构和企业级扩展架构六个方面去评估。愿景蓝图是指评估数字化战略能否从未来数字化价值收益与工作体系的视角形成统一的愿景视图，且能用于引导数字化行动。业务架构主要评估数字化赋能的核心业务能力，判断是否形成了新一代、统一的业务架构且可用于组织权责关系重构或客户中心化业务创新。应用架构主要围绕应用系统总体建设，判断是否形成了面向业务布局的应用系统总体架构；是否围绕数字化赋能的核心业务能力，形成了应用系统之间开放互联的总体布局。数据架构主要围绕企业级数据资产和管理体系，判断其是否形成了统一的数据资产主题、数据资产分布与流通蓝图、全生命周期的管控蓝图。技术架构主要围绕统一的新一代数字技术像需求及其构筑可复用的数字化底座与公共技术服务平台，判断其是否制定了统一的企业级技术蓝图。最后的企业级扩展架构是指企业级架构蓝图，主要围绕网络安全、可复用服务等进行顶层设计。

在体系化治理保障的过程域中，主要有数字化组织保障、数字化管理保障、数字化人才保障、数字化考核保障、数字化投资保障这五个方面。主要涉及数字化领导小组、数字化建设的相关制度和流程、数字化人才队伍建设、数字化激励制度、数字化投资管控和收益评估机制。

微观层面的领导决策数字化和经营管理数字化则主要是对领导层的数据驱动分析能力、数据驱动决策能力、数据驱动监管能力、数字化管控能力的评估。

产业数字化是指在新一代数字科技支撑和引领下，以数据为关键要素，以价值释放为核心，以数据赋能为主线，对产业链上下游的全要素数字化升级、转型和再造的过程。产业数字化是数字技术与实体经济的融合，包括智慧农业、智能制造、智能交通、智慧物流、数字金融、数字商贸、数字社会、数字政府等数字化应用场景。因此，产业数字化本质上是实体经济利用数字技术带来的效率提升和产值增加[1]。面对产业数字化的巨大市场，对产业数字化转型程度的正确理解有助于组织把握产业数字化发展的核心，加速数字技术与实体经济的深度融合，不断拓展产数融合的深度与广度[2]。

产业数字化的发展重心在五个方面：数据要素驱动、科技平台支撑、品牌价值赋能、生态融合共生、政府精准施策。在评估产业数字化的过程中，数据要素驱动、科技平台支撑这两点尤为重要。数据要素驱动是指组织基于能够投入生产的数据精准触及客户需求、加速商业模式优化，使数据资源成为组织发展的新引擎。科技平台支撑的内涵在于，数字化转型和落地的主要实现方式取决于平台模式。平台模式在产业数字化进程中发挥着产业要素资源连接器、企业转型加速器、新型组织形式孵化器的作用。

组织的数字化转型关键就是将组织的生产经营进行数字化优化，其中在产业的布局、创新上体现得最为明显。在微观上涉及集约化数字平台、集约化数字底座两个技术问题；在宏观上则涉及规范化布局、场景化创新、产业链创新、平台化创新和生态

---

① 周琳. 为企业转型"数字焦虑"开药方 [N]. 经济日报，2020-07-26（9）.
② 晓雨. 智慧物流被纳入《数字经济及其核心产业统计分类（2021）》[N]. 现代物流报，2021-06-09（A2）.

化创新等多方面的问题。国家标准强调了在关键业务领域进行数据协同的能力,具体表现在集约化数字平台和集约化数字底座的建设上。综合评估组织产业数字化能力的重点就是评估数字平台的建设水平,评估数字平台能否体现数字化建设工作的降本增效,判断数字底座能否支撑复杂的公共运营环境。

在 2021 年国家统计局公布的数字经济分类中,首次从"数字产业化"和"产业数字化"两个方面确定了数字经济的基本范围,即数字产品制造业、数字产品服务业、数字技术应用业、数字要素驱动业、数字化效率提升业五大类。其中,前四大类为数字产业化部分,是数字经济的核心产业和发展的基础,旨在为产业数字化发展提供数字技术、产品、服务、基础设施和解决方案,以及完全依赖于数字技术、数据要素的各类经济活动[①]。

评估企业的数字化转型能力不仅要评估其自身的数字化技术能力,更要评估该企业对整个行业的影响作用。整体判断数据资源、数字科技和数字底座的数据价值释放能力;评估企业对行业体系化数据建设和安全建设的作用有多大,具体涉及数据资产规划、数据资产管理、数据平台建设、数据稽核评估、数据资产流通、安全组织建设、安全管控体系、安全技术体系、安全运营体系、数据安全保护等方面;从人才队伍培养、经营管理制度、技术安全保障等多维度对企业的数据资产产业化能力进行评估。

1. 模型总框架

从逻辑上讲,该数字化转型评估模型各指标间的逻辑关系如图 3.26 所示。

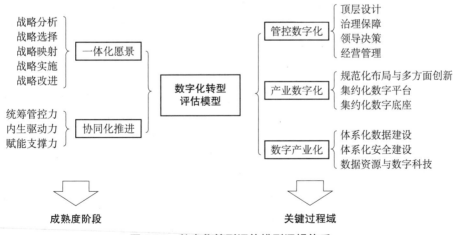

图 3.26　数字化转型评估模型逻辑体系

[①] 国家统计局副局长鲜祖德解读《数字经济及其核心产业统计分类(2021)》[N].中国信息报,2021-06-04(01).

左侧的数字化战略和战略实施能力可以整体评估企业的数字化转型现状、转型需求、转型实施与转型成效情况，判断企业数字化转型成熟度阶段；而右侧的管控数字化、产业数字化、数字产业化则是在已有成熟度等级下分析企业在各个方面的长处与短板，属于对某一成熟度的关键过程域进行结构分析，进而找到数字化转型的方向。

从最终呈现结果来看，这套综合评估模型包括 11 个一级指标和 42 个二级指标，一级指标与二级指标之间内含密切的逻辑关系。一级指标分为四大部分：一体化愿景、协同化推进、三维发展路径和六项建设任务（见图 3.27）。

一体化愿景的核心是分析组织是否匹配了一个与组织战略愿景相适配的数字化转型战略，能否在此数字化转型战略下制定一个同组织内外部环境、发展阶段、生产经营实际相适配的数字化转型目标和建设路径。

协同化推进的核心是判断组织是否建立了一个系统的协同工作机制。在数字化转型的过程中，公司运作的组织是执行战略的基础，只有组织在管理、业务、技术这三大类职能的工作上有明确的分工，并在每一类职能上都实施数字化转型方案，才能最有效地完成组织的数字化转型。协同化推进部分的工作重点就在于分析组织是否形成了一个融合协同的数字化转型组织机制、工作机制。

在组织数字化转型的道路上，存在着三条发展路径，即管控数字化、产业数字化和数字产业化。这三条数字化发展路径并不是数字化转型这个路口的三个去向，而是数字化转型这个单元的三个维度。只有三个维度协同发展，组织的数字化转型才能全面立体地发展。管控数字化旨在分析企业在经营管理、领导决策方面数字化转型的发展阶段。产业数字化旨在分析组织在规范化业务水平、场景化业务水平、产业链创新水平、平台化创新水平和生态化创新水平方面的发展阶段。数字产业化旨在分析组织在数字科技服务和数据资源服务方面的发展阶段。

对于三条发展路径，都有着具体的发展任务去规范组织的数字化转型。针对管控数字化，组织还需要从体系化顶层设计、体系化治理保障两个建设任务去分析其数字化转型现状。体系化顶层设计需要分析组织是否应用企业架构等科学方法开展数字化转型的顶层设计；是否建立了清晰的企业级业务、应用、数据、技术架构的统一架构语言。体系化治理保障需要分析组织是否建立了与数字化战略级发展规划相匹配的治理保障体系。通过体系化顶层设计和体系化治理保障两个建设任务，我们可以清楚组织整体布局的完整程度和组织管理的数据驱动能力。

针对产业数字化，组织还需要从集约化数字平台、集约化数字底座两个建设任务去评估数字化转型。集约化数字平台需要分析组织是否集中资源去建设能够支撑数字化转型的集约化数字平台，并采用科学的技术架构打造平台。集约化数字底座需要分析组织是否在一个管理和技术标准框架下按需构建集约化数字底座，并制定企业管理

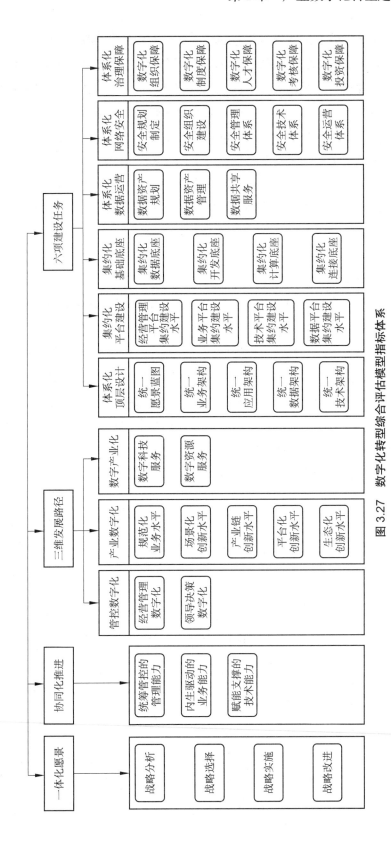

图 3.27　数字化转型综合评估模型指标体系

和技术新框架,指导各部门的基础设施建设。通过对集约化数字平台和集约化数字底座的分析,我们可以衡量企业数字化转型过程中降本增效的能力和外部连接能力。

针对数字产业化,组织还需要从体系化数据建设、体系化安全建设两个建设任务去评估数字化转型。体系化数据建设的核心在于评估组织是否建立企业级数据资产规划、管理、服务体系。体系化安全建设的核心在于分析组织是否建立机制去学习、研究、落实国家及监管部门网络安全、数据安全法律法规要求。此外,还需要分析组织是否已经建立组织、机制、防护、运营体系来护航安全目标的实现。通过体系化数据建设和体系化安全建设,我们可以衡量企业数据治理、数据流通和数据安全的能力。

2. 评估模型的赋能作用

下面以通信行业为例,浅析数字化转型评估的赋能作用。

学者唐怀坤提出数字化成熟度阶段、对内聚能、对外赋能三者相结合的数字化转型总体模型,以对外数字化赋能为牵引,通过数字化聚能提升企业自身数字化水平,推动数据成为新的生产要素。

对前台、中台、后台的相关指标进行调研分析,通过层次分析法得到相关判别权重,得出通信设计企业数字化转型成熟度打分指标体系,并通过此指标体系给 A 企业进行诊断;得出 A 企业数字化平均发展水平处于数字化转型的中后期,虽然有具体应用已经达到了数字化阶段,但总体还远远没有达到数字化的终极阶段,对具体各个子领域的数字化转型提出了优化思路和工作建议。

唐怀坤提出数字化转型成熟度评估方法体系也可以给其他行业提供参考。展望通信设计企业数字化转型成熟度评估领域,将呈现三大趋势:首先,转型成熟度评估体系的应用将逐步纳入企业的人力资源绩效考核领域,作为 OKR 或者 KPI 关键指标;其次,转型成熟度评估的反馈和管理完善工作也将逐步由人工评估迈向数字化评估,对各项评估内容和指标进行在线的实时反馈,形成管理的闭环,以推动企业数字化转型的效率;最后,通信设计企业的数字化转型与客户、合作伙伴的数字化转型的联系将会越加紧密,从而形成产业转型升级的数字化生态圈。

下面以汽车行业为例,浅析数字化转型评估的赋能作用。

刘树、石鉴、董方岐等学者以 TOGAF 评估模型研究了汽车行业的数字化转型成熟度。该模型在全面分析汽车行业数字化转型典型特征的基础上,充分参考不同研究机构的数字化转型成熟度评估方法,构建了包含 5 个能力域、18 个能力要素、5 个发展等级的成熟度评估模型。

车企模型利用成熟度评价模型中的评价过程方法、评级内容框架、方法应用指引等,形成具有 5 个一级指标、21 个二级指标、65 个三级指标的指标体系,以及配套的方法、人员、规范等评估能力。过程中,此框架重点解决了本行业级模型通用性和专业性的问题,使其既能代表绝大多数汽车企业的评价维度,又能有重点地体现各指标具体要求,还保障了未来评估服务的可操作性。同时,过程中应用、形成的各类模型和指标,再次纳入成熟度评估模型的连续性参考模型和可复用指标库中,供后续模型建设借鉴,为汽车企业全面了解自身发展现状及不足、研究确定转型发展方向提供了重要支撑。

3.3 过程框架之全局化顶层设计

基于企业战略、管理、业务发展需求,描绘数字企业 DAFE 数字化转型发展规划模型,作为企业数字化发展的战略引领。规划模型包括价值层和建设层。其中,价值层以"数智企业"为愿景,阐述企业基于数字能力创新的愿景、目标和方向;建设层阐述了应用架构、数据架构、技术架构、安全体系及管控体系五部分数字化转型内容,以支撑价值层。以下以交通运输行业为例进行介绍。

3.3.1 研究思路

数字经济时代下,交通运输行业企业生产经营创新必须适应互联网思维,面向用户中心化的商业模式转型,面向生态模式的生产模式转型,面向数据驱动下的经营模式转型,面向集约化的运营模式转型。这就要求交通运输行业企业必须开展数字化转型的顶层设计,以指导战略布局。全球化的顶层设计实践经验表明,交通运输行业企业数字化架构是必然选择。交通运输行业企业数字化架构可以帮助交通运输行业企业执行各业务主线数字化发展的总体战略并形成战略路径。

针对交通运输行业企业推进数字化转型工作,我们首先需要有正确的顶层设计思路和方法,帮助我们梳理现有交通运输行业企业发展过程中的关键业务及其运行,促进与新兴科技领域的融合,找到更有效的模式,促进交通运输行业企业的数字化转型落地,促进交通运输行业企业的效能提升和价值创造。我们需要不断地进行论证,我国交通运输行业企业该如何有效地将数字化的理念渗透到每一个组织单元,并让数字化的生产要素和现实环境的生产力进行融合,实现数字化能力构建与提升。

本项目系统化给出了数字经济时代数字交通运输行业企业架构规划,包括业务架构、数据架构、应用架构、技术架构、产业架构、安全架构以及治理体系,恰恰是一个面向中国交通运输行业企业开展数字化转型的顶层设计且已被实践证明有效的解决方案。DAFE 框架系统性地剖析了我国交通运输行业企业一般性的经营理念,从企业的责任定位和发展规律出发,总结出国有资产统筹管控和交通运输行业企业多元业务运营的架构模式;进而,从数字化对交通运输行业企业统筹能力加强和运营效率提升的角度，去构建交通运输行业企业面向时代主题的总体架构；进一步对大型企业打造产业数字化进行了论证分析，给出依托产业链数字化促进大型企业跨专业、跨板块、跨区域、跨组织的生态发展模式。

3.3.2 研究目标

纵观我国先进企业及先进数字科技生态企业，普遍选择了企业架构 TOGAF 这一企业架构指导框架作为数字化发展的设计依据。但是企业架构 TOGAF 方法的核心是企业架构开发过程框架，在我国交通运输行业数字化转型过程中，需要提供一套更具操作性的数字化规划的总体架构方法，帮助交通运输行业检查与改进经营战略与业务架构之间的一致性、业务架构与信息架构之间的一致性。

DAFE 框架紧密围绕我国交通运输行业企业数字化转型的需求和企业架构总体框架，我国交通运输行业企业必须面向未来构建各项数字化主题业务能力，核心需求包括但不限于形成支撑战略布局的数字化决策依据、厘清业务本位的数字化发展需求、识别交通运输行业企业管理的数字化能力需求、分析相关能力的数字化目标蓝图、设计数字化的迁移路径与保障措施等方面。

1. 形成了一种更具适用性支撑战略布局的数字化蓝图设计方法

当前交通运输行业已经发展到了以数字创新驱动的全面发展的新战略时期，深入推进体制改革也将推动行业的大发展，我国所部署的数据驱动的创新、协同、绿色、开放、共享的发展模式，促使中央企业、地方国有交通运输行业企业必须从战略层次考虑数字化转型的总体发展战略架构，形成统一愿景，科学引领各职能、各产业板块的数字化发展规划与建设工作。数字化转型架构设计是交通运输行业企业发展战略布局的重要支撑，为交通运输行业企业领导层定夺、分析数字企业的内涵与蓝图及其实施路径，是今后交通运输行业企业领导层决策数字化的重要依据。

2. 形成了一种指导厘清业务本位的数字化发展需求的梳理方法

从发展数字角度来看，数据资产作为交通运输行业企业各项业务的核心生产要素，是支撑交通运输行业企业未来发展不可或缺的新型能源。为了推动数据资产与交通运输行业企业业务的深度融合、实现新旧动能转换与服务的高质量发展，必须围绕交通运输行业企业研发、制造、物流分销、国际经营、金融投资等业务板块进行数字化运营需求调研，主要包括以下三个方面：一是立足全局厘清上述各板块数据服务需求，厘清各板块数字化运营期望；二是定位数据服务赋能的核心关键与定位；三是统筹各板块数据资产管理与运营的需求，识别全局构建数据资产管理与数据服务能力的机制与策略，使数据使用过程更为人性、快捷、智能。

建立企业数字化大脑，开展全面经营决策、全面风险管控、全面资源优化；在各产业板块实现研发、制造、物流分销、零售连锁等数字化产业，实现产业数字化发展；统筹各板块在数字化基建方面的需求，如统一的数据中心、云部署、信息安全等，形成向上总体支撑力。

3. 形成了一种识别交通运输行业企业数字化能力需求的方法

我国交通运输行业企业总体经营立足战略管控机制，交通运输行业企业主要关注各板块业务组合的协调发展、投资业务的战略优化和协调，以及战略协同效应的培育，通过对成员企业的战略施加影响而达到管控目的，主要管控手段为财务控制、战略规划与人力资源控制，以及部分重点业务的管理，是介于集权与分权之间的一种管控模式。在交通运输行业企业数字化转型中，从外部来看，交通运输行业企业运营管控能力面临的挑战可以分成企业外部环境挑战和企业内部管理挑战两个方面。

从外部环境来看，在"一带一路"倡议下，交通运输行业企业要走出国门，参与国际市场竞争。中国交通运输行业企业的国际化进程使得融入全球价值网络、拓展国际新空间成为一个新的挑战。交通运输行业企业不得不直面两大挑战：一是如何适应现阶段"全球化"与"逆全球化"并存环境，在全球数字化发展浪潮下，建立怎样的数字化能力，去适应和推动交通运输行业企业产业链战略布局；二是如何在内部提升企业管控效能，通过数字化手段管控内部风险，如因体制问题造成的经营、投资决策不规范，又如因管理层级多、管控不到位导致的经营风险、效率低下等风险问题。

多元化企业运营管控解决方案通过构建交通运输行业企业统一数据标准，制定数据采集流程和制度，打破总部与成员企业的信息屏障，实现系统互联互通和信息共享。围绕着研发、制造、物流分销、国际经营、金融投资等业务板块，在战略管控、运营绩效、运营风险、运营监控、运营资源等领域构建企业数字化运营管控能力体系，确保交通运输行业企业按照战略目标保持可持续运营和发展。

4. 形成了一种分析相关能力与构建数字化目标蓝图的设计方法

从数字化赋能角度，通过数字化建设可以有力推动业务协同与资产管控能力提升，借力数字化进一步实现交通运输行业企业平台化。发挥数字化生态系统的颠覆力量，制定数字化战略来塑造交通运输行业企业未来新的角色，开拓新的路径。交通运输行业企业应加强研发、制造、物流分销、国际经营、金融投资等业务板块协同管理，推进产业链数字化协同发展。

从数字化引领角度，带动和促进现代物流分销数字化运营能力规划与建设、产学研一体化科技创新数字化运营能力规划与建设、零售连锁数字化运营能力规划与建设、物流品配送数字化运营能力规划与建设，构成一个以产业为核心竞争力的数据驱动创新型企业。

从数字化建设角度，构建强大的数据平台生态系统，依托由利益相关方组成的平台生态系统来创造与释放企业大数据价值，推进数字化转型。赋能各板块进一步利用云计算、大数据、物联网等技术从客户体验数字化、运营数字化、业务模式数字化三个方面推进数字化转型，建立交通运输行业企业大数据中心，实现智能决策、预测性分析等。

具体围绕数字化架构设计，坚持以业务为导向、以架构为指引的数字化发展规划工作模式。统筹分析交通运输行业企业数字化发展必须具备的核心业务能力相关范围，对各主题能力拉动业务主责按照职能分工协同规划设计，形成各业务能力主线的数字化发展蓝图。

以业务为导向具有以下五方面意义。一是按照端到端贯通的价值链思想梳理和分析业务流程，并将交通运输行业企业管理流程嵌入业务流程，形成纵横贯通的业务架构高阶全景视图，促进服务集约化，端对端跨越职能藩篱，促进业务和管理融合，构建交通运输行业企业全局业务能力。二是对制度体系进行梳理分析并提出改进建议，推动业务制度体系建设，促进管理精细化。三是作为进一步梳理各业务低阶流程基础，后续可结合业务流程监控平台的建设，监控分析流程运营绩效，推动持续优化业务流程，促进运营数字化。四是捋清交通运输行业企业数据资产目录和数据服务需求，设计形成数据架构，作为下一步开展数据治理工作的基础。五是发挥交通运输行业企业架构作为企业业务战略和数字化工作的桥梁作用，指导交通运输行业企业数字化建设，形成业务驱动与技术支撑的数字化发展策略。

5. 形成了一种设计数字化迁移路径与保障措施的指导方法

交通运输行业企业数字化转型是一个复杂的系统工程，需要从组织管理、流程制定、业务模式、IT 架构，甚至是企业文化等方方面面入手，促进企业全方位管理优化、业务流程优化，甚至商业运作模式的重构。数字化新型基础设施重构大幕在 2020年已经开启，我国交通运输行业企业整体正在进入新一轮的数字化解构与重组中，不变的是企业需要持续升级发展理念、战略思维、业务模式、管理模式、技术体系、组织文化和核心能力。纷繁复杂的数字化发展需求必须在"顶层设计和快速迭代"的节奏下有序推进转型升级，最终为交通运输行业企业的结构性增长注入数字时代的发展驱动力。

3.3.3 产业数字化架构创新 DAFE 框架

在国际标准 TOGAF 原有基础上，DAFE 总体架构开发方法以架构创新为中心，紧紧围绕国家标准中的新型能力建设、价值效益模式等体系进行数字化愿景梳理与设计。此外，DAFE 总体架构开发方法还结合生产运营的实践进行业务架构梳理与设计、数据架构梳理与设计、应用架构梳理与设计、技术架构梳理与设计，旨在通过系统化的顶层设计方法实现组织全局的数字化转型。最后，为了保障各个架构的具体落实，方便每一个任务的综合评估，DAFE总体架构开发方法还需要进行架构管控梳理与设计。

架构愿景梳理与设计的主要目标是识别未来企业的数字化发展需求，是整个架构设计工作的基础。

在工作过程中，组织需要通过内部调研和外部对标，达成对企业数字化发展需求的统一共识，为后续架构设计形成需求基线，具体的工作内容包括梳理评估企业当前数字化现状、对比国内外先进企业数字化建设经验、分析数据系统应用情况等。经过该阶段的工作，组织可以找出当前数字化转型过程中的不足与面临的困局，提出未来数字化建设与提升思路和解决之道，进而展开对数字化的顶层设计，以实现数据资源整合、互联互通、集成融合、数据共享，充分发挥和提升总部机关各部门及所属各单位在数字化建设方面的积极性，作为数字化建设的总体架构指导下一步数字化建设。

业务架构梳理与设计的主要目标是明确本项目业务架构的定位和主线梳理范围。该项工资需要架构设计团队在明确架构愿景之后形成一个数字化业务架构定位，确保架构落实过程遵从企业的发展战略和目标愿景。之后，需要架构团队充分厘清组织的业务框架和运营模式，并以业务能力框架为基础识别各业务线的业务组件，最终形成一个适应于组织业务的架构规划方法，明确数字化建设各职能之间的边界与协同，促进数字化能力建设的权责关系清晰划分。业务架构应做到重点实现战略管理、创新管理、投资与发展管理、产业研究分析、原料供应管理、生产包装管理、物流运输管理、分销销售管理、售后服务管理、人力资源管理、财务管理、风险安全管理等核心业务能力主线的全过程管理。

数据架构梳理与设计的主要目标是形成数据架构的设计方案。该部分工作首先需要基于上阶段业务架构和主线业务流程梳理结果，让架构团队识别主要的业务对象和数据资产，确立核心数据资产的生产和消费关系以及核心数据资产的生产和消费关系，并进一步构建核心数据资产运行和服务架构。在呈现效果上可以通过数据需求视图、数据主题视图、数据分布流转图、数据运营视图、数据集约共享视图等手段展示数据架构。

数据需求视图旨在提供全面的数据支持，构建全渠道、全周期的营销数据体系，提供决策参考和精细化服务。数据主题视图主要呈现数据资产框架，包括但不限于战略数据、人力数据、财务数据、物流数据、生产数据、质量数据、营销数据、销售数据等。数据分布流转图主要呈现数据分布情况以及跨数据域层级的数据交互流转关系。数据运营视图能够将统一架构、统一标准、统一主数据、统一元数据、统一质量管理和统一安全管理的数据管理运行体系清晰地呈现出来。结合上述数据需求视图、数据运营视图等建立数据集约共享视图，主要作用在于识别项目开展、建设过程中数据资源的重用和复用，促进不同业务部门的数据开放共享，避免数字能力建设的冗余与数据的重复加工，减少数据孤岛、数据竖井等问题的出现。

应用架构梳理与设计的主要目标是：基于业务架构和数据架构梳理结果，开展应用架构的设计规划。这部分工作首先需要架构团队通过识别信息系统的主要业务支撑需求，确立核心应用组件和集成关系，之后再通过核心应用组件和集成关系进一步构建应用组件对于当前业务领域的主线业务运营规则的支撑架构，最后还需要厘清系统与业务架构之间的映射关系。在视图方面，包括应用框架视图、应用组件视图、应用通信视图，达到从厘清信息系统资产与支撑分布式数据流转进行设计规划，并确保与业务架构保持一致性。

技术架构梳理与设计的主要目标是：基于上阶段应用架构和数据架构梳理结果，形成技术架构的设计方案。该阶段架构团队首先需要对组织当前技术支撑能力进行调研。针对当前业务运营支撑系统的运营能力需求进行分析，从用户体验、业务功能、业务连续性、安全性、性能、可靠性等能力维度的运营支撑方案进行识别，具体基于端到端的业务运营架构，识别典型业务运营场景和业务运行能力保障需求，开展技术服务方案的选型和监控需求分析，并通过技术需求确立核心技术解决方案选型策略。在确定技术需求之后，架构团队还需要识别技术组件以及逻辑运行关系，并进一步进行体系化、集约化、专业化的技术架构设计，构建支撑主线业务运营的技术架构。在技术架构形成之后组织还应当注意技术集约共享的实现。

在视觉呈现方面，架构团队可以通过数字化技术需求视图、技术框架视图、技术组件视图、技术平台视图、基础设施视图、技术集约共享视图等工具进行技术架构的梳理与设计。

架构治理体系是企业为提高数字化建设价值、降低数字化建设风险而建立的架构一致性管理机制。要想确切落实数字化转型顶层架构，实现数字化愿景，则架构管控梳理与设计必不可少。从数字化目标落地出发，架构团队需要开展必要实施治理和管控需求分析，坚持统一架构和统一管控的结合；从能力基础出发，架构团队需要开展必要的治理能力建设规划；从推行数字化全生命周期治理机制出发，架构团队需要建立必要的治理保障机制设计，确保数字能力的重用、复用、赋能全生命周期。该部分工作的核心内容包括统一的架构管控设计和统一的标准管控设计。统一的架构管控设计需要架构团队形成跨业务、跨领域、跨单位的全局视图。统一的标准管控设计需要制定好每一个数字化转型方案的实施标准、评估标准。每一类标准都由核心标准和扩展标准两部分组成：核心标准包括业务标准、技术标准、数据标准、应用标准，扩展标准包括架构标准、安全标准和运维标准等。

3.4　过程框架之系统化实施建设

3.4.1　前置保障——体系化顶层设计

为加速各企业各部门的数字化转型，总部应首先根据整体战略发展规划，着手开展和完善顶层设计。这包括从业务、数据、应用、技术四个方面制定总体架构规划框架，并将此框架下推至各产业板块，以细化架构设计，明确业务条线、架构领域和重点系统等细化规划。同时，应基于细化的架构推进实际落地，开展具体的系统架构设计与实现工作。这将形成一条自上而下的发展路径，涵盖企业架构定义、企业架构治理、企业能力复用、数字化及科技转型，最终目标是打造高质量发展的企业。

顶层设计框架作为一个全面指导架构治理的完整体系，其落地实施需要经过整体规划设计、分步建设和持续优化。数字化领导层应根据公司高层的指导方针和公共方向，在业务、数据、应用、技术四个方面制定总体架构。总体规划将指导业务条线、架构领域、重点系统等方面的细化工作，在系统建设的最终阶段，确保系统架构的设计与实现顺利完成。

立足于全局业务架构，从战略发展需求和业务运营需求入手，形成以业务架构为基准的数字化转型架构体系。业务架构设计主要分为三个阶段。第一阶段是业务能力框架梳理，梳理总体业务能力框架，厘清数字化赋能的业务主线；第二阶段是业务能力组件识别，细化业务能力框架中所包含的业务事项，厘清数字化赋能的业务场景；第三阶段是梳理端到端价值流程，形成统一的核心业务价值流程蓝图。

业务能力框架梳理阶段，传统集团侧与产业板块在实现系统对业务覆盖的同时，仍要调整系统架构，打破传统职能部门的烟囱式系统布置，使其不受制于组织固定结构。围绕核心业务进行，做好业务规划（业务目标、业务定位、业务规划等），强化业务设计（业务场景、业务功能、业务流程），做好需求梳理，形成清晰全面的业务主线。

业务能力组件识别阶段，以业务能力框架为基础，识别业务能力组件，细化业务能力框架中所包含的业务事项，厘清数字化赋能的业务场景。集中业务能力突破重点，围绕核心业务，进行主线全过程管理。

端到端价值流构建阶段，为优化流程建设，提升业务价值链运转效率。端到端价值流构建应满足以下三类约束。

（1）满足业务主线全生命周期闭环原则。覆盖全部业务，围绕全生命周期闭环管理，促进公司管理的连续性、关联性，形成业务能力的闭环运营能力。

（2）满足跨层级跨职能的组织协同原则。跨层级跨职能的组织协同是充分基于组织架构落实端到端价值流的重要体现，是业务价值流全覆盖的重要体现，包括业务条线的深度融合与多层级业务联动。端到端价值链需要将顶层设计落实到基层过程中，全部业务主线构建为完整的跨层级跨职能组织协同链条，避免出现各部门分散多头行动、缺少统一扎口等问题。

（3）满足数据资产要素驱动的原则。基于以客户为中心的服务需求，建立数字化运营指标体系模型，实现数据运营赋能业务运营。数据资产要素化通过数据聚、存、管、服、用各生命周期环节，逐步形成数据资产化和服务化，实现价值链、供应链、产业链、资金链的深度融合。

3.4.2　四大核心建设——体系化平台建设

企业数字化转型，要求各企业积极推动大数据、人工智能、数字孪生等新技术与企业生产经营深入融合，逐步实现业务线上线下融合、生产经营管理端到端全覆盖、数据全量全要素连接，充分挖掘数据价值，积极探索数据要素助力生产运营优化、产品服务创新、商业模式升级的新模式。在这一转型过程中，企业的管理模式、业务流程、组织模式都会发生变化。要支撑这一过程，一方面需要企业架构方法系统梳理设计业务、数据、应用、技术架构；另一方面需要敏捷、高效、安全的数字化平台来沉淀能力，共享服务。一是持续做好经营管理平台建设，深化业财融合、风险分析、业务全周期管理等，强化业务横向与纵向集成和协调，促进业务一体化管控和协调优化。二是加快业务平台建设，基于场景化需求，加快基础、共性、稳定、标准化业务能力的沉淀，打造业务资源、客户服务、经营管理、网络运营等业务平台，实现业务流程贯通、能力复用、数据共享支撑前端业务快速灵活构建。三是加强数据平台建设，强化海量、多源、异构数据的统一汇聚、统一管理、能力共享，建立完善的数据采集、数据生产、数据存储、数据运营、数据治理、数据保护、数据安全体系，实现数据资产化、价值化，服务数据高效获取、便捷应用。

1. 经营管理平台建设

打造一体化经营管理平台，与业务数字运营体系、数据中台同步实施，继续完善相关经济指标，更新迭代建设。通过大力建设经营管理平台，推动数字化运营与决策，实现管理化繁为简，提升管控力、决策力、组织力和协同力，让企业管理发挥应有作用。

2. 业务平台建设

为实现跨部门、跨层级多业务协同，需构建完善覆盖企业全业务的一体化数字业务平台，以数据驱动业务流程再造和组织结构优化，促进跨层级、跨系统、跨部门、跨业务的高效协作，实现所有工作各行其事、各尽其职又高度协同，进一步优化资源配置。

3. 数据平台统筹建设

统一数据平台的规划设计最终目标是成为企业管理提升和业务发展的核心推动力。通过数据平台掌握全局形势，制定管理政策，确定发展方向。执行者通过数据平台快速获取所需信息和资源，高效执行战略决策。因此，数据平台应该为企业提供以下能力。

（1）精准快速的信息供应能力。利用数据湖将原本割裂的数据进行整合，将各类数据进行关联分析，并将分析结果以统一数据服务的方式进行共享，为企业提供更长分析周期和更宽分析域度的数据分析结果。

（2）覆盖全局的资源调控能力。以数据为抓手，打破企业内部资源分配壁垒，对企业资源在全局范围内进行精准投放，实现企业发展目标。培养跨区域、跨业务的协作能力。通过数据的汇聚共享，夯实多团队合作的基础，让原本存在区域或者业务隔离的工作能够迅速推进和协同配合。

（3）多数企业在建设上，对于数字化转型所需的数字化平台、文化体系、人才体系、保障体系等建设工作开展落实还不到位，建设工作并未得到统一规划。缺少统一布局，很多项目没有统筹管控，各部门、各产业公司呈分散多头建设：一是平台建设分散性重复投入问题，二是后续埋下数据治理的危机。

（4）统一数据平台的落地实施核心是业务数据接入，需要进行数据全局规划，使技术与业务深度配合。要搭建统一数据平台，满足数据汇聚、打通、联接、流动、计算、存储、管理需求。构建功能完善、安全强大的数据管理平台，实现对分散在各地、各层级的数据源的数据统一汇聚、统一管理和统一服务，并对数据进行分析，通过数据服务、数据地图、数据安全防护与隐私保护，实现数据随需共享、敏捷自助、安全透明的目标，支撑数字化转型。

3.4.3　四大核心建设——体系化底座建设

打造数字化基础底座是指运用 5G、云计算、区块链、人工智能、数字孪生等新一代信息技术，探索和构建适应企业业务特点和发展需求的"业务中台""数据中台""技术中台"等新型 IT 架构模式[①]，强调提升核心架构自主研发水平，要解决核心技术问题。

为更好实现数字产业化，构建分布式云平台，集成各个产业板块公司以及生产端、

---

① 许保利，周海.中央企业高质量发展稳步前行 [J].企业观察家，2021(11):28-31.

科研端、运营端、存储端，以分布式云平台为基础底座，向上实现开发敏捷化、数据平台化以及运维智能化。

所谓集团分布式基础平台，是要以产业侧公司的产业云为主体，向上分别连接起能够实现综合管控、容和协同、能力共享的集团云，包含有互联网平台的公有云，以及包含灾备平台的灾备云。集团云、产业云、公有云、灾备云的"四云合一"，构建起分布式基础平台（见图3.28）。

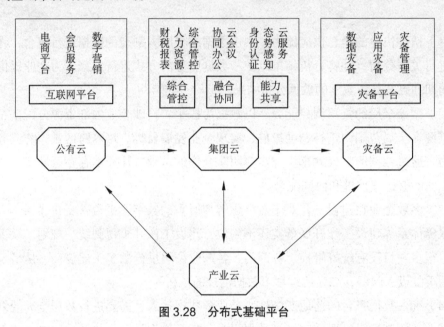

图 3.28　分布式基础平台

1. 云计算平台建设目标和原则

企业内部的云计算平台涵盖了三个重要功能：虚拟机、容器以及云服务。为实现以"资源＋平台＋应用"为核心理念的云计算平台整体架构，先来提供云计算平台规划建设的目标与原则。

统一的弹性云基础服务架构：整合现有基础资源，避免重复建设和资源浪费等问题，提高资源利用率，实现统一的基础设施管理，降低整体基础设施运营成本。

安全防范与合规保障体系：以信息安全等级保护为基准，建立信息安全防范体系，改善和提升信息安全防范能力。

容灾体系架构保障业务连续性：建立基于多云架构的业务永续体系，通过本地和异地备份及业务多活措施，最大限度保障业务连续性。

一体化、自动化、智能化运维升级：通过组建专业运维团队和引入自动化运维工具，不断提升信息化运维服务能力、完善运维流程，实现从传统运维转向升级到自动化、智能化的运维服务体系。

基于云原生的技术服务开放架构：基于一体化技术平台规划，实现企业统一门户、用户登录和身份统一认证、应用统一注册等功能，同时建立统一技术架构与技术标准的企业中台服务能力。

形成统一数据标准与数据共享：通过建设数据中台，打破各部门间的数据壁垒，建设完善数据服务体系，适应按需应变的快速数据服务开发要求。

2. 云计算平台的整体框架

云计算平台确实没有固定的通用架构，因为所处的行业不同，面对的业务需求也有差别。从众多行业性最佳实践和行业共性需求出发，我们可以总结出一个具有一定普遍性的基本框架（见图 3.29），但是需要指出的是，这个框架不能直接指导云计算平台落地，还要结合自身实际需求。

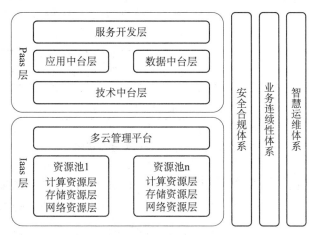

图 3.29　云计算平台实例

云网融合：以网络资源的敏捷和智能部署为基础，实现网络与云资源深度融合，构筑云网融合的云计算数据中心。

多云管理：从差异化业务需求出发，实现多云融合纳管，构建多云异构总体架构，实现混合多云弹性扩展。

技术中台：提供分布式等基础运行环境，负责提供企业技术能力封装，为能力开发平台提供技术支撑。

应用中台：以 DevOps 为技术手段，提供应用敏捷管理，同时提供共性应用组件服务，形成业务能力开放。

数据中台：负责企业核心数据全生命周期的管理，提供企业数据能力封装，为能力开发平台提供数据支撑服务；

服务开发层：提供企业业务能力封装，提升基于服务目录的能力体系化管理。

安全合规：专业可靠，建立安全合规的云安全服务体系。

业务永续：保障业务连续性，实现基于云平台的业务容灾。

智慧运维：建立运维与运营兼顾的自动化运维体系。

不管是组织本身还是业务，对 IT 的需求其实一直都没变，那就是做好技术支撑，给业务提供支撑和赋能。云计算平台就是在这样一个大使命的感召下，持续推动 IT 基础设施的整合演进，为业务提供一个基于服务的智能支撑环境。

3. 云计算平台发展路径分析

云计算平台的发展路径是一个多元化且持续演进的过程，如图 3.30 所示，它涉及技术的不断创新、市场的广泛应用以及行业的深度融合。

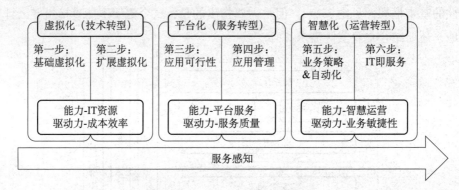

图 3.30　云计算平台发展路径图

云计算平台建设一般都是从基础虚拟化开始的，以优化资源配置和推动资源合理利用为目标，进行资源整合和工作负载整合。第二步，以构建云数据中心为目标，部署云管理等技术手段，初步实现云计算平台的建设。这是第一阶段，被称为实现技术转型的虚拟化阶段。

第二阶段，以平台化为手段，尝试服务转型。这其中，第三步开始考虑应用的可用性，建设灾备体系，构建以合规性和安全防护为目标的安全体系，尝试改变传统 IT 运维模式，探索运维的工具化和平台化。第四步，关注应用的管理，尝试推进应用的敏捷交付和全生命周期管理，真正地构建业务和应用使能的云平台化服务体系。

第三阶段从建设向运营转型。首先从第五步开始尝试智能和敏捷运维，实现业务自动化部署，构建具有自我修复能力的基础框架。最终实现多云混合云的云资源体系布局，实现 IT 从建设向运营转型，实现 IT 即服务的最终愿景。

云目的是要服务战略、支撑业务，做云计算的路径规划的初衷就是做好云的发展规划，让云回归本身的价值属性。

3.4.4　四大核心建设——体系化数据建设

为实现数据全生命周期的运营，总结企业在发展数据的阶段常呈现的薄弱环节，主要体现在以下几个方面：①散而不统，数据散落在各业务系统。常见业务系统沉淀数据满足日常业务线需要，但各业务系统间的数据缺乏自动关联，自建系统间数据无法进行自动流转。②一数多源，统计口径缺乏统一规范，监管数据标准不统一。③弱资产化，对内数据服务力度不高。缺乏各部门间数据资产共享，数据孤岛现象仍较为严重。同时，基于数据资产上的智能分析服务支持也受到影响。

　　因此，强化数据治理为数字化转型的赋能作用。数据治理的核心环节是数据应用，要从算力、算法、存储、网络等维度加强技术支撑，切实增强数据应用能力，例如：打造数据中台，解决数据孤岛问题；建立数据资产管理和使用机制；对数据进行业务定义，形成数据共享；保障数据的安全性和完整性。通过有效的数据治理，将分散在各业务系统中的信息流数据进行融合，降低数据重复度，实现数据入口和出口的统一化、标准化，确保数据可信可用，从而全面释放数据资产的价值，实现数据资产的盘活和有效利用。

　　1. 0～5 级发展数据

　　按照数据运营的 0～5 级发展模型（见图 3.31），企业数据发展层级要实现从最基础的数据认知级迈向最终的数据资本级。

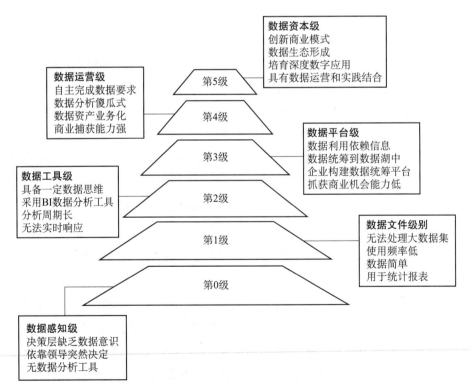

图 3.31　数据运营 0～5 级发展模型

第 0 级的数据感知级，领导决策并不以数据为依据，而是靠所谓的"突发奇想"，决策层缺乏数据意识，且并无数据分析工具作为辅助。

第 1 级的数据文件级，数据较为简单，数据的使用频率低且适用范围相对分散，数据常被用于报表统计，并不具备大规模数据集处理能力。

第 2 级的数据工具级，企业具备了一定的数据思维，能够将数据作为一种工具辅助分析与决策，但数据主要用于技术部门，且分析周期相对较长，并不能满足实施响应。

第 3 级的数据平台级，数据能够被汇聚和统筹到数据湖中，企业对于数据的利用依赖信息中心，企业能够搭建起统筹数据平台，但获取商业机会能力还较低。

第 4 级的数据运营级，业务人员能够自主完成数据要求，数据分析呈"傻瓜式"，以数据能力驱动业务与技术部门协同能力提升，解放时间和人力，并且数据资产能够得到有效积累，商业机会捕获能力大幅度提升。

第 5 级的数据资本级，企业商业模式得到创新，数据生态基本形成。企业拥有了较为丰富的数据运营与实践经验，且能够培育深度的数字化应用。能够将数据域决策与人为决策有机结合，并能够搭建出完备的人才培育体系，数据、模型、应用资产等得到深厚的沉淀。

2. 打造共享共建数据湖

调研结果显示，当前对于数据发展的核心关注点主要集中在数据要素化、数据治理管控以及数据标准化上。加强数据要素化与支持流程与商业模式再造是后续各企业发展数字化转型所关心的方面。对强数据治理与管控工作，企业侧认同度较高，反映了数字化转型时期数据要素化的认同度日益提升。

体系化的发展数据，要求企业构建一入多出、数出多源、归口明确、共享利用的数据湖，打造企业数据 API 生态，形成数据的"中央厨房"。从双侧以业务发展需求为驱动，实现数据的迭代；依托产权、财报、人力资源管理流程和信息系统，形成组织主数据。依托人力资源、统一身份认证平台形成人员组织主数据。根据大数据需求、产业板块协同需求，形成核心主数据，并依托企业面向大客户的创新服务，在产业板块 CRM 形成核心客户主数据。

要打造包括管控体系、数据架构、数据模型、数据资产、数据标准、数据质量、数据安全以及技术平台在内的统一的数据管理规划，以统一的数据管理规划推动产业侧细化的数据管理规划落实。产业侧要围绕细化的数据管理规划，开展标准规范管理、项目遵从管理以及问题与需求管理。以产业侧管理规划推进平台建设与平台运营。在平台建设期，要推行数据资产管控标准规范，要将其落实到数据规划、设计和开发进程中，要认识到各级单位数字化平台是实施数据资产管控的抓手。在平台运行期，要主动收集、分析、处理数据问题与需求，要认识到数据问题和数据需求是数据资产管控优化的驱动力。同时，要以组织、制度与流程、考核标准为保障措施，保证数据体系化发展目标的实现。

3. 数据资产化

明确数据资产价值蓝图：进入数字化时代，信息化服务能力逐渐衍生为企业级数据资产的运营能力，数据应用充分融入到各环节的业务运营和管理场景中，"数据资产"成为企业一种不可或缺的新型"战略资产"。

为最大化实现数据资产赋能优势，要厘清数据资产建设蓝图。

首先，通过多数据源接入，增强数据资产价值输出能力。一体化数据平台作为数据资产汇聚的枢纽，采集和沉淀的数据可分为经济数据、非经济数据和产业链数据三大类。最终根据业务需求对上述资产进行分类规划和管理。多数据源可以构建更丰富的数据分析维度，支撑更为复杂的应用场景。一体化数据平台建设秉承以公司内部数据资产整合为基础，适当补充外部数据源为辅的数据接入原则。

其次，编制数据资产目录，全面盘点数据。通过增加共享类型、共享方式、共享权限等具体管理信息，形成数据共享目录和数据开放目录。依据上述数据资产分析，以业务域为中心可以形成系列数据域，每个数据域内部有数据资产主题类别总体规划。

（1）构建数据资产治理管控制度体系。构建全局数据资产治理管控体系，必须强化数据治理为数字化转型的赋能作用，数据治理的核心环节是数据应用，要从算力、算法、存储、网络等维度加强技术支撑，切实增强数据应用能力。通过有效的数据治理，将分散在内部各业务系统中的信息流数据进行融合，降低数据重复度，实现数据入口和出口的统一化、标准化，确保数据可信可用，从而全面释放数据资产的价值。

（2）建立数据治理框架体系。顶层框架可输出成果包括数据治理模式、治理组织架构，管控制度、管控流程及数据的认责机制和 KPI 考核指标，数据标准框架及数据标准，数据质量管理框架、数据安全管理框架及数据治理的技术平台规划。数据治理的框架模型可概括为包括管控域、治理域、技术域、过程域及价值域的五域模型。

管控域：在数据治理战略指导下制订企业数据治理组织，明确组织的责、权、利，岗位编制及技能要求。

治理域：治理域是数据治理的主体，明确数据治理的对象和目标。根据数据资产的构成，又分为主数据治理、交易数据治理和指标数据治理。

技术域：数据治理的支撑手段，提供数据治理所需的数据架构。数据治理平台包括元数据管理、主数据管理、指标数据管理、数据模型管理、数据质量管理、数据安全管理等功能模块。

过程域：过程域是数据治理的方法论。数据治理过程包括评估与分析、规划与设计、实施的 PDCA 循环。在评估与分析阶段要评价现有数据治理的成熟度、风险及合规性，业务对数据治理的需求。在规划和设计阶段，要明确数据治理的目标和任务，制订数据治理的相关制度和流程，设计数据标准、数据模型、数据架构及数据治理的实施路径。在实施阶段，制订数据治理的相关制度、流程细节，选择合适的数据治理工具并通过定制化开发来满足数据治理要求。

价值域：数据治理的目标就是通过对数据资产的管控，挖掘数据资产的价值，并通过数据的流动、共享、交易，变现数据资产，具体包括三个方面：①数据价值，即对数据价值财务建模及数据价值评估的过程；②数据共享，即通过实现信息整合和分发机制，支持跨业务、跨部门、跨行业、跨企业的信息流通和共享；③数据变现，即通过数据的共享和交易实现数据转变成财务意义上的资产。

（3）加强数据资产的统一监管制度体系。由于监管数据信息缺乏有序的数据管理和共享利用的机制，导致监管数据信息过程中面临两个层面的问题。一是数据缺乏有序沉淀和有效的价值利用，没有把数据激活，没有依据大数据真正去决策、预测未来趋势性的变化。二是利用大数据进行决策的过程中，实际上缺乏洞察力，缺乏清晰的数据运营指标体系去指引数据的服务作用。相关具体情况包括：同一指标在不同使用场景下，数值不一致；数据采集口径不一致，导致数据统计存在误差；缺少全系统范围内的数据治理机制；缺少在数据全生命周期管理中的岗位或组织；等等。

（4）加强监管数据资产管理，实现数据从采集环节到数据资产化的全过程规范化管理。明确数据权属及利益分配，以及个人信息保护、数据全生命周期的管理责任问题。明确数据资源分类分级管理，健全数据资源管理标准。分类指的是通过多维数据特征准确描述数据类型；分级是指确定各类数据的敏感程度，为不同类型数据的开放和共享制订相应策略，完善数据采集、管理、交换、架构和评估认证等标准，推动数据共享与开放的基本规范和标准出台。[①]

最后，以资源目录汇编、资源整合汇聚、交换共享平台为三大标准步骤，坚持"一数一源"、多元校核，统筹建设监管数据资产目录体系和共享交换体系。建立科学合理的数据分类体系，将不同领域、多种格式的数据整合在一起，通过多元的检索途径、分析工具与应用程序，方便用户查找和利用数据内容。规范数据在各业务系统间的共享流通，促进数据价值充分释放。通过统筹管理，消除信息资源"私有化"，增强数据共享的意识，提高数据开放的动力。通过有效整合，提高数据资源的利用水平。[②]

---

① 清晨.建设智慧城市，城市大数据平台作用凸显 [N].人民邮电，2019-06-06（03）.

② 袁翔，左毅，韩立斌，等.数据资源规划与数据治理的理论与实践[J].中国电子科学研究院学报，2022，17(7)：708-715.

3.4.5 四大核心建设——体系化安全建设

数据安全，是基于数据全生命周期及数据应用场景，构建面向大数据应用的数据安全防护体系，开展数据安全治理，梳理数据资产，进行分类分级，确定数据安全属性、环境安全属性及访问控制策略，纳入身份管理与访问控制平台的基于属性访问控制（ABAC）体系进行统一管理。保障各类数据采集、存储、传输、处理、使用、共享开放及销毁安全。

目前，常见数据安全与防护体系弱点有体系弱、等级被动多、防御散等局面，需要以常态化、体系化、实战化的网络安全保障为宗旨，从数据安全管控、运营及技术三个维度，构建数据安全架构，实现整体防御、动态防御、主动防御、联防联控，加快提升网络安全能力（见图 3.32）。

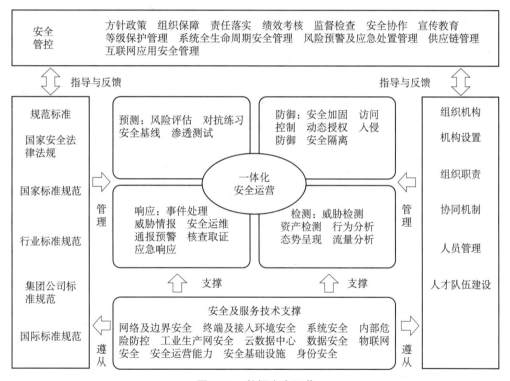

图 3.32 数据安全运营

1. 强化数据安全管控

完善数据安全管控机制，优化数据安全管控方针政策、组织保障，落实数据安全责任。明确数据安全管理任务，落实国家、行业数据安全政策要求，加强对资产、数据、人员的网络安全管理，强化风险预警及应急处置管理能力。

2. 优化数据安全组织架构

根据数据安全保障需求，完善机构设置，明确职责与分工，完善内部安全协同工作机制。从企业架构出发，深化开展全业务链条上的数据安全工作。明确主次责任，规范协调配合制度的组织形式、范围、工作内容和运行流程等，为建立科学高效的网络安全协调配合机制打好基础。

3. 健全数据安全规范标准

按照管理、技术、运营三个维度，对企业数据安全标准规范进行体系化梳理，并对标准间的交叉引用机制进行规范化设计，形成合理、清晰的层级关系，加强标准间的一致性和延续性。建立定期修编机制，不断完善内部数据安全标准，通过督查标准的执行和应用，规范数据安全管理与技术要求落实到位。

4. 提升数据安全技术能力

按照国家及行业网络安全相关政策法规要求，根据国内外数据安全形势变化，基于对标国内外数据安全相关标准的差距，结合数据安全防护技术发展趋势及未来可能面临的挑战，从数据安全基础设施、物理及环境数据安全、网络及边界网络安全、应用数据安全、终端数据安全以及云计算、大数据、物联网、移动互联网等新技术应用方面持续优化完善现有数据安全防护技术体系，切实满足数据安全合规性要求，有效防御新型数据安全攻击，积极防控数据安全风险，构建服务型数据安全技术保障体系。

同时，深化数据安全能力建设，实现互联网收口及网络架构改造升级，从网络、主机、终端、应用等层面形成纵深防御体系，完成自主可控体系和适配中心建设，支撑企业打造安全可靠、敏捷高效可复用的数字基础技术能力。

5. 完善数据安全运营体系

数据安全运营从预测、防御、检测、响应等方面进行一体化设计。如图3.33所示，以PDCA模型为方法论，持续提升数据安全运营管理能力的成熟度。应制定数据安全运营能力提升计划，并在人员、技术、流程方面进行具体的行动，定期对数据安全运营能力进行评估，找出差距，并持续完善提升计划，驱动数据安全运营体系逐渐成熟。

3.4.6 实施保障——体系化治理提升

对于推进产业数字化，企业之间、部门之间数字化转型的职责和权力不清晰，缺乏有效的配套考核和制度激励，数字化转型管理保障还不到位，存在顶层设计离散与建设管控薄弱等问题。

数字化推进与实施需要从组织、制度、考核、标准等治理管控体系推动数字化转型进程。需要站在战略管理层面，服务集团数字化发展战略和目标，从标准、规划、架构、绩效、资金五个方面建立相关的管理制度。

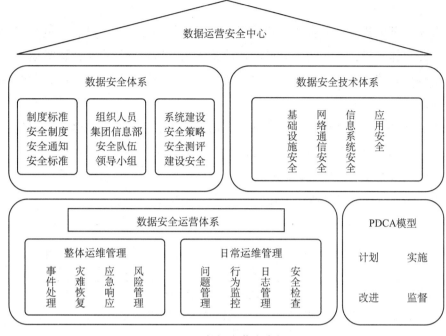

图 3.33　数据运营安全视图

数字化治理是指基于当前时期数字化战略目标和数字化架构，从数字化规划、数字化建设与运维出发，建立数字化组织、制度、标准和规范，实施绩效管控。

1. 集中型治理模式

集中型治理模式，由集团数字化管理部门统一管理所有数字化项目的投资、建设和维护。其优势是具有规模效益，可以控制标准，可以集中培养数字化核心技能；但集中统一管理对业务需求响应度较低，产业公司没有所有权的同时无法控制成本，无法满足每个客户需求，具有一定劣势。

2. 分散型治理模式

分散型治理模式由产业公司独立负责数字化项目的投资、建设和运行。其优势是产业公司拥有所有权，用户控制优先级，可以回应多种用户不同需求；但同时也有成本过高、缺乏规划的数字化技能培训、重复建设、难以控制规范与标准、没有协力优势等缺点。

3. 联合型治理模式

采用联合型治理模式开展数字化转型。如图 3.34 所示，联合型治理模式集成了集中型治理模式与分散型治理模式的优势，同时摆脱了各自的劣势，能够参考集团与产业侧不同板块的业务性质按需开展数字化转型，即在集团数字化领导委员会领导下，集团数字化管理部门与产业公司数字化管理部门联合进行数字化管理，各自负有明确的职责。

联合型治理模式将开展企业与产业双侧的联合数字化管理，并各自负有明确的职责。集团侧总体管控，产业侧相对自治，从整体利益出发进行数字化统筹规划。利用联合型治理模式能够实现对数字化专才的集中管理与灵活调配，从而使企业的数字化转型具备协同发展优势。

首先，在联合型治理模式的管理下，需构建出数字化的治理机制，组建数字化治理组织，梳理和制定数字化治理流程与制度，并搭建出数字化治理协同工作平台。其次，要构建出数字化治理规范，以规范指导具体的数字化项目落实。最后，要实施数字化合规评估，以持续完善数字化转型的治理保障体系。

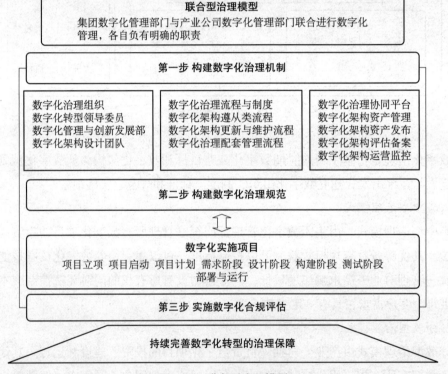

图 3.34　联合型治理模型

第4章 产业数字化转型总体路径

4.1 产业数字化转型迁移路径

4.1.1 产业数字化转型的典型现状

随着数字化时代的到来，越来越多的企业开始关注数字化转型。数字化转型是指将传统企业的业务、流程和组织架构转变为通过数字技术和数据驱动的方式进行运营的过程。数字化转型不仅能提高企业的效率和生产力，还能为企业带来更多的商业机会和创新，同时改善用户体验。

在过去几年，产业数字化有了长足的发展。制造业在数字化转型方面取得了显著进展。通过自动化、机器人技术和智能物联网设备的应用，生产线的效率得到了大幅提升。同时，制造业也开始采集和分析大量的生产数据，以优化生产过程和质量控制。零售业正朝着数字化转型的方向发展。电子商务的兴起促使零售企业建立在线销售渠道，提供个性化的购物体验和智能化的供应链管理。此外，虚拟现实（virtual reality，VR）和增强现实（augmented reality，AR）等技术也开始在实体店面中应用，提升了消费者的购物体验。金融业是数字化转型的先驱之一。在线支付、移动银行和电子交易等已成为金融服务的主要方式。数据分析和人工智能技术在风险管理、反欺诈、客户服务等方面的应用，提高了金融机构的效率和用户体验。健康医疗领域也在数字化转型的浪潮中得到发展。电子病历和电子健康记录的应用提高了医疗信息的管理和共享，便于医务人员的沟通和决策。同时，远程医疗、移动健康和智能医疗设备的普及，为人们提供了便捷的医疗服务。总的来说，产业数字化在不同行业中取得了显著的进展。

虽然产业数字化转型已经成为企业发展的必然趋势，但许多企业在实施数字化转型时仍面临缺乏明确路径指引和指导的问题。目前，市场上虽然有一些数字化转型的解决方案和方法，但往往存在局限性。一些方案过于抽象，缺乏实际操作的指导；另一些方案拘于特定行业，无法适用于其他行业。路径指引的匮乏可能导致一系列不利后果。首先，缺乏明确的路径指引增加了企业在数字化转型过程中的不确定性，使决策难以做出且方向模糊。这可能导致转型过程的延误和错误决策。其次，缺乏路径指引会增加风险。数字化转型需要耗费大量的时间、人力和资金，如果没有明确的目标和步骤，企业可能面临投资失败的风险，甚至可能造成严重的损失。此外，缺乏路径指引也可能导致数字化转型过程中的效率低下。企业可能会在摸索和试错中花费更多的时间和资源，以找到适合自己的转型策略和方法。这不仅延缓了转型进程，还阻碍了企业的发展和竞争力的提升。另外，缺乏明确的数字化转型路径指引可能使企业失去竞争优势。竞争对手可能通过更有条理和规划的数字化转型策略，迅速实现业务和技术的突破，从而占领更多的市场份额和客户资源。

因此，产业数字化转型缺乏路径指引将会增加不确定性和风险，降低效率，处于竞争劣势并滞后于技术发展。为了成功实施数字化转型，企业需要明确的路径指引，以帮助规划、实施和监督转型过程，从而更好地应对市场变化，迎接未来的挑战。只有通过明确的路径指引，企业才能更好地把握机遇、降低风险并在产业数字化转型中取得成功。

4.1.2 产业数字化转型的迁移路径解析

1. 产业数字化转型概述

产业数字化转型是一个循序渐进、持续迭代的过程。中关村信息技术和实体经济融合发展联盟发布的《数字化转型 成熟度模型》将企业数字化转型成熟度分为规范级、场景级、领域级、平台级、生态级五个能力等级。关于数字能力等级演化逻辑，如图 4.1 所示。

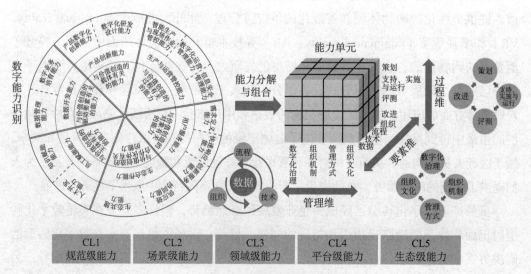

图 4.1 数字能力等级

数据要素是数字化转型的关键驱动要素，不同成熟度等级的组织在以数据为核心的要素资源开发和利用中呈现出由局部到全局、由内到外、由浅到深、由封闭到开放的广度和深度趋势与特征。基于数据要素在不同发展阶段所发挥的驱动作用，不同发展阶段有不同的发展特征和状态。

产业数字化不同阶段存在"点散、线断、面缺、体弱"等现象，集中表现为应用分散、共享不足，内部难以形成协同优势，产业链贯通和全局资源汇聚能力不强，投入产出比低、沉没成本高等。根据数字化转型成熟度模型，企业应根据自身情况构建"布点、连线、成面、构体"的产业数字化架构体系。通过布点完成规范级向场景级升级，实现数字技术与生产紧密融合，提高产业核心竞争力，适应创新发展需求；通过连线完成场景级向平台级升级，打通产业链各环节，实现数据贯通，形成合力，增强对市场环境变化的适应力；通过成面完成平台级向领域级升级，推动共性能力整合，实现技术、应用、数据、成果共享，适应一体化发展需要；通过构体完成领域级向生态级升级，打造生态圈，适应价值开放和共享发展需求。

2. 典型业务场景布点

处于规范级阶段的企业初步展开了信息技术的应用，但尚未有效发挥信息技术的赋能作用。布点应以主营业务典型场景为核心，在主营业务场景内实现信息技术赋能。应用新一代信息通信技术，在典型业务场景、业务增长方向、竞争突围领域，聚焦项目生产过程自动化与智能化、生产工具创新变革、工艺工法创新突破，开展数字技术研发应用、算力提升和算法优化，提升项目一线生产力和全要素生产率，推动绿色低碳、高效生产方式升级。

1）聚焦转型场景，识别业务优先级

企业首先盘点转型的主场景，依托产业价值链，将转型重点集中在主场景范围内。主场景是指覆盖组织某一主营业务板块所有业务活动的场景。离散型制造企业，通常包括研发、生产、用户服务、经营管理等主场景；流程型制造企业，通常包括生产、用户服务、经营管理等主场景；采掘行业企业，通常包括设计、采掘/生产、经营管理等主场景；建筑行业企业，通常包括设计、建造、用户服务、经营管理等主场景；发电行业企业，通常包括生产、经营管理等主场景；能源供应行业企业，通常包括生产、用户服务、经营管理等主场景；批发零售、交通运输、通信、金融等偏服务类行业企业，通常包括服务前台、服务后台、经营管理等主场景；科研和技术服务业企业，通常包含研发、用户服务、经营管理等主场景。其次，识别业务场景的优先级。对于企业来说，主场景范围内的业务活动可能多种多样，确认业务常见的优先级并找到发力点将决定资本投入能否被有效利用。企业应当从以下几个维度考量业务场景转型的优先级。

（1）信息化基础。选择有一定信息化基础的场景开始转型，能促进技术的更高效应用。对于基础较弱的环节，阶段性推进数据治理将在未来奠定转型基础。

（2）技术成熟度。选择成熟的技术作为试点，改进现有主营业务，提升生产运营效率，减少维护费用开支。借助丰富的技术部署、成功案例和知识积淀，企业可提高实施成功的概率，节约成本，确保生产运营的稳定性。

（3）增长潜力。企业在选择和投资数字技术的时候要考虑转型业务未来市场的发展潜力，从最具增长能力的场景发力，确保转型不仅能够改善短期业务盈利，同时支撑长期业务可持续增长，展现成本支出价值。对于短时间无法看到经济效益但长期可实现业务升级的技术领域，例如打造智能供应链等，企业需要以长远的目光看待转型，合理设置投资回报预期。

（4）从核心业务切入。根据企业自身发展阶段和需求，企业需要全面衡量数字化转型的必要性，准确找到切入点，选择适合自身业务战略、发展模式的转型路径，循序渐进地推进转型。通过匹配转型的难易和技术成熟程度，企业应当从核心业务价值链出发，寻找客户需求变化较大、竞争激烈的价值环节（包括价值创造、价值传递等），率先实施数字化转型，推动业务数字化，并不断创新数字化业务，发展第二曲线。

2）引入数字技术，改善生产流程

利用大数据、物联网等数字技术驱动主场景生产流程、工序等全要素及岗位作业数字化。

（1）部署传感器和监测设备。通过部署传感器和监测设备实现实时数据采集和监控。在设备上安装传感器和监测设备，企业可以获取关键的实时数据。基于传感器和监测设备采集到的数据，企业可以实现自动化的操作和流程，通过数据分析和算法模型进行故障预测和设备维护，提高设备的可靠性和效率。

（2）建设自动化数据采集系统。建立一个自动化的数据采集系统来定期或实时地获取数据。自动化数据采集系统相较于传统手动数据收集方式能够大大提高采集效率。它可以将传感器数据、设备数据、供应链数据等不同来源的数据统一管理和分析，将其进行整合和集成，帮助企业做出更准确、更智能的决策。

（3）构建主场景数字模型。收集与主场景相关的数据，根据主场景的特点，选用合适的模型构建数字模型，如统计模型、机器学习模型、深度学习模型等。将构建的模型应用于实际场景中，根据模型的预测和结果做出决策和行动。

（4）全过程全要素连线。场景级的企业应用信息技术为主场景实现赋能，但只是形成一些孤立的点，不同部门之间难以串通。企业应以数据为核心，以业务为纽带，以数字技术为支撑，与管理数字化协同打造流程级应用，在全组织范围内推进业务协同、强化数据贯通，推动全过程、全要素、全参与方连线，实现各阶段信息互联互通和交互共享，打通各场景、各环节壁垒，积累数字资产，优化升级企业产业链和价值链。

（5）推进业务协同，打破逻辑孤岛。各部门所处的角度不同，导致相同的数据被赋予了不同的含义，提高了部门间数据合作的门槛，形成数据逻辑孤岛。企业需要整合各环节岗位层的数字化应用，以数据为关键生产要素，推动项目全要素管理和全参与方协同，实现提质提效。

3）转变组织结构

企业需要建立于全组织主要业务集成融合、动态协同和一体化运行相适应的知识驱动的流程型组织结构。鼓励跨部门间的沟通和协作。通过数字化工具和技术，实现实时协同和信息共享，有效打破组织内部的信息孤岛，提高部门间的协作效率和响应速度，并以流程为导向，将主要业务流程进行细分和规范化。每个流程都明确指定了各个部门或角色的职责和任务，并确保流程在不同部门之间的串联和协同。

（1）搭建协同平台。梳理产业链各环节间及同一环节内的业务连线需求，利用数字化技术，包括物联网（IoT）、人工智能（AI）、大数据分析等，构建协同平台，实现人、机、物之间的实时数据交换、协同和分析，为各部门产生生产、经营、管理等数据的统一采集、数据有效性校验、信息传送、统计分析和报表生成、信息查询等提供统一支持，并为各环节提供自动化支持，可有效支持公司信息资源标准的推行，确保信息的及时性、准确性、完整性，通过发掘信息资源的深度利用价值提高管理决策的科学化水平。同时，通过与不同参与者（如供应商、客户、合作伙伴等）的合作，构建跨界共创的协作体系，建立合作伙伴关系，共同制定协同目标和策略，并建立协同机制和信息共享平台，共同分享资源、信息和经验，实现跨界合作与共同优化，实现项目技术、生产与管理数据的互通以及与业务的数据贯通，催生出新的生产模式，简化业务流程，优化关联组织，节约交易成本，强化全参与方的业务协同，推动产业链从规模性向功能性转变，实现价值链提升。

（2）强化数据贯通，打破物理孤岛。不同部门的数据独立存储、独立维护，且相互孤立，形成数据物理孤岛。企业需要实现数据的无障碍流通和共享，打破物理孤岛。

（3）数据融合汇聚。围绕项目全过程，汇聚项目全生命周期工程数据、生产数据与管理数据三类全量数据，通过三类数据在产业链各环节内部的贯通以及彼此间的横向融通，打破部门墙、法人墙，实现集团总体的业务协同、流程互联与数据互通。

（4）数据沉淀积累。纵向打通经营管理与生产/作业不同层级的数据。一方面通过汇聚各类数据进行大数据分析，帮助集团进行决策分析，实现战略控制、风险控制、过程监管、绩效考核等；另一方面通过汇聚各类数据沉淀集团数字资产，积累可复用的主营业务领域专业知识的数字化、模块化和模型化资源库、标准库等，为生产/作业赋能。

通过在全组织范围内推进业务协同，强化数据贯通，实现信息实时共享，提升组织的决策速度和质量，优化资源利用，整合业务流程，从而使组织主营业务活动全面集成融合、柔性协同和一体化运行。

3. 资源共享服务成面

在特定业务领域中，领域级企业通过构建数字化平台实现跨领域整合，提供更广泛的价值。为实现从线到面的推广，企业需建立完善的公司产业数字化产品、技术和服务能力的准入机制，统筹推进业务能力平台、数据能力平台、资源能力平台和数字设施平台的建设。随着产业数字化的发展，逐步孵化新型平台，有效激活各类数字化资产资源，降低研发成本，提高应用效率，推动各产业链的数字化发展。

1）业务能力平台

业务能力平台承载了企业的关键业务，是企业的核心业务能力的体现，也是企业数字化转型的重点。业务能力平台的建设目标是：将可复用的业务能力沉淀到业务能力平台中，实现企业级业务能力复用和各业务板块之间的联通和协同，确保关键业务链路的稳定高效，提升业务创新效能。

业务能力平台一般有以下几种功能。

（1）数据集成和管理。业务能力平台具备数据集成和管理的能力。它可以从各种数据源中集成和汇总数据，包括结构化数据和非结构化数据。通过数据的集成和统一管理，业务能力平台帮助企业实现对数据资源的高效利用，并支持数据驱动的决策和业务创新。

（2）业务流程管理。业务能力平台提供了业务流程的设计、模型化和管理的功能。它允许企业对业务流程进行可视化建模，定义和优化流程中的活动和任务。此外，该平台还可以支持流程自动化、任务分配、时间跟踪、协作和监控等功能，从而实现流程的高效执行和优化。

（3）应用集成和接口管理。业务能力平台具备应用集成和接口管理的功能，支持企业内外部应用系统的集成和交互。它提供了各种集成方式和工具，如 API 接口、消息队列、数据同步等，以实现应用系统的互联互通。这样，企业可以实现业务流程跨系统的协同执行和数据共享。

2）数据能力平台

数据能力平台的大部分数据来源于业务能力平台，经过数据建模和数据分析等操作，将加工后的数据返回业务能力平台，为应用提供数据服务，或直接以数据类应用的方式面向应用提供 API 数据服务。利用集团统一的数据治理体系，基于数据资源进行工程大数据管理、分析和应用，以实现产业链数据的贯通。构建大数据中心，深入挖掘数据价值，逐步推动业务数据化、数据资产化、资产服务化和服务应用化，为产业发展提供支持。

3）资源能力平台

人力资源管理：创建全集团产业数字化人才库，汇集个人技能、项目经验、职称资格、个人荣誉、团队荣誉以及个人在产业数字化研究方面的成果等数据，实现集中查询、展示和管理工作。制定适用于选拔产业数字化人才的分类、分级评估标准，并建立标签属性和评分系统，以满足集团和子公司对产业数字化人才的动态管理需求。

供应链资源管理：可以跟踪供应链中的各个环节，包括供应商选择和评估、订单管理、库存控制和供应链可视化等。通过资源能力平台，企业能够更好地协调供应链各方的合作和沟通，并实现供应链的高效运作和风险管理。

资源协同共享：资源能力平台支持资源的协同和共享。企业可以通过平台将内部资源对外开放，实现资源的共享和合作。用户可以根据自己的需求查找和获取适合的资源，与资源所有者进行共享协商。同时平台提供协同工具和功能，以便资源的多方共享和协同利用。

4）数字设施平台

依托企业的数字基础设施，以泛在连接、云服务和安全高效为核心，融合运用物联网（IoT）、5G、边缘计算、大数据和人工智能等先进技术。构建智能生产专网，实现端—边—云一体化协同体系，形成产业数字化的数字基础服务能力。

泛在连接：利用 5G、物联网等技术，搭建满足大数据需求、海量连接和低时延保障的生产专网。通过整合传感器终端感知、物联网数据采集能力和智能分析技术等手段，加强对项目全生命周期物理环境、建造对象、生产设备和现场人员的监测能力。构建全要素互联感知、设备高度智能化的现场端，实现全过程全要素的数字化和网络化。为设备与设备、设备与环境、人与设备、人与人之间的实时互动提供基础，提高自动作业和远程作业控制能力，支持实现少（无）人作业。

云化服务：企业业务云化能够迅速支持多业务的定制开发，同时确保各业务之间的相互隔离。云计算技术可以提供弹性计算资源和服务，使企业能够根据实际需求快速扩展或缩减计算能力。通过云计算平台，企业可以将部分业务和数据迁移到云端，降低 IT 基础设施的成本和管理复杂度。同时，云计算还提供了一系列基于服务的解决方案，如软件即服务（SaaS）、平台即服务（PaaS）、基础设施即服务（IaaS），为企业提供更灵活、可扩展和安全的资源共享服务。通过建立云平台，将业务能力以服务的形式提供给其他业务部门，同时利用大数据技术分析海量数据，为业务决策提供支持。

安全高效：针对产业数字化发展所催生的工程大数据、工业互联网、现场智能化应用和管理云平台等领域，开展数字资产与新技术安全建设工作。同时结合国产化技术发展进程，在满足公司业务系统运行要求的前提下深入推进关键技术自主可控建设，实现安全防御能力可靠、运行稳定高效。

业务能力平台、数据能力平台、资源能力平台和数字设施平台相互关联，互相支持，协同工作，为企业提供全面的数字化能力和支持，实现平台化大数据决策和预测预警，推动企业实现更高的效率、创新和竞争力。

4. 产业链生态圈构体

处于平台级的企业通过数字化平台为产业链不同的参与者提供了一个共享空间。然而，不断涌现的新技术与新商业模式逐渐颠覆原有的企业竞争格局，依赖单纯产品或企业为主题的竞争模式会被打破，以平台为核心、以软件定义标志的产业链垂直整合日益加速，竞争关键点从单纯的产品和技术的竞争演变为生态体系的竞争。因此，处于平台级的企业需要进一步将面扩展成体，与客户、银行、上下游合作伙伴、政府等不同利益相关方组成的生态系统共同创造和实现价值。处于这一阶段的企业需要从产业链和生态圈内外两方面入手，实现智能协同。

1）产业链

产业链遵循"共商共建共享"宗旨，推进人才能力、技术创新、解决方案、运营服务、供应链、运营能力聚合，实现规划、实施、平台、服务协同，共同做强做优做大数智产业。

打造高价值数智总部：依托企业管理职能以及具有行业优势的公司专业力量，破解产业数字化发展困境，协同内部数字化团队，依托高价值总部定位，牵头实现技术创新、模式创新、产品创新。

推进人才能力聚合：培育涵盖咨询设计、系统研发、运维服务和安全运营的人才服务体系，持续提升数字化赋能的战斗力与协同作战能力，打造从理念提出、战略执行到落实到位的管理闭环，实现高效的内部统筹和团队协作。

推进技术创新聚合：构筑精益建造、绿色发展和数据驱动的新型产业发展模式，由高价值数智总部汇聚和优化内部在数字孪生、云计算、大数据、物联网、人工智能等关键数字技术方面的创新积累。

推进解决方案聚合：以客户为中心，推进融合内部各产业链，提升个性化、定制化的产业链数字化解决方案的创新设计能力，为客户或消费者提供更精准、更高效、更高附加值的数字化服务和延伸服务价值。

推进供应链聚合：推动数字信息领域企业或队伍之间数据和业务互联互通、信息可信交互、生产深度协同，提升数字化供应链融合发展水平，整合提升产品和服务能力。利用物联网、人工智能和大数据分析等技术，实现供应链的智能化管理，包括智能预测和需求规划、智能库存管理、智能物流和配送等，提高供应链的效率和响应速度。

推进运营能力聚合：探索建立一整套产业内、产业间完整的数字化运营机制，提升产业链数字化运营效能，实现产业数字化转型价值与收益最大化，构建产业链数字化的平台型运营模式。

2）生态圈

通过联合组织、联合研发、联合应用、联合运营等方式连接跨组织、跨行业和跨产业资源，带动产业链供应链数据、资源、业务融合互通，推动上下游企业协同发展，为行业高质量发展赋能。

打造相互赋能的生态圈：生态企业要为合作伙伴的业务发展赋能。在互联网时代企业应做"去中心化"的赋能者。产业生态系统是由众多成员参与一种产品的研发、设计、生产、分销的系统，每个成员在该系统中都承担着必要的职能，成为产业发展所不可或缺的组成部分，相互之间形成服务与被服务、供应与被供应的关系。为合作企业赋能是打造牢不可破的生态系统的重要特征，通过赋能，直接提高合作企业的产品竞争力，增强生态系统的竞争优势。

打造协同创新的生态圈：生态圈内各企业之间、各个业务需要保持战略的一致性和协同性。战略一致性和协同性要求生态系统各企业和业务实现共生共融，而不是相互争夺资源、相互消耗。企业间应通过合作为自己的产能实现更大的价值，形成 1+1>2 的协同效应；同时共同组建产业技术合作联盟方，推动自主可控与科技创新，打造形成核心科技竞争力。

打造共享开放的生态圈：以生态圈互联网为公共服务平台，探索与平台企业、金融机构开展联合创新，共享技术、通用性资产、数据、人才、市场、渠道、设施、中台等资源，开放研发、生产、营销等领域的能力，带动上下游企业加快数字化转型，促进产业链供应链向更高层级跃升。

打造市场创孵的生态圈：在工业化、信息化及数字化时代，产业变革及商业模式创新的直接动力来自社会的需求变化。商业的本质就是发现需求并创造价值，这是市场的永恒法则。生态型企业必须要与时俱进，从既有产业中不断孵化出新业务，淘汰旧业务，根据市场的需求持续自进化、自创新、生生不息。

4.1.3　案例公司产业数字化转型演化路径

数据是数字化转型的关键驱动因素，组织在数字化转型的不同发展阶段对于数据的获取、开发、利用都存在着不同的需求和机制。总体而言，随着组织的发展，数字化转型过程中的数据呈现出由局部到全局、由内到外、由浅到深、由封闭到开放的趋势和特征。基于数据要素在不同发展阶段所发挥的驱动作用的不同，参考架构明确给出了一个数字化转型的路径体系，将数字化转型分为初始级数字化阶段、单元级数字化阶段、流程级数字化阶段、网络级数字化阶段和生态级数字化阶段，并明确指出在五个不同阶段中，数字化转型的五个视角的主要实施要求（参见图 3.25）。

在初始级数字化阶段，组织虽然在单一职能范围内开展了信息技术应用，但是还未有效发挥信心技术赋能作用。具体而言是指组织的数据获取、开发和利用没有有效支持和优化主营业务范围内的生产经营管理活动。识别组织处于初始级数字化阶段的主要标准如下：发展战略未体现信息技术应用相关内容，主营业务范围内的新型能力尚未形成，初步开展信息技术应用，管理模式仍为经验驱动型，尚未实现基于数字化的业务创新。

在单元级数字化阶段，组织已经能够通过在单一职能范围内开展的信息技术应用提升组织的业务运行效率。具体而言就是说组织的数据获取、开发和利用已经能够发挥数据作为信息沟通媒介的作用，可以解决单元内部的信息透明问题，提升业务单元的资源配置效率。组织处于单元级数字化阶段的主要标准如下：发展战略中明确提出数字化内容，形成在单项业务中应用的新型能力，形成面向单一职能范围的系统性解决方案，管理模式升级为职能驱动型，主要业务和关键单项业务实现数字化。

在流程级数字化阶段，组织能够在业务线范围内实现关键业务流程的流程驱动，并能够将关键业务与设施设备、软硬件、行为活动等关键要素进行集成优化。具体而言表现在组织的数据获取、开发和利用能够发挥数据作为信息沟通媒介的作用，能够解决跨部门、跨业务环节的流程级信息透明问题。处于流程级数字化阶段的组织在业务流程的集成融合水平和资源配置效率上都有着显著的提升。组织处于流程级数字化阶段的主要标准如下：数字化转型专项战略规划形成，支持主营业务集成协同的流程级能力在相关业务环节有效利用，基于数据的采集和共享构建了系统及数字化模型并加以应用，管理模式升级为流程驱动型，主要业务和关键业务线实现了业务集成融合。

在网络级数字化阶段，组织能够通过组织内部的全要素、全过程的互联互通和动态优化实现以数据为驱动的业务模式创新。具体而言，组织的数据获取、开发和利用是在整个组织范围内进行的，该阶段的数据能够发挥其作为信息沟通媒介和信用媒介的作用，实现价值网络化在线交换，使组织的价值网络化创造能力和整个组织资源综合利用水平大幅提升。需要特别注意的是，处于网络级数字化阶段的组织往往开始探索用数据科学重新定义并封装生产机理，构建基于数据模型的网络化知识共享和技能赋能，进一步提升组织的创新能力和资源开发能力。组织处于网络级数字化阶段的主要特征有：发展战略明确将数据作为关键战略资源和驱动要素，支持组织全局优化的网络及能力能够在整个组织范围内进行按需共享和应用，建成数字组织的系统集成架构，管理模式升级为数据驱动型，主要业务和关键业务能够在线化运行。

在生态级数字化阶段，组织能够通过与生态合作伙伴间资源、业务、能力等要素的开放共享和协同合作培育出智能驱动型的数字新业务。处于该阶段时，组织的数据获取、开发和利用应实现基于生态圈的智能数据获取，数据在该阶段发挥其作为信息沟通媒介和信用媒介的作用，能够解决生态圈信息透明问题，实现基于数据的价值智能化在线交换，从而提高生态圈价值智能化创造能力和资源综合利用水平。需要特别注意的是，处于生态级数字化阶段的组织还将用数据科学重新定义并封装生产机理，实现基于数据模型的生态圈知识共享和技能赋能，进而提升生态圈开放合作与协同创新的能力。组织处于生态级数字化阶段的主要特征有：发展战略的目标核心在于构建共生共赢的生态系统，支持价值开放共创的生态级能力已经形成，建立智能云平台，管理模式升级为职能驱动型，形成以数字业务为核心的新型业态。

4.2　产业数据资产价值化路径

在如今数字化的大背景下，数据资产在政策中也渐渐体现出了重要性。2022 年 12 月 20 日，中国发改委发布的文章《完善数据资产新蓝图　释放数据要素新价值》强调了"加快完善数据资产综合管理改革政策闭环体系"。具体来说，是通过对数据资产产权的确定及登记，评估并定价形成数据资产化全流程的闭环，从而建立对数据资产的全链条管理体系，可见，数据资产化的实践与落地是充分利用数据这一生产要素，实现企业数字化转型的着眼点。

4.2.1　产业数据资产价值化背景分析

1. 数据资产化迫在眉睫

推进数据资产化发展是把握新一轮科技革命和产业革新的战略选择。要在中国特色社会主义思想的指导下，坚持"需求牵引，数字赋能，协同高效，融合创新"四个原则，以新模式、新业态促进数字生态构建。应响应国家号召，加速推进数字化、智能化深度融合，积极挖掘数字化、智能化发展新方向，从而助力新业态、新格局的建立。

除此之外，抓住数字化发展机遇能为企业本身的发展提供助力。目前，我国正处于"十四五"规划的关键时期，一个产业要想进行结构性改革、创新，就要从数据开始抓手，这同时也对企业的可持续发展有积极关键的促进作用。在当今的时代背景和大环境下，企业应将数据作为一个载体，挖掘发现数据所蕴含的价值并释放出它的价值，将其资产化，并通过清洗、分析、预测等一系列数据运营管理，去创造更大的价值。

数据资产化实施和落实，是充分利用数据生产要素，落实企业数字化转型的重点。关于技术革命推动的经济范式演变过程，如图 4.2 所示。

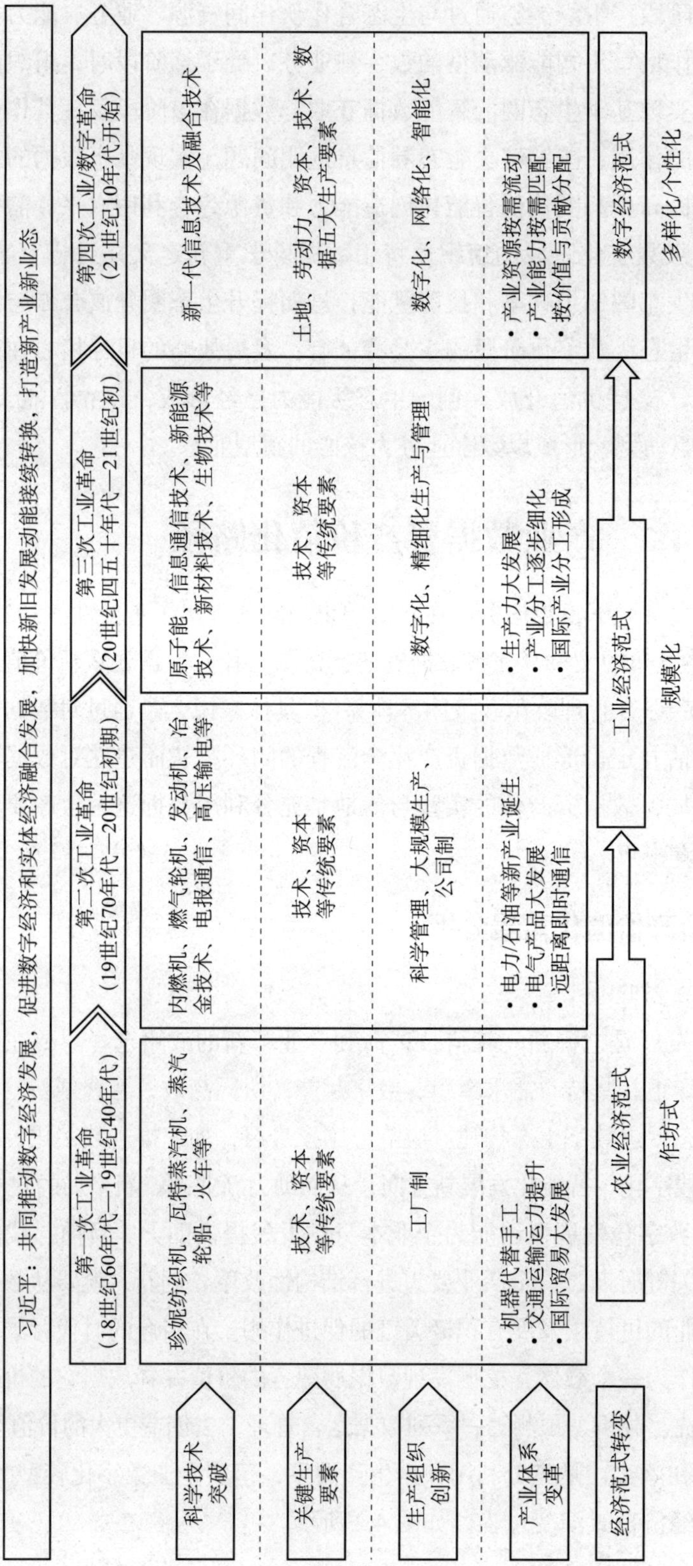

习近平：共同推动数字经济发展，促进数字经济和实体经济融合发展，加快新旧发展动能接续转换，打造新产业新业态。

	第一次工业革命 (18世纪60年代—19世纪40年代)	第二次工业革命 (19世纪70年代—20世纪初期)	第三次工业革命 (20世纪四五十年代—21世纪初)	第四次工业/数字革命 (21世纪10年代开始)
科学技术突破	珍妮纺织机、瓦特蒸汽机、蒸汽轮船、火车等	内燃机、燃气轮机、发动机、冶金技术、电报通信、高压输电等	原子能、信息通信技术、新能源技术、新材料技术、生物技术等	新一代信息技术及融合技术
关键生产要素	技术、资本等传统要素	技术、资本等传统要素	技术、资本等传统要素	土地、劳动力、资本、数据五大生产要素
生产组织创新	工厂制	科学管理、大规模生产、公司制	数字化、精细化生产与管理	数字化、网络化、智能化
产业体系变革	·机器代替手工 ·交通运输运力提升 ·国际贸易大发展	·电力/石油等新产业诞生 ·电气产品逐步细化 ·远距离即时通信	·生产力大发展 ·产业分工逐步细化 ·国际产业分工形成	·产业资源按需流动 ·产业能力按需匹配 ·按价值与贡献即分配
经济范式转变	农业经济范式 作坊式	工业经济范式 规模化		数字经济范式 多样化/个性化

图 4.2　技术革命发展脉络

2. 行业竞争

根据《中国数字经济发展白皮书》的数据，从 2005 年到 2020 年，中国数字经济的规模累计增长了约 14 倍，数据蕴含的价值目前已经成为推动当今经济发展的重要引擎。不断爆发式增长的数据不仅为社会各行各业的数字化转型提供了强大的支撑，也是各行各业企业的决策与生产的重要价值来源。一项以日本企业为研究对象的调查表明，在其他条件相同的情况下，拥有更多数据、对数据利用程度更高的企业有更高的生产力。可见，深入挖掘数据蕴含的价值对行业转型和企业发展而言都有着巨大的潜力和尝试的价值。

在数字化、智慧化转型的过程中，数据资产化是至关重要的一环。为寻求更大的市场份额，部分龙头企业已开始进行数据资产化转型与管理，建立了数据资产管理体系框架，为数据资产体系的建立与落地奠定基础。截至目前，数据资产化尚未完全渗透，对企业而言，推动数据资产化体系的建设、运营和管理可以使企业把握先机，扩大市场份额。

3. 数据资产管理助力企业发展

数据资产是指在企业以往的各项业务、管理或者其他经营活动中产生的各种数据信息，它们由企业占有或者控制，并且在预期内会给企业带来经济利益或者潜在收益的数据形态的资源。2020 年 4 月 10 日，《中共中央　国务院关于构建更加完善的要素市场化配置体制机制的意见》正式公布，将数据确立为五大生产要素之一，与土地、资本、劳动力和技术并列。数据作为生产要素，资产的价值正在逐步被认可。数据资产管理，顾名思义，就是对数据这种企业资产进行规划、控制的一项业务。其包括多个流程，目的是调控并提升数据资产的价值。就转型者与赋能者两个视角而言，随着数字原生程度提高，数字化赋能水平往往处于波动上升状态，如图 4.3 所示。

数据资产的价值在当今社会虽然已经被逐渐认可，但对于数据资产的运营和管理，绝大多数公司还处于比较初级的阶段，这也导致数据中蕴含的价值未完全转化为公司的经济利益。成熟的数据资产管理，对充分释放、转化数据价值有至关重要的作用：首先，数据资产管理有助于让企业对所拥有的数据有全面深入的认知，在此基础上，数据管理是提升数据质量、打破数据壁垒和提升取数效率的法宝，这些都将减少数字化转型过程中的浪费与损失。除此之外，数据管理还能有效遏制数据泄露风险，保障数据资产的合法合规，最终达到让数据持续为企业释放价值、公司业务结构化升级的目的。

对于企业本身，体系建设也可以完成数据从"资源"到"资产"的跳跃，将数据资源转化成经济效益。

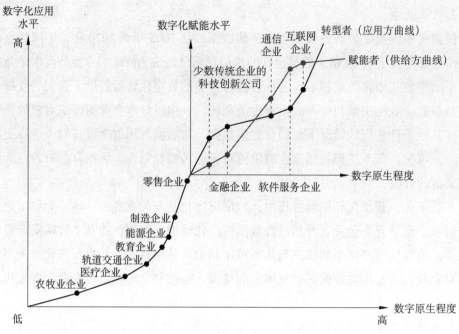

图 4.3 企业数字化转型双曲线

4.2.2 产业数据资产化方案整体设计

1. 战略一体化——发展战略与数据资产战略并举

在当今的大背景下，企业的数字化转型和数据资产化至关重要，企业要做的第一步就是针对企业自身的优势和特点制定一个适合企业发展的数据资产发展战略，将其作为企业的长期发展战略。这是第一步，也是最为关键的一步，因为企业的数字化转型和数据资产化的具体落实，首先就要有一个完善、成熟的理论指导，才能保证企业这条路不会走错走歪。因此，只有一个适合企业自身发展，同时又具备深刻、具体特性的数据发展战略作为指导，企业的数据资产化才能走上正轨，才能在理论的具体实践中做到有条不紊。

从全局来说，数据资产发展战略具体需要从数据治理规划、数据架构规划两个层面着手。

1）数据治理规划——破除数据不"齐"、不"统"困境

以 DMBOK 框架作为指导，我们发现案例企业主要存在数据标准不统一、数据质量不齐的两大问题。立足问题本身，本书同样结合 DMBOK 框架给出改善方案的设计。下面参照图 4.4 的数据标准体系，给出数据标准基本框架。

（1）数据标准体系战略。如图 4.4 所示，企业首先需要明确业务效率提高、数据质量保障、IT 实施能力增强这三个价值目标。在此基础上企业需要探索并设立包括数

据标准定义、编码体系框架等其他数据标准层面的体系框架。同时要加强管理层面、技术层面的支撑能力的建设，以推进和完善数据标准体系的建设。

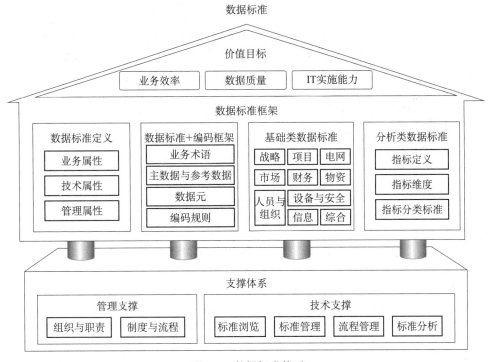

图 4.4　数据标准体系

在数据标准的设计过程中，企业要遵循五个步骤：①现状调研，方法准备；②参考行业标准及相关企业实施现状；③整理和分析收集结果；④数据标准定义；⑤研讨和确认，最终确定数据标准。企业只有严格遵循这五个步骤，才能在数据标准设计中明确"做什么""怎么做"。

另外，企业在制定数据标准过程中还需要时刻遵守统筹规划与循序渐进的原则，需要结合相关业务、管理需求进行针对性设计，切忌一味盲目追求体系建设的完成度。

（2）数据质量体系战略。如图 4.5 所示，数据质量包括一致性、规范性、完整性、准确性、及时性五大维度，若干分支。

在数据质量体系建设过程中，始终要围绕数据质量的 5 个维度，按照 16 个评估指标展开针对性的建设。只有在数据质量满足及时性、一致性、规范性、完整性和准确性这五个标准的情况下，数据才能够发挥出它最大的价值。

同时在建设数据质量体系的过程中，企业也要注重数据生命周期的运行和管理，坚守事前治理、事中监控、事后防范这三个阶段的数据质量考核体系。

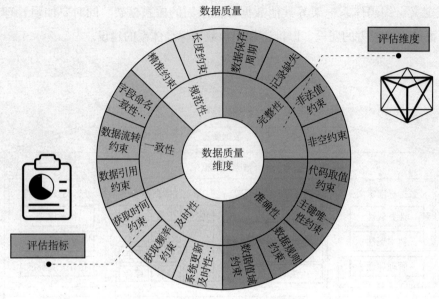

图 4.5　数据质量评估指标及维度

2）数据架构规划——明确数据需求，加快数据流转（设计）

除了前文提到的数据治理相关重大问题，还有三个重点内容：①识别数据需求；②盘点数据资产；③构建数据流转。

企业的数据需求是全方位的，从经营决策到物流运输，都离不开数据。也正因如此，只有把握住企业需要解决的数据需求，才能够点对点地进行改进和完善，这是推进数据资产化建设的前提。在此基础上，企业可以根据自己的企业框架、企业业务、企业方向盘点数据资产，建议企业成立相关小组，按周期识别数据需求，同时盘点数据资产，实时对业务目标进行更新，如此尽管在有限制的场景下企业仍可以充分发挥自己的资源优势。完善数据资产体系后，企业就可以将视野放到数据流转传输上。目前，对于一个好的数据流转的判断标准是：在流转过程中数据的安全、效率、透明、可视、高效。建立一个好的数据流转体系，企业就可以让数据清晰地流向需要的地方，也能更快地将数据要素送达各个环节，应单独设立一个职能部门，去分析数据流转的需求和方向，使流转速度增效，加快数据价值的彻底释放。

具体来说，企业需要从多个方面着手进行建设。首先，要分清各个数据管理的角色，明确各个角色和部门应负的职责，保证具体实施过程中权责分明。其次，还要建立完善的定量数据管控体系评价考核指标，确保对各个流程进行数据评估时有所参考。

2. 管理体系化——完善各类管理体系制度建设

针对企业的管理体系化建设，本书主要从数据资产管理的基本目标、原则任务两个方面，结合自身存在的不足进行详细的方案设计。

1）确定基本目标，确保发展方向指向明确

（1）不断提升数据质量。提高数据质量并不是一蹴而就的，它是一个持续性的过程。企业要持续性地提高数据的质量，就要不断地根据实际情况和落地情况去建立、完善、更新数据质量标准、质量检测模型、质量问题部门，改善质量体系。第一，为了统计收集数据时有基本的过滤，为收集成功数据做准备；第二，要结合业务需求进行质量筛选，做到有效性、准确性；第三，需要有独立的部门来及时收集问题并将问题反馈给源头部门，提高效率；第四，要建立流程和手段，通过手工和自动化的方式将问题修复，为高质量数据提供支持。图 4.6 展示了管理体系制度在数据资产板块的基本目标。

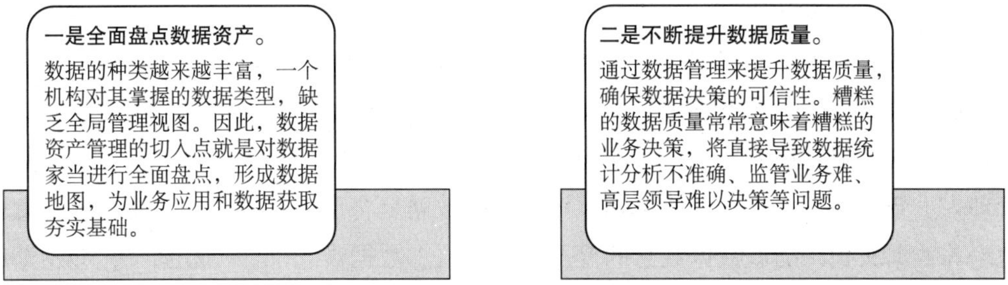

一是全面盘点数据资产。
数据的种类越来越丰富，一个机构对其掌握的数据类型，缺乏全局管理视图。因此，数据资产管理的切入点就是对数据家当进行全面盘点，形成数据地图，为业务应用和数据获取夯实基础。

二是不断提升数据质量。
通过数据管理来提升数据质量，确保数据决策的可信性。糟糕的数据质量常常意味着糟糕的业务决策，将直接导致数据统计分析不准确、监管业务难、高层领导难以决策等问题。

图 4.6　管理体系制度部分基本目标

（2）实现数据互联互通。正如前文所说，当前企业通常数据闭塞，普遍存在数据壁垒的问题，为此本书建议企业应该建立统一的数据决策分析平台，将数据决策分析流程标准化，从而使业务指标口径统一，易形成一个整合型数仓。大企业业务繁多，如果不同业务部门能跨部门取数，变相提高数据湖透明度，将大大提高效率。当然，创新监管技术和管理措施也需要对不同部门实行事前信息监管、事后问题沟通，明确不同部门的诉求，提高不同部门的信息流通度和积极性。

（3）提高数据获取效率。首先，对于可控的数据范围，企业要熟悉自己的业务需求。例如，企业发展文旅产业，就要与当地政府积极展开合作，展示自身在行业的名牌；确定受众群体、多打广告，增加自我营销、获取曝光度，获得更多厂商信任和数据来源。其次，对于不容易得到的数据，就技术而言，可以优化网站结构，整理网站的目录结构和链接结构。使用高效的爬虫工具，如 Scrapy、Beautiful Soup、Selenium 等；避免反爬虫机制，可以使用代理 IP、随机 User-Agent 等方法；分布式抓取将任务分配给多个爬虫进行抓取，减轻单一爬虫的压力；增量式抓取可以避免重复抓取数据，减少抓取的时间和资源消耗。以上策略均可以提高企业跨门槛获得数据的效率。

（4）数据价值持续释放。企业首先需要在数据模型管理方面下功夫，实现模型的多元化与全面化：通过动态管理，建立一套流动性的组织架构评估体系，做到数据模型"缺了就补"的动态运维，尽量按周期完善体系。但更重要的是需要眼光向外，不断发现社会奇点，跟上时代发展，通过智能技术，让数据资产化管理平台全面顾及的同时兼具针对性，使整个资产体系源源不断地挖掘潜在价值。就当前而言，人工智能是时代风口，引入 AI 的发展很有必要，像 ChatGPT 实现了可交互的反馈机制，OT（操作技术）人员可以使用可交互人工智能探索已有数据的更多价值，而企业则可以根据结果迭代出更好的决策。因此可以说，跟上时代风向是最好的挖掘数据价值的方式。

2）明确原则任务，保障人才流入源源不断

毫无疑问，完善数据治理体系、推进数据价值稳定释放是企业需要关注的重点，但更值得注重的还是人才的发掘，这是企业的核心资源。企业要保障人才的数量、质量和明确的人才晋升通道，如果企业内部还没有设置专门的管理岗位，则需要进行优化。可以从原有不同部门中选出数据管理、治理方面的人才，成立专门的数据管理部门，负责原有部门的数据管理、治理工作，以减少由于治理人员与业务人员间职责不同带来的不理解、抱怨情绪；与此同时还应拓宽一个稳定、公平、可公示的透明数据管理人员晋升体系，完善考核机制，培养各种数据复合型人才。此外，企业要有意识地培养数据文化，随着数据观念的普及和企业员工数据观念加深，数据文化会逐渐成为企业文化，能更好落实相关数据工作的开展。企业可以从数据的生命周期入手，在人力资源和数据资产两方面着手，使人力资源数据管理全面覆盖数据的全生命周期。图 4.7 展示了数据认责机制，可供参考。

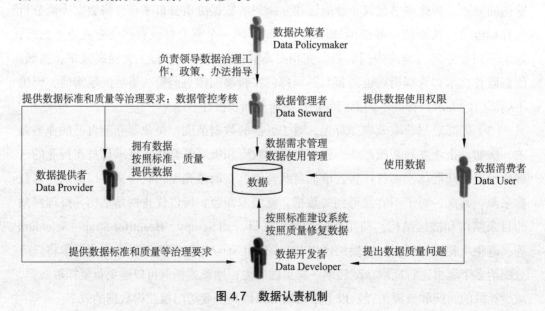

图 4.7　数据认责机制

当然，人才管理必须伴随着问责制度，建立健全独立完整的组织责任体系，落实角色与职责并制定完整的数据资产相关规范。考虑到集团资产规模、业务范围、员工数量庞大，实现数据责任制度较为困难，因此可以考虑在构成较为单一的部门或下属子公司进行数据责任制度试验，推进数据认责，测试制度的可行性。

3. 体系平台化——落实各类管理体系平台建设

在进行管理体系建设之后，企业需要进一步落实管理平台建设，这样才能让数据资产化从理论走向实践。

1）数据标准管理平台

企业必须加强建设和完善数据标准管理平台，规范数据资产的格式，统一数据命名的准确性以及数据口径的一致性，完善数据清洗的标准，方便数据清洗和对数据后续的运用。在构建数据标准管理平台的过程中，要针对以下基础功能做好针对性建设。

生成标准：业务内容繁多，所以要分业务领域、业务主题生成明确的标准细则。

标准映射：需要在数据标准同实际数据之间建立映射关系，不同公司业务主体不同，若要映射交互的可视化展示就需要建立各标准数据和实际数据的关联映射。

标准（版本）查询：标准查询，需要在平台上对以往数据标准的变更记录进行追踪；同时也能对映射记录进行查询，否则不能对数据标准、元数据达成落地，出错风险极高，弥补成本极大。版本查询，能对数据标准进行版本控制，提高并行效率。

标准维护（下载）：使数据标准的发布、删改、废除、下载等一系列操作都实现可视化、公开化，更好地实施数据落地。

2）数据模型管理平台

数据模型管理平台的主要功能是对企业建立的数据模型进行统一管控，因为数据安全对于整个数据管理流程来说是至关重要的。一家企业数据模型的泄露将会给该企业的数据安全带来巨大的隐患和威胁，因此必须完善数据模型管理平台，形成统一的企业数据模型视图，让企业数据模型管理不再分散、稽核数据模型有效应用以及数据模型标准安全落地。

根据前文所述，在数据模型管理平台的建设过程中要始终把控好以下四个方面。

（1）数据模型设计，需要对数据模型进行产业的标准化设计，从根本上保证子公司和总公司数据模型的一致性。

（2）模型差异稽核，需要提供上游数据模型与下游数据库之间的自动审核机制，解决数据模型设计与实现不一致的问题。

（3）数据模型管控，需要能够保证提供所有数据模型的全生命周期变更管理，能回溯到任意时间点的数据模型状态，监控集团数据状态。

（4）数据模型可视，需要能够将复杂的 E-R 图解读为更加直白、更加简单的可视化图片，方便管理人员对数据模型的状态进行实时监控，也有利于管理层人员在工作中的后续使用。

3）数据质量管理平台

在平台设计中必须完善以下功能。

（1）质量需求管理，需要深入调研自身各部门的业务需求，为数据质量标准的制定提供依据。

（2）规则设置，数据质量管理平台不仅需要普适性数据规则，还要针对特定数据主动设置稽核规则。

（3）规则校验，要对平台中的特定数据进行数据质量标准校验，数据质量管理平台需要提供良好的校验渠道。

（4）任务管理，要根据平台所表现出的需求进行数据质量稽核评估并且进行周期性排查，其中数据质量管理平台要负责稽核任务。

（5）生成报告，数据质量管理平台要将复杂的业务逻辑通过数据质量的稽核校验结果生成的报告予以展示。

数据质量管理平台的基本功能及逻辑顺序如图 4.8 所示。

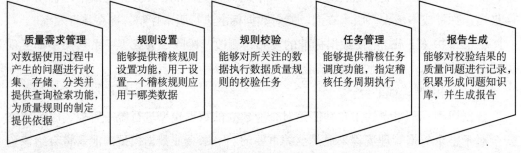

图 4.8　数据质量管理平台基本功能及逻辑顺序

4. 集约中台化——建设数据中台，实现数据资产赋能

数据中台在企业数据资产化的过程中发挥着重要的作用。完善的数据中台能够为企业人员提供一站式、高效易用的数据治理运营平台，真正实现数据资产赋能。

数据中台的建设可以采用构建、应用和数据整合三者并举的方式，建设过程主要有七个阶段，如图 4.9 所示。

1）综合评估

建设数据中台绝不是一个盲目推进的阶段，首先需要明确企业现存的问题，展开针对性的调研和处理。在综合评估阶段，企业要根据具体的运营情况，全方位地仔细排查内部数据资产化整个流程中存在的阻碍和问题，也只有在完全了解企业内部数据要素现状后才能更具有针对性地制定适合企业自身的数据战略规划。

图 4.9　数据中台建设的通用化过程实施框架

2）数据战略

在此阶段，企业需要充分分析和整合在评估过程中发现和排查出的企业现存问题，通过深层次的分析来规划数据中台建设的各个步骤和流程，制定技术支持、权责划分、人员分配等内容的建设方针。

3）数据治理

企业中仍然存在数据资产分散严重、数据价值无法得到完全释放的问题。为了解决数据分散问题导致的价值浪费问题，从而更好地利用数据资产赋能业务的开展，企业首先要对自身所拥有的数据资产有清晰的认识，其次要进一步建设包括数据标准体系、数据全生命周期管理体系等在内的完善的数据治理体系，并以此实现平台的具体落地，才能够真正实现数据的赋能。

4）数据研发

数据中台建设的核心是"可复用""易复用"，但这将对现有的技术结构、业务逻辑产生巨大的冲击。所以在数据研发阶段，企业需要顺势改变组织架构，进行企业内部人员、职责的调整，及时储备新型职能人才，更新技术能力，打造标准统一、资产化、服务化的智能数据体系。

5）中台建设

数据中台本身更大的意义是作为各种数据管理平台的联通者，作为一个"容器"吸收整合数据管理平台，并实现一站式地提供数据服务。所以在建设中台的阶段，要建立一个透明化地提供各种数据服务的一体化平台，确保高效地运用数据资源，真正实现数据赋能。

6）系统迁移

在过去对数据资产化认识不足的情况下，拥有许多的信息化成果，产生了诸多的信息系统，但信息系统之间的数据并不联通，导致了数据孤岛问题。而在数据中台基本建设完毕之后，企业对数据的应用主要通过数据中台来实现，保障数据使用的高效性。这个平台的转换过程便是系统迁移，需要进一步进行调研分析，考虑企业自身特性，根据企业自身情况去安排系统迁移的进度，争取系统迁移过程不会对企业的正常运作产生较大消极影响。在系统迁移过程中，企业效率可能会有所下降，但一旦系统迁移完成，一站式的数据中台将带来远高于原有系统的效率，解决数据的分散问题，提高数据运用的高效性。

7）中台运营

光有技术是不够的，企业在完善数据中台的技术建设后，还应该持续地运营数据中台，才能够满足企业对数据使用的需求。针对这点，企业需要重新编排组织的架构，设立一个专门的职能部门，去实现数据中台运营的持续高效。同时，还应通过员工培训等方式，将数据中台的相关理念作为企业文化传输给各部门人员，提高企业上下整体的数据资产化意识。

5. 稽核定期化——定期进行稽核评估，确保数据资产持续运营

定期的稽核评估在企业数据资产化中发挥着至关重要的作用，它确保数据资产管理能够具体实施。目前，企业在数据质量和数据模型的稽核中时常出现问题，因此要保证定期的对点稽核评估，企业才可以在数据资产的长期运营中不出错，从而进一步保障数据资产的高效利用。

下面将针对前文提到的几点给出针对性建议。

1）数据需求调研常态化

数据资产化以及数据的进一步处理和分析都是立足于业务部门的实际需求。因此，数据资产化进程不能够脱离实际业务，需要定期对数据需求展开深入的调研，及时梳理数据需求，有针对性地调整数据发展战略和管理体系。

2）数据质量检查常态化

定期检查数据质量对数据资产化来说同样是不可或缺的。数据质量管控关注的是数据内容，只有数据内容本身具有较高的质量，才能在后续的数据分析、业务运用中释放出更大的数据价值。

3）数据分析管控常态化

数据分析管控是企业数据一致性的保障，应该全面分析组织数据质量情况，建立正确的、有针对性的评估方法，健全数据知识库，实现从数据质量问题分析、数据质量问题影响分析和数据质量问题经济效益分析三个角度思考数据问题定期。

4）数据模型构建规范化

数据模型架构应该建立并维护组织级和应用级的数据模型，有一套组织遵守的开发范式，实现从收集需求、制定规范、开发模型、应用模型、符合检查，再到模型变更管理的全态，只有这样才能建立良好的集成关系，提高整体效率。

数据质量管理基本流程如图 4.10 所示。

图 4.10　数据质量管理基本流程

4.2.3　产业数据资产化整体展望

1. *数据资产化*

数据资产化主要是为了将企业内部的数据进行整合、管理和分析，提高企业数据价值与决策能力，进一步促进企业创新化、智能化、高效化。对企业数据进行整治，主要可以带来三个变化：数据自循环、数据驱动创新和数据决策支持。数据自循环流程图如图 4.11 所示。

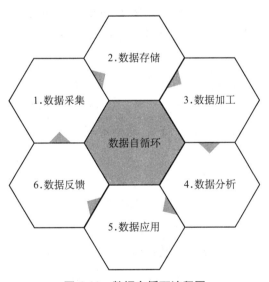

图 4.11　数据自循环流程图

数据自循环指的是数据在企业内部能够自我循环、自我流转、自我更新，通过数据的自我迭代实现数据价值和利用率的提高，为企业的发展提供支持。数据资产库是企业内部对数据进行盘点和整理的过程，通过建立全面的数据资产库，企业可以消除信息孤岛问题，实现各个部门数据的共享和交换，从而提高数据的利用价值和贡献度，并且降低重复收集和处理数据的成本。数据中台则是在数据资产库的基础上更进一步，通过数据中台，各类数据可以进行统一管理和规范化处理，提高数据质量和安全性，减少数据冗余和重复，实现数据的高效利用。此外，数据中台还可以实现数据的实时更新和自我迭代，促进数据的自循环和流转，提高数据的利用率和价值。在实践中，企业可以更好地利用自身的数据资源提高工作效率、降低成本、提高竞争力，以及创造更多的商业价值。

数据驱动创新指的是通过对企业内部数据的深度挖掘和分析，发掘新的商业机会和创新点，从而推动企业的创新化和智能化。这一过程着力于提高数据获取效率，实现数据价值的可持续释放，以数据中台为中转站，链接企业前端与后台，进而推动企业的战略转型和业务拓展。例如，通过对客户需求数据的分析，改进产品设计和服务模式，以提高客户满意度和市场竞争力；同时，通过对企业内部的数据进行分析，有助于发现企业内潜在的问题和瓶颈，进一步提高企业的工作效率和生产效益。

数据决策支持指的是通过对企业内部数据的分析和挖掘，提供决策者所需的信息和洞见，帮助企业制定更加科学和精准的决策。通过数字化资产和数据分析，企业能够及时掌握市场、客户和竞争对手等的信息，从而为企业的决策提供支持。另外，数据治理体系规范了数据的使用和共享，并确保数据的可靠性和安全性，为企业的决策提供了可靠的数据基础。同时，数据文化建设可以让企业员工更加重视数据的价值和作用，从而更好地利用数据资源，推动数字化转型和企业创新。

2. 要素市场化

要素市场化是数据资产管理与运营的又一个重要方向。要素市场化主要是将企业内部的各种资源（如人力、物力、财力、技术、数据等）进行市场化流转和交换，以实现资源优化配置和价值最大化的过程。要素市场化的实施，将有助于提高企业的效率和生产力，促进企业的创新和发展。经过对数据资产的整治和管理，企业内部的各种资源得到了有效的整合和利用，这可以为要素市场化的实施奠定坚实的基础。

（1）优化人力资源管理。由于目前整体数据行业尚未有一个较为明晰的数据认责规范制度，所以部门内部关于数据资产的责权利划分也不明晰。企业对数据文化、数据人才的重视，有助于人力资源市场化的逐渐引入，有利于企业内部人力资源的管理，可以促进人才的流动和转岗，从而更好地发挥个人的潜力和优势，提高工作效率和质量。

（2）降低企业成本。通过建设数据中台，分散在不同部门和系统的数据可以集中管理和共享，从而避免重复建设和数据冗余，提高数据的质量和准确性；通过人力资源市场化，企业内部技能与外部市场对接，从而实现人力资源的最优配置；通过数据资产的运营与管理，可以更好地了解自身的业务流程和运营状况，优化业务流程，降低企业的成本。

（3）建立供应链管理平台。可以在数据中台的基础上建立供应链管理平台，实现供应链信息的共享和协同，提高企业的供应链效率和供应链风险控制能力。同时，通过供应链市场化，可以让企业更好地利用供应链资源，提高供应链的稳定性和灵活性。

（4）智能制造平台。可以创建智能制造平台，将生产流程数字化、网络化和智能化，从而提高生产效率和产品质量，降低生产成本。除此之外，智能制造平台还可以帮助企业更好地了解市场需求和趋势，以优化产品设计和生产计划，提高企业的市场竞争力。

（5）推动企业数字化转型。可以将传统业务向数字化和互联网化方向转变，实现业务模式的创新和转型。数字化转型还可以帮助企业更好地利用自身的数据资源，提高决策效率和市场竞争力，实现要素市场化。

总之，要素市场化是数据资产管理与运营的重要方向之一，通过要素市场化的实施，可以实现资源的最优配置和价值最大化，促进企业的创新和发展，推动企业的数字化转型和智能化升级，提高企业的效率和生产力，带来企业的社会效益，推动可持续发展。

3. 数据治理与数据伦理

数据治理和数据伦理是企业数字化转型中非常重要的概念，二者关注的是如何管理和使用企业的数据资源，以确保数据的质量、安全和合规性。其中，数据治理是指通过规范的流程和标准，确保数据的正确性、完整性、一致性和可靠性，从而提高数据的质量和可信度。而数据伦理则是指在数据的收集、处理和使用过程中，不仅要遵循道德和法律的规范，保护个人隐私和数据安全，同时也要确保数据的公正性和透明性。大数据技术解决了许多困难，也带来了某些问题，其中重点关注的就是信息安全与隐私泄露问题，这也将成为大数据企业未来关注的重点内容。

通过建立完善的数据资产治理平台，企业可以更加明确数据的权责关系，从而避免数据被滥用或误用；还可以明确数据的来源和使用方式，提高数据的可信度和质量，避免数据误差对企业决策产生不良影响。此外，建立数据的权责关系可以为数据共享和交换提供保障，鼓励数据的共享和交换，提高数据的利用率和价值。

数据伦理对于企业的可持续发展和社会责任至关重要。首先，数据伦理有助于保护个人隐私和数据安全。在数据处理和使用过程中，需要遵循相关的法律法规和道德准则，保护个人的隐私权和数据安全，防止数据被滥用或泄露。其次，数据伦理有助于提高数据的质量和可信度。在数据采集、处理和分析过程中，需要遵循科学的方法和标准，保证数据的准确性、完整性和一致性，确保数据能够为企业的决策和创新提供有价值的支持。最后，一个良好的数据伦理不仅有助于提高企业的社会形象，还会使企业具有更高的社会信誉度。在数据处理和使用中遵循道德准则、承担社会责任，会让企业获得民众和社会的认可和信任，同时也会为企业带来更多的商机和更广阔的发展选择。数据伦理靶标关注度如图 4.12 所示。

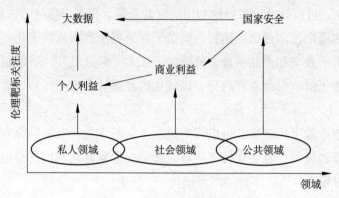

图 4.12　数据伦理靶标关注度

因此，企业应该建立一个完善、认可度高的数据伦理运营管理体系，从而提升数据管理过程的效率、提高数据标准化后的质量，推动企业的创新创优和健康发展。下面是可以改进的地方。

（1）加强数据安全和隐私保护。在数据使用、共享和交换过程中，需要加强对敏感信息的保护，采取必要的安全措施，防止数据泄露和滥用。

（2）完善数据管理制度和流程。建立完善的数据管理制度和流程，确保数据的规范和标准化管理，避免数据重复和冗余，提高数据质量和效率。

（3）加强数据伦理培训和教育。定期开展数据伦理培训和教育活动，提高员工对数据伦理的认识和理解，促进员工遵守数据伦理规范和行为准则。

（4）加强数据伦理与社会责任的结合。将数据伦理与企业社会责任结合起来，积极参与社会公益事业，推动数据伦理在社会的具体落地，进一步美化企业的社会形象，加强企业的公信力建设。

在这一过程中要特别注意，建设数据治理和数据伦理体系的过程需要企业各个成员的共同努力和合作，同时还要完善数据的管理流程和制度，延长数据治理和数据伦理的有效期，促进数据治理和数据伦理的可持续发展。

4.3　产业管控体系数字化路径

4.3.1　企业运营管理数字化现状分析

在数字化时代，企业数字化管理运营发展环境面临着多方面的挑战和机遇。技术创新和数字化趋势不断涌现，推动企业采用先进技术，如人工智能、大数据分析和物联网，来提高管理效率和优化运营流程。政府的政策支持和法律环境为企业数字化转型提供了有利的政策保障和合规框架。消费者需求不断变化，企业需要通过数字化手段了解和满足个性化需求，提升客户体验。然而，数字化转型也带来了竞争压力，企业需要适应激烈竞争和不断升级的数字化水平，以保持市场竞争力。同时，企业数字化发展需要拥有具备相应技能的人才，建设支持数字化的文化和价值观，以推动数字化转型的顺利进行。数据安全和隐私保护也成为企业数字化发展不可忽视的重要议题。

综合来看，企业管理运营数字化升级发展环境是一个复杂而多元的体系，涉及时代主题的数字化时代、国家战略的数字经济发展，以及行业选择的多样性。企业需要积极抓住数字化转型的机遇，适应技术发展和时代趋势，加大数字化投入，培养数字化人才，实现管理运营数字化升级和可持续发展，以保持竞争优势并适应时代的变化。同时，企业也需要认识到数字化升级的挑战，包括技术应用、数据安全、人才储备等方面，制定相应的战略和规划，以确保数字化转型的成功实施和长远发展。只有在充分认知和应对各种因素的基础上，企业才能在数字化时代中获得持续竞争优势，实现可持续发展的目标。

4.3.2 企业管理运营数字化升级的发展趋势

企业管理运营数字化升级的发展趋势是朝着更智能、更高效、更灵活的方向发展。随着科技的不断进步，企业将越来越重视数字化转型，采用人工智能、大数据分析、物联网等先进技术来优化管理决策和提升运营效率。数字化升级将加强企业内部各个环节的数字化和信息化，实现数据的实时共享和高效流转，从而优化决策过程和资源配置。同时，云计算和移动技术的普及将使企业能够实现更灵活和便捷的运营方式，实现远程办公、异地协作等工作模式。数据驱动的决策模式也将成为发展的重要方向，企业将更加重视数据分析和利用，从而实现更精准的经营管理和个性化服务。未来，企业将继续加大数字化投入，培养数字化人才，推动组织文化的转型，以适应数字化时代的挑战和机遇，实现更高水平的管理运营数字化升级和可持续发展。

4.3.3 企业运营管理数字化升级的必要性

企业运营管理体系数字化升级的必要性在当今数字化时代越发凸显。随着科技的不断进步和数字化趋势的普及，传统的企业运营管理方式面临着越来越多的挑战和机遇。数字化升级为企业带来了许多优势，如提高管理效率、优化资源配置、增强决策准确性等，从而使企业更具竞争力，实现可持续发展。本节，我们将深入探讨企业运营管理体系数字化升级的必要性，并重点关注以下几个方面。

1. 数字化转型背景与趋势

当前，全球正处于数字化转型的浪潮之中。信息技术的高速发展和普及，如人工智能、大数据分析、物联网等，已经深刻影响了企业运营管理方式。数字化转型不仅是企业发展的必然选择，也是时代发展的必然趋势。数字化技术的广泛应用可以使企业能够更好地了解客户需求、提高生产效率、降低成本，从而在市场竞争中取得优势。同时，数字化转型也为企业提供了更多商业模式的创新和市场的机会，促进企业实现全面发展。

2. 数字化升级对企业运营管理的影响

数字化升级将对企业运营管理产生深远影响。首先，数字化技术的应用使企业内部各个环节实现了数字化、信息化和智能化，实现了数据的实时共享和高效流转。通过数字化技术，企业能够更加全面地掌握企业运营状态，准确捕捉市场变化和客户需求，以便更快速地做出决策和调整策略。其次，数字化升级也使企业能够更好地优化资源配置，降低成本，提高生产效率。通过数据分析，企业可以更精确地评估资源利用效率，优化生产流程，降低不必要的浪费。此外，数字化技术的应用也促进了企业与供应商、合作伙伴之间的协作，提高了供应链的效率，缩短了产品上市时间。

3. 数字化升级的主要内容

企业运营管理体系数字化升级的内容非常丰富，主要包括以下几个方面。

（1）数据采集与分析。企业需要建立强大的数据采集系统，实时收集各类数据，包括销售数据、生产数据、客户反馈等。通过数据分析，企业可以深入了解市场需求、客户喜好、产品销售情况等，为决策提供科学依据。

（2）智能化生产与供应链管理。数字化升级可以使生产过程更加智能化，通过物联网技术实现设备的互联互通，提高生产效率。同时，数字化升级还可以优化供应链管理，实现供应链各环节的数据共享和实时监控，降低库存和物流成本。

（3）决策支持系统。建立完善的决策支持系统，利用数据分析和人工智能技术，帮助企业高效决策。企业管理层可以通过决策支持系统获得实时数据和信息，准确把握市场变化，快速响应。

（4）客户关系管理。数字化升级可以实现客户数据的集中管理，提高客户关系管理的水平。企业可以通过数字化手段更好地了解客户需求，提供个性化服务，增强客户黏性。

（5）人力资源管理。数字化升级使企业人力资源管理更加智能化和个性化。通过数据分析和人工智能技术，企业可以更好地进行人才招聘、绩效评估和培训，从而提高员工的工作效率和满意度。

4.3.4　企业运营管理数字化升级可行路径探究

企业的管理运用数字化升级是一个逐步发展、逐渐成熟的过程。其通常包括：认识阶段、策略规划阶段、基础设施建设阶段、流程优化阶段、数据分析和洞察阶段、持续改进阶段。

能力成熟度模型（capability maturity model，CMM）是一种用于评估和改进组织的软件工程和系统工程能力的框架。CMM 模型描述了不同成熟度等级，每个等级都代表了一个在组织实施过程中改进的演化阶段。

因此，可以将企业运营管理数字化升级的可行路径、发展路径和 CMMI 模型的五大等级结合起来，形成一个逐步成熟的数字化转型路径，帮助组织在数字化环境中提升管理和运营效能。

CMM 的核心理念是，软件开发是一个逐步成熟的过程，组织可以按照不同的成熟度等级逐步提升其软件开发能力。CMM 模型定义了一组过程特性和实践，用于描述在不同等级上的软件工程成熟度。CMM 最初包括五个成熟度等级，后来发展为 CMMI（capability maturity model integration），包含了更多领域的成熟度模型，并逐渐取代了原始的 CMM。

CMMI 模型（包括 CMMI-DEV、CMMI-SVC 等版本）描述了不同的成熟度等级，从初级阶段到高级阶段，每个等级均建立在前一个等级的基础上。图 4.13 展示的是 CMMI 模型的五个等级，也是企业管控体系数字化升级的演变过程，即路径。

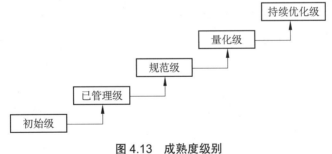

图 4.13　成熟度级别

1. Initial（*初始级*）

在初始级别，组织的过程是未定义、混乱的，缺乏稳定性。该级别的项目开发类似于小作坊的生产模式，无从谈起任何的流程管理，软件项目能否成功较大程度上取决于研发工作者自身的能力水平。基于此开发环境，项目通常会暴露出预算超支、延期误工、产品质量不能得到保证等问题。项目可能会过度依赖个人技能，结果不稳定且不可预测。初始级别的特点是项目的成功主要取决于个人英雄主义。

2. Managed (已管理级)

在已管理级别，组织开始采用一种项目管理方法，以更加可预测和可控的方式执行项目。项目内部要素更加丰富，开始出现规划、管控等内容，对项目进展、资源配置以及软件需求等有了专门负责人员来管理，而且能够了解软件项目研发流程，项目进度、成本和质量开始受到管理，并且项目管理和执行的过程开始被记录和跟踪。

3. Defined (规范级)

在规范级别，组织开始建立稳定的、标准化的过程。开始出现规范化的工作程序，项目实施过程中采取的均是标准化的程序、手段和工具。对比上一级别来讲，该级别有着更深层次的管理，能够定期度量分析软件项目里的流程、资源和产品等要素，对项目实施积极化的管理。在中国，符合"规范级"管理水平的公司已经不在少数，达到该水平，通常就能够控制开发过程。公司凭借定期调查开发进度状况并做出必要分析，进而不断提升产品质量。这些过程被记录下来，项目团队可以按照这些过程来开展工作。组织开始关注过程的一致性和可复制性，以确保项目能够在一定程度上重复取得成功。

4. Quantitatively Managed (量化级)

在量化级别，组织开始使用定量的方法来管理和控制过程性能，更重视大范围地运用定额分析法和模型，针对性地研究项目产品质量的分析过程，以项目评估质量为主；同时在该等级当中，明确表示要依靠软件开发环节中的相关度的指标，还要借用量化这一方法了解项目组中造成弊端的内部因素，对这些因素进行处理，把结果融入到项目的"库"中，杜绝该现象继续出现。同"规范级"有差异的是，量化级里面明确表示项目开发环节当中的质量水平评估尤为关键。在这一级别，组织可以量化地评估过程的效果，预测项目结果，并采取相应的措施来优化过程的性能。

5. Optimizing (持续优化级)

在持续优化级别，组织不断追求过程的优化和创新。通过持续的性能改进，组织能够更加敏捷地适应变化，并且能够及时应对风险和机会。在这个级别，组织始终在寻求更好的方式来实现业务目标。

每个成熟度等级都建立在前一个等级的基础上，组织可以根据实际情况逐步提升到更高的成熟度级别。CMMI 模型提供了一套指导和评估方法，帮助组织了解其当前的过程能力，并提供了改进路径，以实现更高水平的过程成熟度。这些等级的目标是帮助组织在项目和过程管理中更加有效地工作，从而提高项目交付的质量和可靠性。

除此之外，企业运营管理数字化升级与精益化管理、六西格玛体系和卓越高绩效之间有密切的联系和相互促进作用。将数字化升级与这些管理理念结合起来，可以为企业带来更大的效益和竞争优势。

当深入理解精益管理、六西格玛体系和卓越高绩效时，可以获得对组织管理和绩效提升的更深刻认识。以下是对这三个概念的详细解释。

（1）精益管理（lean management）。精益管理是一种源自于丰田生产系统（Toyota production system）的管理理念和方法，旨在通过最小化浪费、提高价值交付，实现高效、高质量的运营和生产。精益管理强调以下几个关键原则。

- 价值（value）：理解客户需要并专注于提供创造价值的活动，消除无意义的步骤和过程。
- 价值流（value stream）：分析整个价值流程，识别流程中的浪费并通过优化来提高效率。
- 流程（flow）：使流程尽可能顺畅，减少阻塞和等待，以加速交付。
- 拉动（pull）：根据实际需求进行生产，避免过量生产和库存积压。
- 追求完美（perfection）：持续改进，不断寻求更高效率和更高质量，实现卓越绩效。

（2）六西格玛体系（six sigma system）。六西格玛是一种数据驱动的质量管理方法，旨在通过减少变异性，提高过程的稳定性和一致性，从而实现更高的质量水平。六西格玛强调以下几个关键要素。

- DMAIC 方法：DMAIC 是六西格玛的核心方法，包括定义（define）、测量（measure）、分析（analyze）、改进（improve）和控制（control）这五个阶段。
- 数据驱动（data-driven）：通过收集和分析数据，识别问题的根本原因，并基于数据做出决策，以实现过程的改进。
- 目标导向（goal-oriented）：六西格玛致力于将过程的输出与客户期望的目标值相匹配，以提供高质量的产品和服务。
- 培训和认证：六西格玛提供培训和认证，使员工掌握数据分析和问题解决的技能，从而能够有效地推动六西格玛项目。

（3）卓越高绩效（high-performance excellence）。卓越高绩效是一个广泛的管理理念，旨在使组织在多个方面实现持续卓越的绩效。这包括组织文化、领导力、员工参与、创新和业务运营等方面。卓越高绩效强调以下关键要素。

- 战略导向（strategic alignment）：确保组织的目标与战略紧密相连，每个层面的决策都以战略为基础。
- 持续改进（continuous improvement）：鼓励持续的自我评估和改进，从而不断提升绩效水平。
- 员工参与（employee engagement）：激发员工的积极性和创造力，使其成为绩效提升的主要驱动力。

- 创新（innovation）：鼓励创新思维和实践，寻找新的方式来解决问题并提升绩效。
- 学习文化（learning culture）：建立一种学习和适应的文化，使组织能够更好地适应变化和挑战。

将企业管控体系的数字化升级与精益化、六西格玛体系以及卓越高绩效相结合，构成一种综合性的管理策略。通过数字化升级，企业能够实现流程的自动化和数字化监控，为精益化原则提供实际操作的基础。精益化追求降低浪费、提高效率，而数字化工具可以帮助识别和消除浪费，从而加速流程并提高价值交付。六西格玛体系注重过程的稳定性和质量控制，数字化升级能够提供数据分析和监控，帮助企业识别潜在的问题，优化过程，并减少缺陷。同时，数字化升级也有助于实现卓越高绩效目标，通过实时数据和指标追踪，企业能够更敏捷地做出决策，持续改进和优化，从而在市场竞争中脱颖而出。综合运用这些管理方法，企业能够在数字化的基础上，实现更高效、更精确、更优质的运营，从而达到卓越高绩效的目标。

用"数智"引擎为企业管控数字化升级注入动能。企业将"数智"引擎作为驱动力，注入其管控体系的数字化升级中，这意味着将数据驱动的智能和先进技术融入管理实践中。这一举措的核心在于通过数据的采集、分析和运用，提升管控体系的效能。

通过数字化升级，企业可以建立实时数据采集和处理的能力，从而实现业务过程的全面监控。结合数据分析和人工智能技术，企业能够深入了解业务运行情况，迅速捕捉潜在问题和趋势。以"数智"引擎为基础，企业可以建立预测模型，进行趋势分析，从而更准确地预测市场变化和业务需求。

在管控体系中，数字化升级配合"数智"引擎还能够实现智能化的监控和预警机制。这种系统可以实时追踪业务指标，一旦出现异常，系统即可发出警报，帮助企业管理层迅速做出决策。此外，数字化的特点还能够提高管控体系的透明度，有助于内部审计和合规性的提升。

总之，将"数智"引擎与企业管控体系数字化升级相结合，可以极大地提升企业对业务的洞察力和响应能力。这将使企业能够更精准地应对市场挑战，降低风险，同时实现更高效的管理和卓越的绩效。

4.3.5 企业运营管理数字化转型案例

加快数字化转型是中央企业的使命担当。中国交通建设集团有限公司（以下简称"中国交建集团"）作为国务院国资委监管的中央企业和全球领先的特大型基础设施综合服务商，将坚决贯彻落实国家重大决策部署，提高认识、坚定信心，明确定位、清晰目标，服务战略、突出主业，整合资源、强健体系，以数字化转型为战略支撑，将数字技术融入公司生产运营全过程，持续提高数字化、网络化和智能化水平，打造下一代交通基建产品和服务能力，努力构建数字化产业链，积极推进集团内外数字生态融合发展，通过管理数字化、产业数字化和数字产业化驱动公司高质量发展。

1. 现状分析

中国交建集团是中国最大的综合性建筑施工和工程承包企业之一。它的企业管控体系经历了三个阶段。以下是对这三个阶段的回顾。

1）第一阶段（成立初期至 20 世纪 80 年代末）

中国交建集团成立于 1950 年，当时的主要任务是为国家基础设施建设提供技术和人力支持。在这个阶段，集团的企业管控主要以计划经济为基础，以行政命令为主导，受国家集中管理的影响，重点是完成国家指定的工程项目，管理体系相对简单。

2）第二阶段（20 世纪 90 年代至 21 世纪初）

随着中国改革开放的深入推进，中国交建集团逐渐从传统的施工企业向现代化的企业集团转型。在这个阶段，集团开始引入市场经济机制，注重效益和利润。管理体系逐渐完善，引入了更多的市场竞争机制和现代管理理念。集团逐步建立了一套规范化的企业管控体系，包括项目管理、财务管理、人力资源管理等方面的制度和流程。

3）第三阶段（21 世纪初至今）

进入 21 世纪，中国交建集团在国内外市场上取得了显著的成绩，并逐渐发展成为具有全球竞争力的综合性建筑施工企业。在这个阶段，集团加强了对企业管控的科学化和规范化建设。它注重信息技术的应用，引入先进的管理工具和系统，提高了管理效率和决策能力。同时，集团也注重提高员工素质和专业能力，不断完善人力资源管理机制；集团还加强了风险管理和合规管理，提升了企业的可持续发展能力。

总的来说，中国交建集团的企业管控体系经历了从计划经济到市场经济的转变，从简单的行政命令管理到规范化、科学化的现代管理的发展过程。这一体系的建设和完善，为集团的持续健康发展提供了坚实的基础。

在中国交建集团企业管控体系的第三阶段，即 21 世纪初至今，运营深化方面涉及以下五大发展。

（1）集团在企业管控体系中注重提升运营效能。通过引入先进的管理技术和工具，例如信息化系统、智能化设备等，实现流程的自动化、标准化和优化，提高工程项目的执行效率和质量，减少资源浪费。

（2）集团在项目管理方面加强规范化建设。通过制定项目管理制度、标准和流程，明确项目目标、责任和进度，确保项目的顺利推进和交付。同时，加强项目风险评估和控制，提高项目管理的可靠性和可控性。

（3）集团在财务管理方面进行精细化操作。通过完善财务管理制度和流程，加强预算控制、成本核算和资金管理，提高财务决策的准确性和透明度。同时，加强内部审计和风险管理，确保财务管理的合规性和稳定性。

（4）集团注重风险管理和合规监控的深化。通过建立风险管理体系，加强风险识别、评估和控制，预测和应对各类风险，降低经营风险和损失。同时，加强合规监控，确保企业遵守法律法规和行业规范，保护企业的声誉和利益。

（5）集团在人力资源管理方面进行优化和改进。通过制定人力资源管理制度和政策，加强员工招聘、培训和绩效管理，提高员工的专业素质和职业发展机会。同时，注重构建良好的企业文化和团队合作氛围，激发员工的创造力和工作积极性。

这五个方面的深化发展，有助于提升中国交建集团企业管控体系的运营效能和管理水平。通过规范化、精细化和科学化的运营管理，集团可以更好地应对市场变化、提高项目执行能力、降低风险，进一步巩固和增强在建筑施工和工程承包领域的竞争优势。

2. 数字化管控升级

基于国内海外一体化应用架构需求，开展财务类、运营类、组织人力资源类、综合类、科技类、风险类、监控类等统建系统建设，指导各板块专业系统建设，支撑实现全球一体化应用、业财一体化融合和决策一体化贯通。

1）财务类

核心是在"大集中，大统一"原则下，以资金保障、决策支撑、降本增效、风险管控为立足点，基于财务云支撑实现横纵贯穿、信息共享、业财一体的大财务管理体系建设，推动财务管理由被动管理向主动管理转型，由单一要素管理向系统化管理转变，由会计管理向价值创造、战略驱动管理转变。

2）共享报账平台

实现全组织、全范围的业务覆盖以及100%自动核算；利用新技术探索应用场景，辅助报账的自动化和智能化；固化各类管控规则，有效防范运营风险，推动财务核算的精益化转型。

3）资金管理系统

实现资金业务全流程管理，集中监控总部与下属单位资金，防控资金流动性风险、提升资金使用效率；逐步构建司库管理职能，构建专业高效的融资管理体系、风险管理体系以及决策支持体系；打通境内外信息壁垒，实现境外资金全过程监控，通过对海外各地区监管政策、外汇管理要求的信息共享，避免资金风险。

4）预算管理系统

以全面预算为驱动，实现核算、预算、资金结算三算合一的管理闭环。建立覆盖各类项目全生命周期的财务管理体系，强化项目价值管控；建立项目全生命周期现金流预算管理体系，建立费用预算管控策略，实现费用预算与核算一体化；搭建成本预算管理体系，打造全方位的成本预算编制、业务源头的预算执行控制、多维度的预算预警分析等全套功能，实现成本预算的精益化管理。

5）税务管理系统

通过涉税信息的集中共享实现全税种在线统一管理；通过与金税、省份申报平台和银企直连的打通实现一键认证、一键申报、一键缴税；加强税务合规管理，全面把控税务风险，科学税务筹划，通过海外税务信息实时共享，扩展海外税务模型的准确识别并规避海外税务风险，推动税务管理的标准化、合规化和自动化。

6）财务核算系统

基于法定披露、管理会计、财务合规、经营统计等各方面要求，建立灵活可扩展的会计科目体系，梳理海外项目属地国核算准则，设计国内外一本账，依托财务后台强大的数据运算能力实现全级次财务数据的自动化核算，满足多核算组织、多核算层级、巨量且关系复杂的往来款项核算需求。

7）报表管理系统

搭建多维报表指标池，多层次、多维度、可灵活扩展的动态报表架构，实现各类报表的灵活组装，通过与账务处理的联动、关联交易核算模式的优化，在账表同源的基础上提高报表的自动化程度，实现实时对账、实时抵消、多维度合并报表的一键出表；设计报表披露校验规则，保证自动报表数据质量；再造关账流程，保证自动化转表的顺利实现。

8）业财一体化

推进财务大集中和业财一体化建设与推广应用，夯实流程、标准、数据"三大基础"，提升公司管理穿透、业财协同、风险防控、全球发展、战略落地"五大能力"，基于适应性组织建设、数据治理体系建设、业务流程优化下的业务财务一体化和业财一体化升级，筑牢"智慧运营"能力，力争三年内实现"月出报表"，引领和支撑管理创新与变革，大幅提升公司运营质效，推动实现高质量发展。

9）运营类

投资管理系统核心是按照公司"做强投资"的总体要求，通过一个平台（投资管理信息系统平台）和一个工具（投资管控模型配置工具）实现论证、评审、尽调、后评价等全生命周期投资业务线上化管理，实现立项管理、可研关键数据采集、决策审批、投资备案、投资大数据服务的支撑，深度打通总部与各层级管理流程，加强投资业务的数字化管理支撑。

10）组织人资类

组织机构管理系统核心是贯彻中交集团机构改革思路，在实现统一机构编码、组织机构线上化管理和基础信息汇聚基本功能的基础上，进一步提高对全集团、全球组织机构的高效管理支持，同时利用数字化智能化技术和大数据技术实现机构画像，提供全球组织机构信息汇聚和监控服务，为管理决策提供支撑。

人力资源管理系统核心是贯彻集团人才战略，在实现人力资源"选用育留"基础职能管理和事务型管理的基础上，推动全生命周期一体化人力资源管理和价值服务，实现国内海外全口径覆盖，基于大数据技术的员工画像提供全球人力资源库和内部人才市场综合服务，支撑组织柔性化、资源共享化升级，盘活全公司人才资源，提升人力成本管控能力。

党建及企业文化管理系统核心是在党组织管理、党员管理、组织关系转接、组织生活、党费管理、党员教育等信息化管理的基础上，实现协同在线、组织管理统筹规范、考核监督的动态实时管理，进行党建业务大数据和智能化服务能力升级，进一步优化企业文化评优、数字化企业宣传服务。

11）综合类

（1）综合门户。核心是基于已建的综合信息共享平台，以交建通和 PC 门户为基础，实现应用、数据、流程三个层次的资源整合和服务共享，通过数字化流程广泛连接人、设备、业务、知识，融合集成各类统建和各单位业务系统，打造"一网通办"的综合信息共享平台，提供全集团生态化办公协同服务。

（2）一体化办公系统。核心是支撑全集团一体化综合办公管理，在公文、督办、会议业务"控量、提质、增效"的基础上，改变传统的单业务链条模式，实现办文、办事、办会一体化，加强系统集成融合，提高用户体验，实现业务纵向贯通、横向联通，信息上下联动、协同共享和智能互联。

（3）数字档案管理系统。核心是基于公司统一的档案管理标准制度体系，通过前端控制、流程再造、四性检测、元数据管理、长期保存，提高档案管理标准化、规范化、专业化、信息化水平；基于"统一应用、条目集中、文件集中"集中部署模式，实现全集团档案资源集中管理和共享，方便全体人员使用，最大限度发挥档案价值，充分发挥档案服务公司高质量发展的效能。

12）科技类

通过建设涵盖技术创新系统、科研管理系统、知识管理系统的科技管理平台，支撑公司科研项目、科研会议、创新平台、人才团队、科研成果、科研考核、成果转化、专家团队、技术诊断、技术培训和产业化等全生命周期科研业务管理需求，提升技术管理和科研管理的效能和水平。

13）风险类

围绕公司生产经营、内控管理、商务往来、施工生产等涉及的各类风险问题，以加强全面风险管理为出发点，丰富审计、纪检监察、法律、安质环（安全、质量、环境）、应急及合规管理的数字化手段，降低公司运营风险，提高相关职能业务效率。

14）监控类

（1）运营监控。核心是围绕云运营监控中心的建设，构建"智慧运营"监控体系，对内支撑生产运营监控，同时兼顾对外企业形象展示，实现信息穿透，建立基于监控指标的预警能力，形成集团级全方位运营监控，包括公司宣传展示、运营监控、生产调度、应急指挥、视频会议、安全监控、交通战备七项核心功能需求。横向支撑"战略规划—年度目标—年度计划—全面预算—过程监控—业绩考核"闭环，纵向贯通"总部—二级单位—三级单位—项目部"要求。

（2）国资监管。落实国资委建设横向到边、纵向到底的实时动态监管体系的相关要求，围绕三重一大决策与运行、大额资金监控、产权信息监控、国企改革、两金压控、违规经营责任追究等核心主题实现数字化监管，提升各级法人单位和管理主体的国有资本监管能力，对外满足国资委数据对接共享要求，对内满足国有资本监管的需求。

（3）辅助决策应用。以内部数据为核心源头，适当引入外部数据，以数据治理平台为数据支撑和工具支撑，以运营监控能力和国资监管能力建设为基础，实现智能化监控、指挥调度、无纸化会议、数字化考核、宣传展示等辅助决策应用场景，为领导层、部门管理层、子企业管理层、项目管理层等提供日常管理决策的数据依据，通过数据分析推动量化决策支撑。

15）板块专业管理类

公司各产业板块在应用统建平台的基础上，根据个性化业务特点和需求，建设满足自身管理需要的经营、生产、运营、管理等系统，并与统建平台进行对接，实现数据穿透，满足全集团一体化管理要求。

16）海外应用

以公司深度数字化建设成果为根基，以信息化与海外生产经营管理深度融合为切入点，将海外信息化纳入集团总体架构统筹建设，搭建基于北斗的海外工程安全服务应用平台，围绕海外综合信息服务、海外人力资源管理、海外供应链管理、海外项目管理、海外应急管理、海外财务一体化管理等建立服务于海外重大工程的海外工程服务中心与数据通信安防中心，为海外工程和海外经营管理提供数字化保障，提升全球资源配置、海外资产监管、应急处置及安全防护能力。

17）融合业务应用

以服务公司融合业务高质量管理为目标，聚焦因保密要求带来的业务协同信息传递困难问题，以及因"三边"工程指令变化快和施工点"小远散"带来的管理困难问题，开展基于 SM 条件下的办公自动化系统（OA、邮件等）、项目管理系统建设，建立融合项目资源库，提高融合项目各参建方的业务协同能力，提升融合项目管理标准化、规范化，提升融合项目的管理水平。

4.4 产业数字生态体系化路径

4.4.1 数字经济生态化趋势

1. 数字经济生态化的背景

1）数字生态建设原则

当今时代，以信息技术为代表的新一轮科技革命和产业变革加速推进，形成了以数字理念、数字发展、数字治理、数字安全、数字合作等为主要内容的数字生态，对经济社会发展、人民生产生活和国际格局产生了广泛影响，给社会生产方式、生活方式和治理方式带来了深刻变革。党的十八大以来，以习近平同志为核心的党中央高度重视数字生态建设，"十四五"规划和2035年远景目标纲要[①]做出"营造良好数字生态"的重要部署，明确了数字生态建设的目标要求、主攻方向、重点任务。着力营造开放、健康、安全的数字生态，是"十四五"时期加快建设网络强国和数字中国、推动经济社会高质量发展的重要战略任务。

2）坚持思想引领，把握数字文明新机遇

习近平总书记指出："数字技术正以新理念、新业态、新模式全面融入人类经济、政治、文化、社会、生态文明建设各领域和全过程，给人类生产生活带来广泛而深刻的影响。"[②] 因此，我们要深入学习贯彻习近平新时代中国特色社会主义思想，在新的发展阶段下，全面准确地践行新发展理念，并积极构建全方位、全程式的整体发展新格局。与此同时，我们还需不断推动高质量发展，并深入领悟人类社会正在进入信息时代、朝着数字文明迈进所带来的重要意义和深远影响，并充分认识到建设良好数字生态环境的重要性。

在信息化的背景下，争取优势的策略职责已然显得至关紧要。在最近几年中，数码科技的更新换代速度非常迅猛。数字技术在增强社会生产能力和改善资源分配等领域的影响日益显著。同时，这一做法也可引领和推动经济结构调整、促进产业升级发展、推动消费需求增长以及优化治理格局。为了加快构建数字经济体系、打造数码社会和实现数字政府，我们必须提供一个有利环境和强大支持。在这个数字化变革的时

---

① 《中华人民共和国国民经济和社会发展第十四个五年规划和2035年远景目标纲要》。
② 《习近平向2021年世界互联网大会乌镇峰会致贺信》。

代潮流中，我们需要主动适应，掌握网信事业的历史前进方向，在打造良好数字生态、赢得发展先机方面不断努力增强自身实力，以对未来挑战有更好的应对能力。

当前，我们亟需实现构建人民幸福美好的数字化生活。为此，网信事业必须在以人民为中心的思想下坚定不移地维护和促进最广大人民群众的根本利益，使其成为工作出发点和落脚点。如今，我国拥有逾十亿网民，在全球范围内形成了规模最大、充满朝气的数字社会，数字化生活方式已成为人们生活中重要而不可或缺的一部分。

2. 生态级产业数字化

数字化转型需要建造数字化的生态系统。产业数字化生态级与前几个阶段相比，对组织整体提出了更高的要求，它更加强调企业的整合能力和编排能力。

组织应构建和形成的竞争合作优势，基于生态资源的按需自适应匹配，构建和形成智能驱动的生态化运营、反脆弱等竞争合作优势；基于生态合作伙伴之间的业务认知协同，构建和形成生态级的原始创新、共生进化等竞争合作优势。组织在业务场景策划方面应部署基于人工智能的生态资源按需自适应匹配和业务认知协同；基于生态级能力提高生态资源按需自适应配置水平，通过生态圈原始创新、共生进化定义新需求，创造新价值，实现新发展。组织应发挥智能驱动作用，建立覆盖整个生态圈的涵盖数据、技术、流程和组织四要素的协调联动和互动创新的生态级系统性解决方案，支撑生态级新型能力打造和数字业务培育壮大。组织应建立以创造为核心的治理体系，确保实现生态圈范围内业务共建共创共享、共生发展和自学习进化。

组织应在生态圈数据智能获取、开发和按需自适应利用的基础上，基于生态级能力赋能，与生态合作伙伴共同培育形成智能驱动型的数字业务新体系，共建共创共享价值生态。

构建价值环节是生态系统数字化的重要体现之一。在数字经济时代，不同行业之间生态界的数字化程度不同，它们之间的关系却越来越密切。因此，价值创造主体之间的关系也变得更加紧密。因此，价值创造不再是按照传统的线性流程进行的，而是以共同创造价值为基础的同心圆模式。通过资本和知识的相互交流，推动众筹平台国际化，可以提高其经营业绩，实现各经济主体在价值环节内的自我提升。同样，在价值环节内部，依靠各种通信技术的支持，形成整个产业链的相互作用。无论是技术应用的基础——大数据、物联网、人工智能等产业，还是技术应用的最尖端——医疗、教育、旅游等产业，所有的经济活动都将在一个圆圈内组织起来。而在外部，则依靠网络安全提供保护，依靠政府政策进行转换，实现了价值环节内的有机循环。综上所述，价值环节最引人注目的特征是可以将产业领域内的各主体联系起来，符合生态系统建设的初衷。

3. 生态化发展模式——数字经济时代的重要特征

2021年9月25日，李东红在中关村论坛发表见解，他指出，数字经济时代与现有的不同特征在于环保化的发展方式，应该从环保化的观点来理解新型的实物企业。新的实体企业商务交易以环保化方式连接和推进，以数字化、智能化方式相互支持和化解。

被问及新实物企业的社会价值和重要性时，李东红表示，数字经济时代环保发展的特征对领先企业特别重要。为了跨越产业界进行连接，所有企业都应该用顾客数据定义产品和服务。随着环保化的进行，中小企业和大企业合作，其能力可以在生态界得以发挥。

特别是像京东这样的企业，总是以开放的生态系统方式，为顾客、合作伙伴提供功能，为业界升级做出巨大贡献。京东的实体企业的基因和属性，同时具备数字技术和能力的新型实体企业长期扎根于实体经济，为实体经济成长，为实体经济服务，支援了实物经济的转型和升级。

中国实体经济的发展已经进入一个全新的阶段。在此期间，新的实体企业增强了传统实体企业的成本节减效果，促进了实体经济生产和治理结构方式的数字化转型。在促进实体经济创新、形成价值等方面起着十分重要的作用。在很多优秀的新的实体企业的推进作用下，国内实体经济市场必将迎来全新的发展。

4. 平台经济视角下数字经济生态圈的发展变化

1）平台多样性增加

数字经济生态圈中的平台多样性持续增加。不同类型的数字平台不断涌现，包括电商平台（如淘宝）、在线服务平台（如美团）、社交媒体平台（如微信）等。这些平台通过数字技术和互联网连接供应商和用户，构建了更加复杂的经济生态系统。

2）生态合作与竞争

随着平台数量的增加，数字经济生态圈中形成了各种合作与竞争的关系。有些平台合作形成生态联盟，共享数据和资源，提供更全面的服务；而另一些平台则竞争激烈，通过不断创新和优化来争夺用户和市场份额。

3）数据驱动与个性化服务

平台经济的一个显著特征是数据的重要性。平台收集大量用户数据，并利用人工智能和大数据分析来洞察用户需求和行为，从而提供个性化的产品和服务。这种数据驱动的个性化服务不仅提高了用户体验，也促进了平台经济的增长。

4）产业融合

数字经济生态圈促进了传统产业与数字技术的融合。许多传统产业通过数字化转型，与数字经济生态圈中的平台和服务相结合，实现了业务升级和创新。

5）价值链重构

数字经济生态圈改变了传统产业的价值链，打破了传统产业边界，形成了新的价值网络。通过数字化技术，一些中小企业得以连接到全球市场，直接面对消费者，而不再需要依赖传统的中间商和分销渠道。

6）政策与监管挑战

随着数字经济生态圈的蓬勃发展，政策和监管也面临着新的挑战。如何保护用户隐私、维护公平竞争、防范数据滥用等问题成为政府和监管机构需要关注的焦点。

总体而言，平台经济视角下的数字经济生态圈发展变化体现了数字技术对经济产业的深刻影响，推动了产业升级、创新和新的商业模式的形成。同时，随之而来的挑战也需要各方共同努力解决，以促进数字经济生态圈的持续健康发展。

4.4.2　数字经济生态化典型模式

1. 以价值网为中心的生态圈逻辑

价值网（value network）是指由多个相互关联的参与者（个人、组织、企业等）构成的一种网络结构。这些参与者通过互动和协作，共同创造和交换价值。在价值网中，每个参与者都扮演着一个节点的角色，彼此之间通过资源、信息、服务等形式的交流和合作，共同实现互利共赢的目标。

价值网不同于传统的价值链模式，其中参与者之间并非线性的单向关系，而是以复杂的网络连接存在。在价值链中，价值是线性传递的，每个环节都有特定的输出，最终形成产品或服务的价值。而在价值网中，价值的创造和交换是多方面的、双向的，各个参与者之间可以直接交流和合作，形成更加灵活和高效的生态系统。

在数字经济时代，价值网得到了进一步发展。互联网的普及和数字技术的快速发展使各个参与者之间可以更加便捷地连接和互动。通过数字平台、社交媒体、电子商务等手段，人们可以实现更直接的沟通和合作，形成多样化的价值网关系。

价值网的概念强调了合作与共赢的重要性，各个参与者之间可以共同分享资源和信息，从而共同创造更大的价值。在数字经济生态化的过程中，价值网的建立和发展是非常关键的，它有助于推动数字经济中的企业和个人之间更紧密的合作和创新，实现整个生态系统的良性发展。

以价值网为中心的生态圈逻辑是一种商业模式和运营理念，强调将价值网作为核心，通过多方合作、数据共享和资源整合来构建一个相互连接、共同创造价值的生态系统。在这个生态系统中，不同的参与者（企业、个人、平台等）相互依赖、互相支持，共同实现互利共赢。

与传统的线性生态圈模式相比，以价值网为中心的生态圈模式带来了一些显著的改进和优势。

（1）价值共创。传统生态圈模式可能更加关注资源循环利用，而以价值网为中心的模式强调各方共同创造价值——不仅仅是物质流动，更注重在产业链的各个环节共同创造经济和社会价值。

（2）多方合作。传统生态圈模式强调合作，通常着重在产业链的单一方向。以价值网为中心的模式更加强调多方合作，即将供应商、制造商、分销商、客户等多个参与者纳入合作网络，实现全方位的价值共创。

（3）灵活性与创新。传统生态圈模式大都倾向于规范化的资源流动，而以价值网为中心的模式更加灵活。这种灵活性鼓励创新，使产业链的各方能够根据市场需求和技术变革进行调整和优化。

（4）个性化服务。以价值网为中心的模式更关注客户需求，强调定制化的服务。这可以带来更好的客户满意度，同时也能推动产业链上的创新和协同。

（5）数字化支持。以价值网为中心的模式通常依赖数字化技术，包括物联网、大数据分析等，以实现信息的流通和共享。这可以提高合作的效率，促进智能化的决策。

（6）全局性视角。以价值网为中心的模式更加强调全局性视角，将产业链各方的利益纳入考虑。这可以避免产业链某环节的短期利益损害整个系统的长期发展。

在数字经济时代，以价值网为中心的生态圈逻辑越来越受到重视。各个行业和领域都在积极探索如何建立更加紧密的生态系统，通过多方合作和数据共享，实现数字经济的生态化发展。这种逻辑强调了合作、共享和创新的重要性，将为数字经济的持续发展带来新的机遇和挑战。

2. 以链长制为导向的数字经济模式

产业链长制是一种新的产业组织形式，是政府积极培育和优化控制的一种产业组织形式，旨在引导产业发展并推动重点产业链建设。通过补链、强链、延链等手段，打造产业集群，推进产业中高端，实现高质量发展。具体而言，产业链长制要求地方政府主要领导亲自负责产业链的建设，将上下游产业链贯通，并在要素保障、市场需求、政策扶持等领域精准地发挥自己的力量。

链长系统由链主和链长两部分组成。链主是市场在产业链发展过程中自发形成的，能够协调产业链各节点的主体，并会利用自身的主导地位在产业链的协调中实现自身利益最大化，消除产业链的落后环节，引领产业链的发展。可以有多个链主，但必须是现有产业链中的龙头企业、核心企业，或者是未来产业发展中最有可能处于龙头地位、核心地位的企业。链长通常是当地党政的主要领导，承担着产业链的领导者、支持者和维护者的职责。通过产业政策的制定、颁布和实际实施，辅之以配套制度或措施，维护市场秩序，建立公平、公正、亲商、自由竞争的市场环境，及时协调解决产业发展中的困难或问题，鼓励创新，引导产业链做大做强；促进多产业链协调发展。链长把链主视作纲，重点关注链主的成长，希望经由链主的成长带动整个产业链的发展，产生纲举目张的效果。

在这种模式下，政府发挥重要作用，通过制定相关政策、提供扶持和引导，协调产业链上各个节点的发展，培育龙头企业作为链主，以地方主要领导任产业链链长。政府作为链长，负责产业链的引导、支持和维护工作，通过制定和执行产业政策，协调解决产业发展中的问题，为产业链的优化和发展提供支持。

在数字经济模式中，链长制可以发挥以下作用。

（1）促进数字技术在产业链中的应用。链长制可以通过引导产业链中的龙头企业，推动数字技术的应用和创新，实现产业链的数字化转型和升级。数字技术的应用可以提高生产效率、降低成本、改善产品质量，从而增强产业链的竞争力。

（2）优化供应链和价值链。链长制可以通过优化产业链的供应链和价值链，实现资源的高效配置和价值的最大化。通过数字化转型，可以实现供应链的可视化、智能化管理，提高供应链的灵活性和响应速度。

（3）促进产业链的协同发展。链长制可以促进产业链上各个环节之间的协同发展。通过链长的协调和引导，不同环节之间可以加强合作，实现资源共享和优势互补，推动产业链的整体发展。

（4）支持数字经济生态圈的构建。链长制有助于数字经济生态圈的构建。通过链长的引导和推动，可以打造数字经济生态圈，将各个产业链的企业和机构连接起来，实现数据和信息的共享，推动数字经济的蓬勃发展。

总体而言，以链长制为导向的数字经济模式强调政府和企业之间的合作和协同，通过优化产业链和推动数字化转型，实现产业链的高效运转和数字经济的发展，为经济的转型升级和可持续发展提供有力支持。

4.4.3　数字经济生态化典型案例

1. 从亚马逊看价值网创新

从图书的垂直电子商务到市场价值 1 万亿美元的全面电子商务，海外大型企业亚马逊的成长途径完美地解释了价值网络革新的力量。

亚马逊集团创始人贝索斯确信计算机会改变人们的购买方式，并于 1994 年进入了书的世界。亚马逊将利润转嫁给顾客，为出版社整理库存，迅速在空间内奠定了基础。亚马逊除了在线销售书籍的基本业务，上市后还开始了数字出版的设计，完成了以图书产业的上下游为中心的许多收购合并。

2007 年，随着 Kindle 电子书终端机（Kindle e-reader）的引进，亚马逊正式进入了数码读书市场。目前，Kindle 占据世界电子书市场 65% 的份额，亚马逊则占据美国电子书市场的 60%。

此外，亚马逊还开始了亚马逊自助出版平台（Kindle direct publishing，KDP）和亚马逊实体书店以及其他图书业务。KDP 包括了内容制作、出版、销售、在线订阅、在线和离线所有链接。

深入产业链价值，亚马逊的垂直思考也反映在向其他范畴扩张的过程中。亚马逊从图书开始，就逐渐扩大了 3C、孕妇和幼儿、服装服饰以及其他范畴。在零售电子商务领域，亚马逊形成了多条长长的价值链，多数平台力量将不同链上的价值点连接起来，形成巨大的价值网络。

在应用用户会员体系、业务能力、人工智能能力、云计算能力等方面，亚马逊公司不仅降低了现有业务成本，还提升了用户体验，并将这些能力用于公司新业务的拓展中。

举例来说，在娱乐领域，亚马逊有垂直内容、广播平台，包括手机在内的全体并购产业链，并推出了横向复制会员系统功能的实时视频服务——Prime 速溶视频（Prime instant video）。今天，亚马逊已经成长为可以对抗传统好莱坞电影、电视娱乐企业的大型娱乐企业。

通过垂直深度开采产业链，水平开发平台力量、人力、装备、资本、品牌及其他资源共享的价值网络，亚马逊可以持续实现费用和优势的自身突破。

2. 深圳方案——链长制的落地

2020 年 7 月，《深圳市关于推动制造业高质量发展坚定不移打造制造强市的若干措施 (征求意见稿)》发布，深圳开始建立链长制。以实体制造业为重点，打造产业链集群和链主企业，系统集成能力强、市场占有率高、产业链拉动作用大、年产值不少于一百亿元的制造业企业作为链主企业重点支持。支持将大片土地集中出让给链主企业，鼓励其对产业空间进行整体规划和管理。在土地性质和用途不变的情况下，允许链主企业将一部分自有建设用地使用权和建筑物转让给核心配套企业。积极致力于打造先进制造业聚集区。提供对企业梯队、总部企业以及重大项目等多个方面的资金和土地支持。

在链长与链主的权限和责任关系中，如何合理划分"主人"与"链条长度"的关系是一个关键问题。这不仅涉及如何在资源配置中让市场发挥决定性作用，同时也关乎政府如何更好地履行其职责。其中，链条主控处于核心地位，可以调整产业链各节点的活动，发挥不可替代的作用，使整个产业链作为一个有机整体正常运转。

对于链主，深圳提出充分发挥其引领作用。支持其地方关联企业在重要领域制定和修订国际、"一带一路"区域、国际和行业标准，激励链主企业在关键领域率先建立地方标准和团体标准，从而可以引领、主导或参与国际标准的制定和修订。

关于链长这个职位，其主要任务是整理重要的产业链，找出产业链中缺失和薄弱的环节。制定产业链关键节点攻关项目清单，并经市政府批准后，对清单中的项目给予重要的支持。加强对产业链链主企业和核心配套企业建立长期性的服务机制，以提升链式服务的效果。

4.4.4 数字经济生态化发展建议

1. 打造数字生态圈，引领经济新增长 [①]

2023 年 5 月 10 日，数字经济大会在南京市成功举办。来自清华大学五道口金融学院的副院长、鑫苑金融学讲席教授张晓燕发表了以"打造数字生态圈，引领经济新增长"为主旨的演讲。

数字经济是未来全球的发展方向，是技术驱动下的新经济发力点，将在改革社会生产方式、提高生产效率的过程中发挥巨大作用。近年来，我国数字经济蓬勃发展。据 2021 年数据统计，发达国家和高收入国家的数字经济在其国民经济中占比大多超过六成，中国的数字经济占比尚不足 40%，还有很大的提升空间。2022 年，我国数字经济持续保持较快发展，数字经济规模已达到 50.2 万亿元，为 2016 年的 2 倍以上，同比名义增长 10.3%，占 GDP 比重达到 41.5%。

如何进一步引领数字经济快速增长？张晓燕围绕"数字生态圈"展开了分享。数字生态圈是指由数字经济、数字政府、数字社会、数字文化等构成的生态系统，是数字经济发展的重要组成部分，可以说数字生态圈是由数字经济构成的生态系统。数字生态圈包括政府、企业和居民三个重要参与方。

她表示，政府方面，须为数字经济发展提供基础设施和服务，并营造数字经济与数字社会健康有序运行的环境，确保其健康有序运行。目前，我国政府积极完善数据的基础制度，构建数据的要素和市场。2022 年 12 月，中共中央国务院颁布了"数据二十条"，从数据产权、流通交易、收益分配、安全治理等方面构建数据基础制度，提出 20 条政策举措。其次，政府投资大量的资金来加快数字经济的基础设施建设，如2023 年 2 月中共中央国务院印发的《数字中国建设的整体布局规划》中强调，要夯实数字中国的建设基础，打通数字基础设施的大动脉。同时，政府鼓励数字经济企业公开融资，并不断发挥金融支持数字经济的作用。到 2022 年年末，科创板上市 501 家企业，市值达到 5.8 万亿元，促进了一批科技创新企业融资。

企业则要利用数字经济推动产业发展，提高运行效率。我国近年来高度重视科技

---

① 未央网. 张晓燕：打造数字经济生态圈 引领国民经济新增长 [EB/OL]. (2021-05-23)[2024-06-17]. https://www.weiyangx.com.

创新，不断催生新产业新业态新模式，用新动能推动新发展。为提升中小企业创新能力，促进创新型企业做精做强做大，工信部启动培育专精特新企业计划，已培育四批超过9000家专精特新"小巨人"企业。第五批培育已于2023年2月开始。此外，我国产业数字化规模也在不断扩大。2021年，我国产业数字化规模达到37.18万亿元，同比名义增长17.2%，占数字经济比重81.7%，占GDP比重32.5%。

对于居民来说，应积极参与数字经济发展。我国居民对于数字经济的拥抱程度较高。2022年12月，网民规模已达10.67亿，互联网普及率达到75.6%。互联网使用覆盖了通信、视频、支付、购物、新闻等，网民在基础通信、支付和娱乐等领域参与众多，但在公共服务领域参与较少。

张晓燕在总结中指出，当前，全球经济正在从疫情中复苏，而中国是重要的增长引擎，其中数字经济发挥了关键作用。总之，发展数字经济需要数字生态圈各组成部分共同努力，包括政府完善制度建设、企业成功进行数字化转型以及居民提高数字素养。

2. 多措并举打造数字经济生态

在数字经济时代，竞争形式主要表现在生态之间的竞争。目前来看，中国数字经济生态建设整体发展形势良好，生态基础积蓄了多重优势，但同时，需引起我们重视的是构建数字经济生态仍然处于探索阶段，因此仍需多措并举加快发展步伐。

1）关键之举：强化数字经济生态顶层设计

中国不同地区在数字经济方面的差距明显，需要改善数字贸易的进出口模式。"数字经济的内生动力需要进一步加强。"尽管新兴模式和新业态不断出现，但由于其属于新生事物，基础还相对薄弱。与发达国家相比，数字经济在国民经济中所占比例较低。根据中国信通院的数据，2020年，德国、英国和美国数字经济的GDP占比分别为66.7%、66.0%和65.0%，而中国的数字经济GDP占比仅为38.6%，这一差距相当大。生态系统的活力程度与参与其中的主体数量成正比。尽管当前数字经济产业链条较为有限，但数字交易规则和定价机制的明确性仍需进一步提高，同时数字经济生态系统的功能面临着多目标优化的挑战，需要在打通消费互联和工业互联等各环节的同时，注重保护隐私和确保产权的清晰性。

2）保驾护航：提升市场规范与法治健全水平

规范数字经济市场，加强法治建设，提高法律体系完善程度。最重要的任务是确立完善的数字经济多方面共同管理机制，用法律法规明确政府、平台和用户的权益和责任。在数据交易和数据定价方面，要完善数据规则，特别是数据交易和数据定价规范。在保障消费者合法权益得到保护的同时，要加强数据的安全性和隐私保护。加强数字经济领域的反垄断调查，促进数字经济生态发展，营造公平自由的竞争环境。在不同的时间和地点，要根据实际情况采取灵活的措施，推动各个地区数字经济生态的差异化发展，并且建立起全面而完善的数字经济法律规则体系，以便尽快与国际规则保持一致。

3）强链补链：加快构建数字经济产业链

目前，中国产业互联网应用的发展程度还远远落后于消费互联网。产业数字化转型面临着许多挑战，涉及战略规划、技术创新和组织变革等多个方面，需要耗费较长时间、大量投入，并且形式需要具备灵活性。目前，大多数企业对于系统性的认识还不够，仍然处于数字化建设的初级阶段，只完成了一些零散的点和线的工作。产业内和产业间的协同化水平较为薄弱，导致了低水平的重复建设，造成内部资源浪费，迫切需要发挥互联互通的生态经济效益。

4）壮大主体：培育数字龙头和核心企业

促进数字经济主体实力进一步提升。目前我国数字经济国际化程度相对较低，国际市场竞争力有待进一步提高。企业的数字化转型需要长周期的投入，系统的战略规划设计显得尤为重要，所以要培养数字化转型战略和技术人才，应专注于与之相关的第三方服务机构。维护市场竞争的公平环境，坚决反对垄断行为。数字经济具有网络效应和规模效应，边际成本低，边际收益持续增大，导致资源过度集中和少数人垄断收益等问题。因此，在企业拥有数据的同时，政府在监管和执法方面面临着更大的困难。

在构建数字经济生态系统中，网络安全也是一个巨大的难题。我国的数字经济生态网络安全支撑有待进一步强化。在维护网络安全的过程中，建立风险控制机制是必不可少的。数字经济生态系统各组成部分相互密切联系、相互依存，数字经济生态系统发展持续稳定，虽然有助于实现成长，但同时也存在系统性风险。因此，必须建立风险控制体系，增强数字经济的生态弹性。

3. 链主企业建议

链长制中的链主企业通常具备产业链上的主导地位，拥有核心技术、资源实力以及影响力，能够引领产业的发展方向和创新。以下是一些适合成为链主的企业类型和示例。

1）技术领先企业

其在产业链上具备领先的核心技术，能够推动产业技术的创新和进步。例如，在半导体产业链上，英特尔作为芯片制造业的领导者，可以成为链主，引领产业发展。

2）资源丰富企业

其拥有丰富资源，如原材料、人力、资金等，能够为产业链提供稳定的支持。例如，沙特阿美作为石油产业的巨头，在能源产业链上具备链主潜力。

3）品牌知名企业

其具备知名品牌和市场影响力，能够引领消费趋势和市场需求。例如，苹果作为数智产品产业链中的领导者，以其品牌影响力引领了整个产业。

4）创新驱动企业

其在产业链上持续进行创新，引领新技术和业务模式的发展。例如，特斯拉在电动汽车产业链中，凭借其创新的电动汽车技术成为链主。

5）产业集群龙头

其在某一地区形成了产业集群，拥有龙头企业地位，能够推动整个集群的协同发展。例如，中国深圳的信息技术产业集群中，华为作为龙头企业，在产业链中扮演着重要角色。

6）全产业链掌控企业

其在产业链上实现了全产业链的垂直整合，能够从上游到下游进行协同发展。例如，联想集团在电子产业链上拥有从硬件制造到销售渠道的全产业链布局。

7）关键环节企业

其在产业链上扮演着关键环节的角色，影响整个产业的运转。例如，中国海尔作为家电产业链中的领导者，在家电制造和创新方面具有核心地位。

8）产业生态构建者

其能够整合产业链上的各个环节，构建生态系统，提供全面的解决方案。例如，阿里巴巴作为电商产业链的链主，构建了庞大的数字经济生态系统。

总之，成为链长制中的链主需要具备产业链上的主导地位和领导力，能够引领产业的发展方向和创新，对产业链的协同发展和优化起到关键作用。不同类型的产业链可能需要不同的链主，但每个链主企业都需要对整个产业链具有深刻的理解和影响力。

第 5 章 产业数字化转型保障体系

5.1 产业数字化转型保障体系概述

在第四次工业革命的影响下，数字经济已经成为全球经济增长的新动力。同时，发展数字经济也是加快中国构建新发展格局的战略选择和关键支撑[①]。

《中华人民共和国国民经济和社会发展第十四个五年规划和 2035 年远景目标纲要》（简称"十四五"规划）将"加快数字化发展，建设数字中国"单独成篇，作为中国未来发展的行动纲领。在建设"数字中国"的宏伟蓝图中，产业数字化是驱动数字经济发展的主导力量。中国信息通信研究院发布的《中国数字经济发展白皮书（2021年）》显示，2020 年，中国产业数字化规模达 31.7 万亿元，占数字经济比重为 80.9%，占 GDP 比重为 31.2%。"十四五"规划提出以数字化转型整体驱动生产方式、生活方式和治理方式变革，明确产业数字化转型顶层设计在打造数字经济新优势中的战略地位。[②] 此后国家及地方政府也加紧出台了各项政策意见推动产业数字化转型，加速数字化赋能各行各业，为企业的创新发展提供新方向和新路径。近年来，各产业集团顺应"十四五"发展战略规划，以蓝图为中心，以顶层设计为纲领推进产业数字化转型，用数据赋能产业集团新业态，用数字经济赋能产业集团高质量发展[③]。

但是在数字经济时代，产业的数字化转型仍然面临转型过程中存在的风险，其中主流风险有数字化认知体系风险、数字化统筹推进风险和数字化人才短缺风险，如图5.1 所示。

第一，数字化认知体系能够检测产业人员对产业数字化主流风险的认知程度。对于产业而言，数字化转型是一次重大变革。面对变革，产业集团需要走出自身的舒适

---

① 孙杰，高志国，曲文涛. 数字化转型推动企业组织创新[J]. 中国经贸导刊，2020(1):72-74.

② 施晓丽，蒋林林，罗兰.数字经济的空间分异与尺度分析：基于多尺度地理加权回归模型[J]. 广西财经学院学报，2022，35(2):20-32.

③ 姚小涛，亓晖，刘琳琳，等.企业数字化转型：再认识与再出发[J].西安交通大学学报（社会科学版），2022，42(3):1-9.

圈，认识和了解新事物。产业集团需要自上而下对本产业数字化转型具有深刻的了解和认知，在转型之初就对主流风险加以认知和了解，从而提前做出应对，不断推动产业人员认知迭代，应对主流风险，做好产业数字化转型的文化保障。

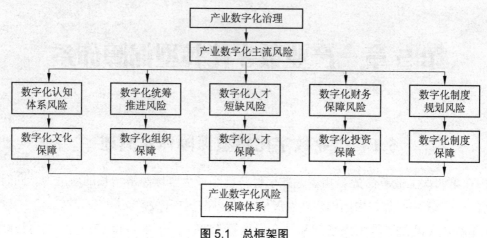

图 5.1　总框架图

第二，数字化统筹推进风险是指数字化转型过程中的组织管理风险。在不同阶段、规模和性质的产业中，数字化转型都存在一定的风险。因此，在数字时代，组织需要提高自身的数字化管理能力，并根据本产业的需求来进行管理。首先，需要挖掘数字化管理的难点和问题，深入了解数字化转型过程中可能面临的风险和挑战。其次，可以对症下药，开辟适合本产业的数字化管理创新路径。由决策—管理—执行，形成全方位多层次的产业数字化组织管理体系，搭建数字化转型的框架。

第三，数字化人才短缺风险是指数字化转型过程中人才供给风险。在大数据时代，产业数字化转型过程中，相应数字化人才的选拔、培养、匹配是产业数字化的生命之源，只有保证好的人才供给，才能为产业数字化转型提供源源不断的动力保障。

第四，数字化财务保障风险是指数字化转型过程中的资金管理风险。在产业数字化转型过程中，完备的投资保障是转型的根本保障。现阶段，各大产业在数字化转型过程中始终面临着资金获取困难、资金运用效率不高、资金管理混乱等问题，故而应建立针对转型系列项目，建设集中的投资管理机制，把控投资优先级，规避重复建设，避免资金浪费，为产业数字化转型提供完备、高效的投资保障。

第五，数字化制度规划风险是指数字化转型顶层设计合理性风险。产业数字化转型的顶层制度设计是转型过程中的方向指引，如今传统产业的架构制度对大数据时代下的产业数字化转型形成了掣肘，阻碍了产业数字化转型的进程。传统产业的数字化转型升级，需要建立自上而下的产业架构管控体制，形成分层、分级、分区、分域的架构管控模式，以新型的制度设计匹配、服务产业数字化转型的需要。

　　为了应对产业数字化转型过程中的文化、组织、人才、投资、制度等主流风险，下面将以产业数字化转型为导向，以数字化治理为基础，针对五大主流风险分别提出相应的应对措施。

5.2　产业数字化文化保障

5.2.1　产业数字化文化现状

　　在当今以数字化为核心的时代，产业集团的数字化转型已成为必然趋势。然而，我们不得不面对一个现实——产业集团普遍缺乏对于数字化人才保障、组织保障、资金保障和制度保障的认识，这严重制约了数字化转型的推进。因此，我们迫切需要加强产业集团对于数字化认知的文化建设，提高其对数字化四大保障的认识程度。

　　在数字化转型中，人才是关键因素之一。然而，许多产业集团对于数字化所需人才的需求和培养缺乏清晰的认识。它们常常无法准确评估数字化人才的价值，也没有有效的招聘和培养机制。这导致了数字化转型中人才供给不足的问题。针对这一问题，我们应该明确人才对于数字化转型的重要性，建立完善的人才储备计划，通过积极招聘、培训和激励措施，吸引和留住高素质的数字化人才。同时，加强与高等院校和研究机构的合作，推动产学研结合，培养适应数字化转型的人才。

　　在数字化转型中，组织架构和文化的调整是必不可少的。然而，许多产业集团对于数字化所需的组织变革认识不足，缺乏有效的组织设计和管理方法。他们往往无法顺利实施数字化战略，导致项目推进困难，无法形成良好的数字化工作氛围。为了解决这一问题，我们应该提高产业集团对于组织保障的认识。首先，要深入分析数字化转型对组织结构和流程的影响，有针对性地进行改革和调整。其次，要加强领导层对数字化转型的理解和支持，形成组织变革的共识和合力。最后，通过建立数字化文化，鼓励员工积极参与和创新，推动数字化转型的顺利进行。

　　在产业数字化转型过程中，制度保障是确保变革顺利推进的重要因素。然而，许多产业集团对于数字化所需制度改革的认识不足，缺乏以企业架构为纲领的遵从性制度。它们往往无法通过架构的自上而下的管控来保证数字化转型蓝图的全面实施，导致转型项目推进不畅、目标难以达成。为了解决这一问题，我们应该重点强调架构管控的制度建设。以数字文化的视角看待产业架构管控的制度问题，首先，要推行以企业架构为纲领的遵从性制度，在数字化推行过程中明确规定各级别、各部门应遵守的架构原则和规范，确保数字化转型战略的一张蓝图能够贯穿始终。其次，应将架构管控体现在分层、分级、分区、分域上，明确不同层级和区域的责任和权限，确保数字化转型的实施与整体架构的协调一致。

面对产业数字化转型的大背景，产业集团对于数字化的人才保障、组织保障、资金保障和制度保障的认识程度普遍不足。产业集团应该清醒地认识到数字经济对产业文化、战略竞争、组织结构、生产创新和管理实践带来的巨大冲击。为了应对这一挑战，产业集团需要以产业文化核心理念为指导，以创新发展为引领，以职能文化理念为支撑，建立起完善的企业文化要素和管理体系。在这个过程中，产业集团需要加快产业数字文化的凝聚和整合功能，建立系统完整的理念体系、行为规范系统和形象识别系统。同时，产业集团也应当抓住机遇，及时开展产业数字文化建设。这将有助于培养企业新产业、新业态和新模式的创造力。通过将数字技术和文化理念相结合，产业集团可以更好地适应数字经济的发展趋势，推动产业集团的创新发展。总之，产业集团应该以产业文化为主导，以创新发展为引领，以职能文化理念为支撑，建立起完善的产业文化要素和管理体系。通过加快产业数字文化的凝聚整合功能，并及时开展产业数字文化建设，产业集团可以极大地提升全产业链的生产经营和管理水平，催生出新的产业、业态和模式。

5.2.2 数字化文化建设

针对现阶段产业数字化转型过程中存在的组织、人才、投资、制度四大风险保障，我们应首先形成一套针对数字化转型的完整的认知体系，为产业集团建立四大风险保障打牢思想认识根基，不断深化产业人员对于产业数字化转型的多维认识，推动认知迭代，打造产业数字化文化的培养、宣传体系，帮助产业人员实现产业数字化文化的深层次理解。

首先，产业集团应当做好顶层设计培训和宣传工作。产业集团需要组织集团和二级单位的高层、中层、基层以及技术人员的培训，传达数字化转型思想和意识。通过培训，我们可以确保上下级之间对数字化转型的理解一致，从而形成统一的行动方向。同时，通过宣传工作，我们可以提高员工对数字化转型的认知和重视程度，激发他们积极参与的热情。

其次，产业集团需要进行标杆单位、示范项目、示范工程的选定和推广。产业集团可以通过评选出具有典型经验和成功案例的标杆单位、示范项目和示范工程来激励各级单位和个人的积极性和主动性。这些标杆单位、示范项目和示范工程可以作为行业内的典范，引领整个产业向数字化转型迈进。通过推广它们的经验和做法，我们可以为其他单位提供借鉴和学习的机会，促进数字化转型的快速发展。

再次，产业集团应培育创新精神，产业集团内部需要通过开展培训、研讨会、创新竞赛等活动，鼓励员工提出创新想法和解决方案。培育创新精神是产业数字化转型的重要驱动力。通过激励员工参与创新活动，我们可以推动产业数字化的发展和创新，不断寻找更加高效、智能的解决方案。

最后，产业集团应当建设产业数字化公共服务平台。为了促进信息共享和知识传递，产业集团内部应建立集团级的数字化学习、交流、创新和发展平台。这样的平台可以为各级单位和人员提供便捷的信息共享和沟通渠道，帮助他们及时获取最新的数字化技术和行业动态。通过这样的平台，我们可以形成良好的数字化学习和创新氛围，促使整个产业向数字化转型发展。

通过以上措施的实施，产业集团可以促使产业单位全员参与到数字化转型中。同时，这些措施也能够形成思考、学习、交流和创新的工作氛围，推动整个产业向数字化转型发展。产业数字化文化建设不仅需要顶层设计的推动，更需要每个员工的积极参与和努力。只有全员共同努力，我们才能够迎接数字化时代的挑战，实现产业的可持续发展。

5.3 产业数字化转型组织保障

5.3.1 产业数字化治理组织架构

产业数字化转型是当前全球范围内的一项重大趋势。它不仅对产业的发展具有重要意义，在整个产业链的升级和创新中也起到了推动作用。随着信息技术的快速发展和应用的普及，越来越多的产业集团意识到数字化转型的迫切性，并开始积极探索数字化解决方案。

在产业数字化转型过程中，组织保障是至关重要的一环。传统的产业集团的组织模式，通常为金字塔式的层级架构，问题较多。第一，最明显的问题便是组织僵化臃肿。传统产业集团层级多、部门多、员工多，导致其内部等级森严、阶层分明、机构臃肿，更适合于内外环境较为稳定下的组织发展，而在遇到较大变动时难以灵活调整与改变。第二，部门职责不明确也是一项重要问题。传统产业部门较多，责任边界不清晰，容易引起各个部门之间的业务争夺或职责推诿。尤其是当各个部门之间存在内部竞争的时候，业务争夺会造成企业起源的浪费和重复建设。第三，各个部门之间业务衔接不畅。传统企业存在业务流程中虽然两个部门分管环节紧密衔接，但两者对于各自环节的重要性排序存在差异的情况，因此在业务链的衔接过程中往往会出现资源调度和日程安排的冲突，并且可能会导致部门间产生矛盾。第四，集团内部出现协同壁垒。专业分工带来产业部门的划分，一个项目需要经过多个部门、多个程序处理才能完成，每个部门都只关注自己所分担的那一部分任务，努力追求本部门利益最大化，导致部门间的工作目标和任务会出现差异，因此在协同配合、资源共享方面，产业部门之间存在厚重的壁垒。

传统的产业组织模式虽然支撑了产业在传统工业时代的快速发展，但在数字化时代却容易表现出病态和疲态。从个体层面来讲，传统的产业组织模式很难深层调动新生代员工的活力和融入度；从组织层面来说，该模式难以保障组织对于快速变化、不确定外部环境的灵活适应，难以支撑产业集团在数字化时代持续快速健康发展。数字化转型将重构企业组织模式，基于小型化、自主化、灵活化的决策单元，构建扁平化、平台化的新型组织架构。传统企业层级复杂、多重领导和反应迟缓的组织模式已不适应数字时代。传统的组织模式人为割裂数据的生产、流通、加工，势必造成数据流通不畅，而数字化时代要求更快的信息交互，需要更短的数据生产、流通、加工周期。此外，多数企业没有强有力的制度设计和组织重塑，部门之间数字化转型的职责和权利不清晰，也缺乏有效的配套考核和制度激励。

故而根据产业数字化转型任务需求，产业在数字化转型过程中应通过自上而下的统筹推进，确保转型顺利进行。这意味着需要在产业组织架构中建立起涵盖决策、管理、执行和智库四个方面的系统机制。这样的组织保障可以有效协调各层级间的合作。当决策层提出产业数字化转型的建议后，管理层将统一分配任务，实现各执行部门之间的合理分工。最终，各个执行部门将负责落实并实现转型目标。与此同时，智库专家组将对各个步骤进行具体分析和建议，以确保决策的前瞻性、管理的合理性和执行的高效性。通过打破产业内部的偏见，统一构建产业数字化转型的生态环境，实现产业整体的上下游协同发展。

通过深入研究和理解组织保障，我们可以更好地把握产业数字化转型的核心要素，为企业和整个产业链的发展提供有力支撑。只有在全面推进组织保障的基础上，才能顺利实现产业数字化转型，并迎接未来数字化时代的挑战与机遇。这将为产业带来新的增长动力，提高效率和竞争力，促进可持续发展。

5.3.2 数字化组织架构建设

产业数字化组织保障是一个包括决策层、管理层、执行层和专家智库四个部分的组织架构。这四个部分相互协作，形成一个有机的组织生态圈，以确保产业数字化风险得到有效的治理和保障。

决策层是该组织的核心，负责制定产业数字化风险治理的方案和决策。他们根据企业的数字化转型目标和风险情况，提出相应的治理策略和措施。管理层负责具体任务的分配和规划，并协调各个层面的工作。他们将决策层提出的方案转化为实际操作，将任务合理地分派给执行层成员，并确保工作的顺利进行。执行层是组织中具体负责实施风险管理方案的部门。他们根据管理层的指示，采取相应的措施来减轻和控制风险的影响。专家智库是组织中提供专业知识和指导的支持部门。他们跟踪行业发展动态和最新的风险管理技术，为决策层和管理层提供专业意见和建议[①]。

　　这四个部分之间存在密切的联系和相互依赖关系，如图 5.2 所示。决策层提出方案和决策，管理层将其转化为具体任务并进行统筹规划，执行层负责实施工作，而专家智库则提供专业知识和指导。通过协同合作和紧密配合，这个组织生态圈能够全面、高效地管理和控制产业数字化风险，确保企业在数字化转型中获得可持续发展和竞争优势。

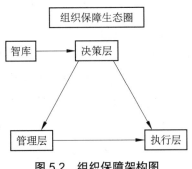

图 5.2　组织保障架构图

　　首先，从决策方面来说。决策在数字化转型的组织保障中扮演着至关重要的角色。它指导了整个组织方向和目标的决策过程，决定了数字化转型的策略和路径。决策的质量和准确性直接影响到产业数字化转型的成功与否。一个清晰明确、合理有效的决策能够为组织保障提供坚实的基础，使数字化转型能够有序进行。

　　决策层应制定明确的数字化转型目标。这些目标应该与组织的使命、愿景和价值观相契合，并能够适应市场的变化和趋势。同时，制定适合组织需求和市场趋势的数字化转型策略是指导具体行动的关键。这些策略应该考虑技术、人员、流程和文化等方面，确保数字化转型的全面推进。

　　数字化转型需要依赖数据作为决策的基础。在数字经济时代，数据要素已经成为产业经济增长的重要支柱，通过对大数据和业务数据的分析，决策层可以了解市场趋势、客户需求和竞争动态，从而做出更准确的决策。同时，决策层还需要关注市场趋势的变化，及时调整决策，确定数字化转型与市场保持一致。

　　决策层成员需要具备数字化转型所需的知识和技能，包括对新兴技术的理解、数字化战略的制定和创新思维的培养等。组织应该提供相应的培训和教育，帮助决策层掌握数字化转型的核心概念和方法，并将其运用到实践中。

① 冯科.YS 基金管理公司数字化转型策略研究 [D].贵阳：贵州大学，2022.

除此之外，决策层与各级管理层之间的紧密协同合作也是数字化转型成功的关键。决策层和管理层需要建立有效的沟通渠道和决策机制，确保信息的流动和共享。通过与各级管理层密切合作，决策层能够更好地了解实际情况和需求，并将其纳入到数字化转型的决策过程中。

通过制定明确的数字化转型战略，决策层可以为组织保障提供关键支持。他们应该能够制定明确的数字化转型目标和策略，基于数据和市场趋势进行决策，培养数字化思维和战略规划能力，并与各级管理层紧密合作，共同推动数字化转型的顺利进行。只有通过明晰的决策过程，组织才能够有效地引领和推动数字化转型，迎接未来的挑战。从管理层面来说，数字化转型过程中，管理层扮演着关键的角色。他们需要负责领导组织的数字化转型，并规划、组织和控制各项工作。管理层需要具备适应变革的能力和意识，以推动数字化转型的成功实施。

面对数字化转型的变革需求，传统的管理模式可能存在较大局限性。因此，组织需要建立灵活的管理机制。这包括采用敏捷管理和迭代式开发等方法，以提高组织对变化的适应性和响应速度。通过这种灵活的管理机制，组织能够更好地适应数字化转型中的不确定性和快速变化。

同时，产业集团也需引入新技术和工具，从而提升管理效能和决策速度。例如，数据分析、人工智能和自动化等技术可以帮助管理层更好地理解和利用数据，提供更准确的决策依据。通过整合这些技术和工具，组织能够提高管理效能和决策速度，支持数字化转型的顺利进行。

在建立灵活的管理机制、引入新技术和新工具时，管理层需要积极与员工进行沟通和协作，确保员工对变革有清晰的理解并能够配合执行。此外，管理层还应该持续关注数字化转型的进展和效果，并及时调整策略和措施，以确保数字化转型取得良好的成果。

总而言之，建立适应变革的灵活管理机制对于组织保障中的数字化转型至关重要。管理层需要充分发挥自己的作用，引领数字化转型的实施，并通过灵活的管理机制和引入新技术与工具来提升效能和决策速度。只有如此，组织才能够适应不断变化的市场环境，顺利推进数字化转型，实现自身的可持续发展。

在数字化转型中，执行层起着至关重要的作用。他们负责实施数字化解决方案，并监督和评估其执行效果。执行层需要具备有效的执行能力和团队协作能力，以确保数字化解决方案能够成功地落地并产生预期效果。

规划和实施数字化解决方案是组织保障中的关键环节。在规划阶段，需要制定明确的数字化解决方案，包括技术架构、流程优化和数据管理等方面。这些解决方案应该与组织的业务目标相符合，并充分考虑组织内部需求和外部市场趋势。通过科学规划和实施数字化解决方案，组织能够更好地适应市场变化和实现业务增长。

同时，培养员工的数字技能和创新能力也是确保执行效果的关键因素。数字化转型带来了新的技术和工具，员工需要具备相关的数字技能来运用和操作。此外，数字化转型也要求员工具备创新思维和能力，以不断探索新的解决方案和改进机会。通过培训、知识共享和激励机制等方式，可以提升员工的数字技能和创新能力，支持数字化解决方案的顺利执行。

在执行过程中，产业集团应该建立有效的沟通渠道和协作机制，确保各部门和团队之间的紧密合作。此外，也需要进行定期的评估和反馈，及时调整和改进数字化解决方案，以适应不断变化的市场需求。

总之，规划和实施数字化解决方案是组织保障中至关重要的一环。组织需要通过培养员工的数字技能和创新能力，建立有效的执行机制，成功落地数字化解决方案，提升业务效率和创新能力，实现数字化转型的目标。

最后，从智库专家层级来说。智库在产业数字化转型中发挥着重要的作用。它是由一群具有专业知识和经验的专家组成的机构，致力于研究和分析相关领域的问题，并为组织提供战略指导和决策支持。智库通过深入研究行业趋势、技术创新和市场竞争等方面，能够为组织提供前瞻性的见解和建议，帮助其把握发展机遇，应对挑战。

为了有效支持产业数字化转型，组织应该建立一个统一的专家队伍。这个专家队伍应该由跨学科的专业人才组成，包括技术专家、管理专家、市场专家等，他们能够提供全方位的支持和指导。这些专家可以与组织内部的决策层和管理层密切合作，共同制定数字化转型的战略规划，并在执行过程中提供专业咨询和指导。

通过与智库的合作，产业可以借助外部的智慧和资源，提升数字化转型的能力和效果，同时也可以为智库提供实践案例和数据支持，促进其研究和创新能力的提升。这种双向的合作有助于构建开放的创新生态系统，推动产业数字化转型的可持续发展。

产业集团在产业数字化转型过程中通过建立组织保障体系，实现自上而下的统筹推进体系，通过决策、管理、执行、智库四大模块实现产业上下游生态协同。生态联合是产业数字化转型中至关重要的一环。它强调了产业上下游协同合作和互利共赢的重要性。产业集团通过建立开放的生态系统，可以共享各个参与方的资源和知识，共同创造更大的商业价值。生态联合可以提供更广阔的市场机会，促进创新和技术的跨界融合，加速数字化转型的推进。因此，为了迎合产业数字化转型的需要，产业集团应积极构建开放的生态系统。这包括与供应商、合作伙伴、客户和其他利益相关者建立良好的合作关系，形成共同的价值观和目标。通过共享数据、资源和技术，产业可以加强合作伙伴之间的联系，提高信息传递和协同工作的效率。此外，通过产业联合创新活动、开展共同研发项目等途径，生态系统中的各方可以在互动中共同成长。

5.4 产业数字化人才保障

5.4.1 产业数字化治理中数字化人才的重要性

在大数据时代，产业的数字化转型不仅仅是技术上的革新，其最大的特点就是真正做到了以人为本。数字化文化的一系列内涵无不围绕着对人的尊重、自由平等、开放沟通、去权威化和自主表达等，都在释放人性的内在诉求，体现了对"人"的空前重视。在产业数字化的进程中，技术只是手段，而人才是推动数字化转型的核心。无论是技术的应用还是创新的实施，都需要具备相应知识和技能的人才来引领和驱动。数字化人才不仅要具备相关技术和对工具的熟练应用能力，还需要具备理解业务需求、分析数据、提供解决方案等高级能力。他们能够将数字化技术与业务需求相结合，帮助组织实现更高效、智能和灵活的运营。因而，产业的数字化转型，应是以人为本的数字化，是以人为中心的数字化。

人才是产业数字化的基础保障，数字化转型需要拥有丰富经验和专业知识的人才来进行规划、执行和管理。只有拥有足够的数字化人才，组织才能充分发挥数字化技术的潜力，推动转型的顺利进行。数字化人才不仅能够快速适应新技术和工具的变革，还能够培养组织内部的数字化能力和文化。他们可以帮助组织识别和解决数字化转型中的问题和挑战，提供专业的指导和支持。

具体来说，产业数字化转型过程中，数字化人才的基础保障作用体现在驱动创新和技术应用，促进数据驱动决策和业务优化，引领组织文化变革，提高组织竞争力，促进组织可持续发展，推动数字化技术的落地和应用，增强组织的安全性和风险管理能力，促进跨部门合作和沟通等方面。

第一，驱动创新和技术应用。数字化人才是推动产业数字化转型的关键力量。他们对新兴技术趋势和工具有一定了解，能够将其应用到实际业务场景中，通过创新和技术应用来提升企业的竞争力。数字化人才能够引领组织探索新的商业模式、产品和服务，以满足市场需求和客户体验的不断变化。

第二，促进数据驱动决策和业务优化。数字化转型离不开数据的收集、分析和利用。数字化人才具备数据科学和分析的能力，能够从大量的数据中提取有价值的信息和洞察，并基于此为组织提供决策支持。他们能够运用数据分析方法和工具，识别业务痛点、发现潜在机会，并优化业务流程和运营效率。

第三，引领组织文化变革。数字化转型需要组织内部的文化和思维方式的改变。数字化人才能够引领组织迈向数字化时代，帮助组织建立一种积极的数字化文化，促进知识共享、协作和创新。他们能够在组织内部推动变革，鼓励员工适应新的工作方式和技术，提升组织整体的数字化能力和适应性。

第四，提高组织竞争力、促进组织可持续发展。数字化人才的建设对于组织的竞争力和可持续发展至关重要。他们具备行业专业知识和技能，能够帮助组织把握市场机遇、应对挑战，实现创新和业务增长。数字化人才还能够提升组织的灵活性和敏捷性，使其更好地适应不断变化的市场环境和技术进步。

第五，推动数字化技术的落地和应用。数字化人才在产业数字化转型中扮演着推动数字化技术的落地和应用的重要角色。他们了解不同的数字化技术，包括人工智能、物联网、大数据分析等，并具备将这些技术应用于实际业务场景的能力。通过数字化人才的努力，组织能够更好地实施数字化解决方案，提升生产效率、优化业务流程，并创造新的商业价值。

第六，增强组织的安全性和风险管理能力。随着产业数字化转型的深入进行，网络安全和数据隐私成为组织面临的重要挑战。数字化人才具备对网络安全和数据保护的专业知识，能够帮助组织建立健全安全体系，识别和应对潜在的风险和威胁。他们能够制定并执行安全策略，确保组织的数字资产和客户数据得到有效的保护，提高组织在数字化环境下的安全性和可信度。

第七，促进跨部门合作和沟通。数字化人才通常具备良好的沟通和协作能力，能够促进跨部门的合作和信息共享。他们在数字化转型过程中充当着桥梁和纽带的角色，将不同部门的需求和利益进行整合，并与各方沟通和协商，以实现组织整体的数字化目标。通过数字化人才的引领，组织能够建立更加协调和高效的工作机制，提高团队合作和创新能力。

总之，数字化人才在产业数字化转型中扮演着至关重要的角色。他们不仅具备对新兴技术和数据科学的专业知识，还能够推动创新、驱动变革，并提升组织的竞争力和可持续发展。组织应该注重培养和引进数字化人才，为其提供良好的培训和发展机会，以应对日益复杂和快速变化的数字化环境。只有通过充分发挥数字化人才的作用，组织才能够真正实现产业数字化转型的成功。

因此，在产业数字化转型过程中，数字化人才建设占据着极其重要的地位。它不仅是对以人为本原则的坚持。与此同时，它还是驱动创新、推动技术应用、引领变革、提高组织竞争力、推动数字化技术的落地和应用、增强组织风险管理能力和促进产业跨部门合作的关键因素。产业集团应当重视数字化人才的培养和发展，通过持续的学习和培训，吸引和留住具备数字化能力的人才，构建一个具备创新能力和适应性的人才队伍，为产业数字化转型提供坚实的支撑。

5.4.2 数字化人才保障建设

随着产业数字化的快速发展，数字化人才的培养和引进成为保障产业数字化发展的核心要素。在集团数字化人才培育、团队建设和创新激励的基础上，建立多领域、多层次的人才培养体系，注重系统性和高端人才建设，是实现数字化转型目标的关键。根据现有研究成果，我们可以将数字化人才分为数字化管理人才、数字化应用人才和数字化技术人才[①]。

首先，数字化管理人才作为数字化转型的领导力量，在落实组织数字化战略方面起着至关重要的作用。他们需要深入理解数字化的商业价值，并将数字化内化为经营理念和方法，从而在转型过程中塑造成数字化变革的领导力。这些管理人才需要具备领导力和变革管理能力，能够引领企业走向数字化转型的道路，推动整个组织实现数字化转型的目标，其在认知、工具和场景三个方面的数字化能力要求如图 5.3 所示。

岗位	数字化能力		
	认知	工具	场景
市场总监/骨干	数据形态 数据产生 数据价值	数据指标体系 数据决策 数据可视化	市场营销类： 商品最佳销售地分析、选品分析、市场投资分析
产品总监/骨干			
技术总监/骨干			经营类： 业务与经营分析、风险预测分析、绩效分析
生产总监/骨干			
财务总监/骨干			生产经营类： 设备预测性分析、生产动态分析、运行优化分析
数据经理/骨干			
供应链总监/骨干			客户服务类： 用户地图和行为分析、营销活动客户来源和细分
职能部门总监/骨干			

图 5.3 数字化管理人才图

其次，数字化应用人才作为数字化转型的创新力量，起到推动业务价值链重构的关键作用。产业数字化转型的最终目的是实现业务增长和可持续发展，因此培育跨领域的数字化业务管理者和骨干显得格外重要。这些人才需要具备深入理解业务的能力，能够将数字化技术应用于业务中，以提升客户价值和业务效益。他们通过推动业务流程的优化和创新，实现产业集团在数字时代的持续竞争优势。其在认知、工具和场景三个方面的数字化能力要求如图 5.4 所示。

---

① 艾瑞咨询.未来已来，时不我待 企业数字化人才发展白皮书[C]// 上海艾瑞市场咨询有限公司.艾瑞咨询系列研究报告（2022 年第 6 期），2022:489-520.

岗位	数字化能力		
	认知	工具	场景
客户经理	数据形态 数据产生 数据价值 数据化转型认知 数据运营 业务流程数字化 收集历史数据的重要性	办公自动化 数据处理 数据获取 数据应用 数据可视化 数据指标	按照模板自动生成报表 Excel表格的批量操作 Word文档的批量修改 海量数据的自动化拆分 增值税错账排查 小目标自动识别与预测 电话营销客户分析 各类业务经管情况分析 还款资金来源分析报告 信用卡反欺诈风控模型 客户投诉预警分析
服务经理			
商业分析师			
投资经理			
产品经理			
用户增长			
销售运营			
生产经理			
供应链主管			
采购经理			
仓储物流主管			
财务出纳			
人力资源			

图 5.4　数字化应用人才图

最后，数字化技术人才作为数字化转型的支撑力量，对于产业建立领先的数字化平台和实现数字化转型至关重要。这些人才需要具备专业的技术能力和深刻的业务理解，能够进行跨领域技术融合，包括人工智能、大数据分析、云计算、物联网等技术。他们为产业提供数字化解决方案和技术支持，帮助企业构建高效的数字化平台，并推动数字化转型的实现。其在认知、工具和场景三个方面的数字化能力要求如图 5.5 所示。

岗位	数字化能力		
	认知	工具	场景
业务流程专家	技术能力 业务理解 融合创新 方案创新	人工智能 （大模型） 区块链 云计算 大数据 物联网	产业赋能类： 数字化解决方案 技术支持 企业赋能类 构建高效的数字化平台 推动数字化转型的实现
首席数字官			
云计算架构师			
机器人流程自动化主管			
解决方案交付架构师			
研发工程师			
安全运营工程师			
数据架构师			

图 5.5　数字化技术人才图

综上所述，在产业数字化转型过程中，我们需要数字化管理人才、数字化应用人才和数字化技术人才三个方面的人才支持。这些数字化人才相互配合，共同推动产业的数字化转型。数字化管理人才引领和推动整个转型过程，数字化应用人才负责将数字化技术与业务结合，实现业务价值提升，而数字化技术人才则提供技术支持和创新能力，构建数字化平台和解决方案。他们共同助力企业在数字化时代保持竞争优势，并适应市场的变化和需求的变革。因此，对于产业集团来说，培养和引进这些数字化人才是实施数字化转型的关键所在，也是未来成功的重要保障。

随着产业数字化转型进程不断推进，人才成为决定企业能否实现数字化赋能的决定性因素。企业的数字化转型要求人力资源结构进行适应性调整，掌握数字技术的专业人员需要满足企业数字转型的技术需求。据统计，中国企业 ICT 员工占总员工的比例为 1%～1.5%，而在欧盟该比例为 2.5%～4%。当前，无论是政府部门，还是传统企业，人才短缺成为数字化转型发展的主要瓶颈，故而如何培养和挖掘数字化人才也是产业数字化治理的重中之重。

首先，需要注重复合型管理人才的培养。为了应对产业数字化带来的挑战和机遇，我们需要培养一批既懂产业又懂数字化的复合型管理人才。这些人才具备全面的产业知识和数字化技能，能够结合业务需求和数字化技术，推动数字化创新和发展。通过建立多领域、多层次的培养体系，我们可以提供系统化的学习和培训机会，培养出更多具备综合能力的管理人才。

其次，人才流通保障也是数字化人才建设的重要内容。产业集团可以运用"1+X"的方式，通过产学研用、区域协作和内外协同，实现数字化人才的交流和共享。与高校、科研机构和其他企业开展合作，引进优秀的专业技术人才，推动产业数字化的互联互通。同时，通过建立良好的人才流通机制，我们可以打破部门和地域的壁垒，实现数字化人才的跨界培养和交流，提高整体的数字化能力。

而在人才运用方面，产业集团需根据产业转型的痛点和需求进行数字化人才的盘点、评估和辨识。当前，企业在进行数字化人才配置时面临着人才缺乏的困难。因此，充分挖掘现有人才的潜力、提高现有人员效能和优化现有人才配置已成为当务之急。与任何人才配置一样，数字化人才的布局也是一个供需匹配的过程。通过进行人才识别、盘点等方式，可以提高匹配的效率和效用。首先，不同行业和规模的企业在转型过程中会面临不同的痛点和需求，因此需要明确岗位所需的能力，以解决企业特定问题和实现自身发展战略。其次，通过人才盘点可以了解企业内部数字化人才的现状，如数字化理念普及程度、数字技术与业务融合能力等。此外，可以利用数字化人才岗位能力评估模型和等级认证指标体系来快速评估员工的能力，并通过竞赛选拔等方式辨识出优秀的技术人才，以实现合理的人才配置。只有在准确了解组织对人才的需求情况和内部人才供给情况后，才能有针对性地进行人才布局，为人才储备和人才规划提供决策依据。

综上所述，数字化人才保障建设对于产业数字化发展至关重要。通过注重复合型管理人才的培养、推动人才流通保障、优化人才布局，我们可以为数字化转型提供强有力的支持，推动产业实现更高水平的数字化创新和发展。只有不断加强数字化人才建设，才能确保产业数字化转型的顺利进行，并取得可持续的竞争优势。

5.5　产业数字化治理投资保障

5.5.1　产业数字化资金保障现状

在当前产业数字化转型过程中，投资管理是产业数字化转型的重要支撑，而在现阶段，产业数字化治理的投资风险仍存在以下问题。

第一，投资目标不明确。一些产业集团缺乏明确的投资目标和战略规划，可能盲目追求热门技术而忽视实际业务需求，导致投资项目与核心业务不匹配，无法实现预期的效益。为解决这一问题，企业应明确投资目标，将数字化投资与核心业务紧密结合，并制定明确的投资策略。

第二，投资决策缺乏数据支持。数字化转型需要基于充分的数据分析和评估进行投资决策。然而，一些企业在投资管理中缺乏充分的数据支持，容易凭主观感觉或经验判断做出决策，导致投资资源的浪费。为解决这一问题，企业应加强数据收集和分析能力，利用数据模型和决策支持工具辅助投资决策过程。

第三，缺乏绩效评估机制。数字化转型是一个长期的过程，但一些产业集团在投资管理中缺乏有效的绩效评估机制。它们难以准确评估数字化项目的投资回报率和效果，无法及时调整投资策略和资源配置，从而影响转型效果的实现。为解决这一问题，企业应建立绩效评估机制，定期跟踪和评估数字化项目的效果，并根据评估结果进行相应调整。

第四，缺乏整体规划和协同机制。数字化转型需要跨部门、跨领域的协同合作。然而，一些企业在投资管理中缺乏整体规划和协同机制，各个部门之间形成信息孤岛，导致资源浪费和效率低下。

第五，无法把控投资优先级。由于数字化项目众多且复杂，企业往往难以确定哪些项目应该优先投资，并在有限的资源下做出明智的决策。缺乏清晰的投资优先级可能导致资源分配不均。当企业无法明确区分哪些项目对于实现战略目标和增长最为关键时，资源很可能会被分散投入到各种不同的项目中。这样一来，企业可能无法集中精力和资源推动最有价值的项目，从而影响整体的数字化转型进程。

5.5.2　数字化资金保障建设

在产业数字化转型不断推进的情况下，产业的数字化治理面临着众多转型系列项目的投资风险问题。为了有效利用有限资源，规避重复建设，并确保投资能够达到预期效果，建设集中的投资管理机制成为至关重要的任务。这里将探讨如何针对转型系列项目，建设集中的投资管理机制，以便更好地把控投资优先级。

首先，企业应制定明确的数字化转型战略和目标。在建设集中的投资管理机制之前，企业需要制定明确的数字化转型战略和目标。这些战略和目标应与企业的长期发展规划相一致，并考虑到行业趋势和市场需求。通过明确的战略指导，企业可以更准确地确定转型系列项目的优先级和重点领域。

其次，企业应该进行全面评估和优先级排序。针对转型系列项目，企业需要进行全面评估，包括与战略目标的契合度、预期收益、风险和挑战等方面。通过综合考虑各项因素，企业对每个项目进行评估和排序，确定其投资优先级。评估过程可以借助数据分析和决策支持工具，以提高决策的客观性和科学性。

再次，企业应建立集中的投资管理机制。为了更好地把控投资优先级并规避重复建设，建设集中的投资管理机制是必要的。该机制具体包括成立投资决策委员会、统一的项目评估标准、资源整合和协调、定期评估和调整。成立投资决策委员会是指成立由高层管理人员和关键部门负责人组成的投资决策委员会。该委员会负责审核和批准各个转型系列项目的投资计划，并确保其与战略目标的一致性。制定统一的项目评估标准，包括对项目的商业价值、技术可行性、市场需求等进行评估。通过统一标准，可以对不同项目进行客观、公正的比较，从而确定投资优先级。投资管理机制应该促进资源的整合和协调。通过集中管理，可以更好地配置和利用有限资源，避免重复投资和浪费。投资管理机制应该设立定期评估和调整的机制。在不断变化的市场环境中，企业需要根据实际情况对投资优先级进行动态调整，以适应新的机遇和挑战。

最后，应加强项目监控和风险管理。在建设集中的投资管理机制的同时，企业还需要加强项目监控和风险管理。通过建立有效的项目监控机制，企业要及时了解项目进展和问题，并采取相应的措施进行调整和优化；同时，要重视风险管理，制定相应的风险防范和控制策略，确保投资能够达到预期效果。

针对转型系列项目，建设集中的投资管理机制，把控投资优先级是产业数字化治理中的关键任务。通过制定明确的数字化转型战略和目标，全面评估和优先级排序，建立集中的投资管理机制，加强项目监控和风险管理，产业集团可以更好地规避重复建设，合理配置资源，提高投资效益，推动数字化转型的顺利进行。这将使其能够更好地应对市场竞争和技术变革带来的挑战，实现可持续发展和长期竞争优势。

5.6　产业数字化制度保障

5.6.1　产业数字化制度现存问题

随着信息技术的快速发展，产业数字化转型已经成为许多企业和组织实现创新和竞争优势的重要途径。然而，在产业数字化转型过程中，制度建设保障存在一些问题，这些问题需要得到解决以确保数字化转型的顺利进行。

首先，一个主要问题是缺乏全周期工作程序。在产业数字化管理制度和规范体系建设中，缺乏完整的编制、论证、审批、发布、调整优化的全周期工作程序。这可能导致工作流程不清晰、决策缺乏科学性和连续性等问题。为解决这个问题，应建立健全产业数字化管理流程，包括明确的流程步骤和责任分工，确保各项工作能够有序进行，并通过定期评估和调整来优化工作效果。

其次，规范标准不健全也是一个关键问题。在战略管理方面，缺乏明确的产业数字化标准管理制度是无法统一各项工作要求和指标的重要原因。此外，当下产业内还缺乏相关的产业数字化规划制度、产业数字化架构治理规范、产业数字化绩效管理制度、产业数字化预算管理制度，无法确保数字化发展目标的有效实施。解决这个问题需要建立完善的标准体系，明确各项工作的要求和指标，并制定相应的管理制度来支持数字化转型的规范实施。

再次，缺乏细化的实施管理制度。在实施管理层面，缺乏相关的管理制度来支持数字化发展布局和重点工程的具体落地。缺少产业数字化需求管理、产业数字化计划管理、实施检查管理、效果评估标准等，可能导致实施过程中的混乱和效果评估的困难。为解决这个问题，应建立详细的实施管理制度，包括制定明确的数字化需求管理流程、建立有效的实施计划和检查机制，并制定相应的评估标准来衡量数字化转型的效果。

最后，内外部推广管理不规范。在内外部推广管理方面，缺乏明确的项目实施成果应用共享的推广标准和管理要求。缺乏数据共享、技术共享、软件平台共享的制度标准和价值标准，可能导致产业数字化成果的推广受限，合作效果不佳。为解决这个问题，应建立健全共享机制和规范，促进数据、技术和软件平台的共享与合作，提高产业数字化成果的推广效果。

综上所述，产业数字化转型过程中制度建设保障存在的问题主要包括全周期工作程序不完善、规范标准不健全、实施管理制度缺乏细化以及内外部推广管理不规范等。针对这些问题，需要进一步完善和优化相关管理制度，确保数字化转型的顺利进行。只有通过健全的制度建设，才能更好地推动产业数字化转型。

5.6.2 数字化制度建设

为了保证产业数字化治理顺利实施，需要制定并健全相应的管理制度和规范体系，从战略管理、实施管理、内部推广管理、外部推广四个层面建立编制、论证、审批、发布、调整优化的全周期工作程序。

首先，在战略管理方面，以服务集团产业数字化发展战略和目标为核心，从标准、规划、架构、绩效、资金五个方面建立相关的管理制度，如产业数字化标准管理制定、产业数字化规划制定、产业数字化架构治理规范、产业数字化绩效管理、产业数字化预算管理等，以确保数字化治理按照既定计划有序开展。

其次，在实施管理层面，需要落实产业数字化发展布局和重点工程，并确保"布点、连线、构面、成体"工作顺利推进。为此，可以从计划、执行、检查、处理四个方面建立相关的管理制度，如产业数字化需求管理、产业数字化计划管理、实施检查管理、效果评估标准等标准体系，并进行不断优化，以确保数字化治理的高效完成。

此外，在内外部推广管理方面，需要建立项目实施成果应用共享的推广标准，如产业数字化成果的数据共享、技术共享和软件共享的制度标准和价值标准。同时，还应该建立集团内部和外部单位的产业数字化成果合作管理要求和产业数字化产业链上下游的技术、数据、软件合作标准，为数字化治理提供相应的支持。

通过建立统一、规范的工作方式，可以实现各级产业数字化规划的有效衔接，提升管理决策效率和执行力度，从而有效保障产业数字化治理的顺利实施。除此之外，我们还可以在这些制度规范的基础上，逐步引入数字化智能化工具，以进一步提升数字化治理效率和质量。

综上所述，设立和健全产业数字化治理制度是数字化时代面对变革的必然选择。借助不断完善管理规范，将数字化治理流程和相关政策制度与数字化工具相结合，从战略管理、实施管理、内部推广管理、外部推广四个层面，可以更好地保证数字化治理平稳推进，促进集团数字化治理的全面协调和高效落实。

第6章 产业数字化转型典型案例

6.1 大交通领域产业数字化典型案例

6.1.1 大交通领域产业数字化现状与需求

A集团初步建设了全集团数据治理体系，搭建了数据能力平台，形成了支撑产业链数据贯通和大数据综合治理与运营的重要基础。

1.A集团产业数字化建设现状

1）数据管理体系

在数据治理体系建设方面，A集团构建了"决策层—管理层—执行层"三层数据治理团队，建立了集团级数据治理沟通机制，优化了数据管理流程，制定并发布了《A集团数据管理办法》以及数据管理系列流程、规范与细则，明确相关部门的责权利。

在《A集团数据管理办法》及《A企业技术标准管理办法》的指导下，一是通过数据资产盘点建立了市场经营、生产运营、供应链管理等基础数据标准；二是建立了集团级主数据标准及部分基础与业务数据标准，发布十类主数据标准及管理细则，初步开展了数据质量需求管理工作，部分二级单位也结合自身业务实际建立了数据标准；三是按照指标数据标准管理过程要求，制定了市场经营、生产运营、供应链管理等指标数据标准。

2）数据平台建设

A集团以数据"采、存、管、用"为主线，建设了一体化数据平台，为数据全生命周期的存储、管理、计算提供灵活、高效的一站式数据平台支撑。

（1）数据采集方面。A集团打通了系统间、系统与数据湖间的数据交换通道，形成了面向多类型场景的数据采集与集成能力，主要包括数据集成、数据填报、接口服务等功能模块。

（2）数据存储计算方面。A集团打造了分布式数据存储与计算能力，形成了数据资产管理应用坚实底座。以存算一体的技术框架支撑数据湖离线数据区与实时数据区建设以及数据的分层整合、应用支持。

（3）数据管控方面。A集团提供了数据治理管控工具，保障数据标准和规范要求的贯彻执行，形成了包括主数据管理、元数据管理、数据标准管理、数据质量管理、数据模型管理、数据安全管理、数据资产管理等功能模块在内的数据资产管控系统。

（4）数据应用支撑方面。A集团做了以下工作：一是依据数据模型规范，开展了集团级数据主题模型、逻辑模型、物理模型的设计与落地；二是形成了统一的数据需求管理、数据设计与开发、数据运维、数据退役等各环节的管理流程；三是提供了数据分析与数据共享应用方面的服务组件支持，为各单位提供延伸服务，形成多场景、多层级管理决策支撑。

3）数据价值释放

A集团在数据初步资产化的基础上拓展了数据分析与应用场景，推动了系列数据价值释放相关工作。

一是以主数据为主线，为财务管理端提供了标准化合同、履约、结算信息，实现业务全过程信息快速归集，支撑生产运营全过程监控、风险分析与亏损治理，支撑供应链业务闭合管理，实现了围标、串标自动监控，解决了不上线、不集采、不签合同、不履约等问题。

二是打造了市场经营、生产管理、党建监督、资源分析、调度应急五大主题的管理驾驶舱，支撑人力、党建、运营监管、项目管理、市场开发、海外业务等方面的数据分析需求。

三是在已有BI基础上整合公司各管理环节数据，提升了数据综合分析水平，加强了各专业管理领域数据分析、对比、研判的效率；以项目过程中履约、成本、工程为重点，强化项目风险的监测、预警和管控，提高了风险预警能力。

四是以数据湖为依托实现了综合管理数据汇聚与穿透，对上满足国资委、上交所、统计局等上级机关监管要求，对内支撑预算、监控、考核三位一体的管理体系建设。围绕综合绩效、运营状况、核心资源三个层面构建了运营分析模型与指标体系，统筹财务经营信息、业务过程管理信息，实现了企业经营分析与预警、运营效率提升能力分析与预测，打造高效精准的管理决策链。

2. A集团产业数字化问题分析

1）数字化战略与文化方面

当前数字化转型已成为集团发展战略核心内容，但各单位对数字化转型战略重要性的认识仍需加强，仍有部分单位未制定数字化转型专项规划，或规划思路仍侧重于传统的信息技术应用，与国家大政方针、国资委部署要求、集团数字化转型和高质量发展需求不符。各级领导、各级员工对数字化发展的认知水平也存在不同程度的差距，数字化发展建设的文化氛围不足，需建立高度统一的战略和文化共识。

2）协同机制与标准化方面

战略、业务、信息三方协同机制仍需深化，跨部门、跨层级流程体系和数据体系的标准化、精细化水平不足，横向协同的"部门墙"和纵向管理断层现象依然存在，导致业务与信息化"两张皮"现象。同时，公司各类管理知识和管理经验也难以高效沉淀、积累、传承和共享。装备智能化和生产智能化作为数字化转型的关键，集团统筹管理以及与子公司、项目的协同不足，缺乏统一的管理组织和管理标准。

3）运营管理提质增效方面

贯通各层级、连通海内外、融合全集团的一体化运营管控能力亟待提升。财务一体化和业财融合不完善，全域业务流程尚未实现线上化协同贯通和"一网通办"，项目缺乏兼容多层级、多类型、多场景、多个性化复杂管理需求的数字化平台支撑，供应链闭合管理支撑不足、供应链数据透明度不高且存在数据孤岛，海外信息化进程与海外优先发展战略不符，打通决策、生产、监督、服务链条的数据集成和共享不足，对集团经营分析、业务预警预判、子公司画像、项目画像、员工画像的辅助决策支撑力有待提升。

4）主营业务创新发展方面

新技术与主业融合、"产信融"协同发展不足，支撑"两大两优"经营策略的"数字＋"和"智能＋"业务创新价值体现不充分，集团特色 BIM 体系、标准、平台不完善，项目全生命周期数字化移交和交通基建产品数字化能力尚未形成竞争力，建造智能化、装备智能化、生产绿色化、管理动态化水平需大幅提升，各单位沿供应链／产业链和产品／服务全生命周期的业务集成尚处起步阶段，数字产品、技术能力、数据资产的产业化转化能力和潜力需进一步提升和挖掘。

5）数字基础能力建设方面

支撑打造交通基建互联网体系建设的数字基础能力存在短板和不足。网络基础设施建设虽已初见成效，但全集团数据中心资源、全球网络体系的统筹整合和共享利用不足；网络安全风险随信息化建设步伐的加快而逐步增大，公司各类信息的分级分类差异化防护体系还不健全；现有的传统技术架构体系难以满足快速的业态迭代、组织变革、决策分析和扁平化、共享化管理需求，基于"云网边端"的集团混合云技术架构体系亟待建设。

6）关键资源保障体系方面

人才和资金规模与旺盛的数字化发展和建设需求不匹配。目前，集团从事数字化工作的员工（包含管理岗、技术岗和专业科技公司人员）总共 3800 人左右，约占公司员工总数的 2.5%，人才梯度不协调、人才结构不科学、人才规模不强大的问题存在，适应集团数字化发展需求的高水准管理团队和技术团队需尽快打磨成形；集团近三年数字化发展的资金投入占营业收入的比例约为 1.3‰，而对标优秀企业的投入占营收比重为 2‰～7‰，在资金投入方面还存在一定的差距。

3. A 集团产业数字化发展需求

"十四五"期间，A 集团产业数字化发展需谋新局、开新篇，加快形成产业高质量发展的数字化动能，赋能集团成为产业高质量发展方向的引领者、产业基础能力提升的支撑者、产业协同合作的组织者，实现价值释放。

1）打造 A 集团特色数智品牌

产业数字化是品牌建设的新途径和高等级赛道，也是树立业务特色的重要途径，需要培养和锻造集团主营业务的全球竞争实力、科技创新能力、持续发展能力，形成一批具有行业影响力的"产业＋数智"品牌，向全球价值链中高端进发，成为具有国际竞争力的数智产业集群引领者。

一是保持 A 集团品牌竞争力，以数智能力持续推动生产力的变革和飞跃，在数字技术生产力变革条件下长久保持品牌竞争力，实现"物理产品"与"数字产品"同步交付，打造集团特色产业数字化模式。

二是树立 A 集团品牌新标杆，在产业数字化发展进程中选树典型应用场景，打造复制性强的解决方案，树立示范性好的品牌标杆，展现集团产业数字化的行业主力军形象。

三是培育 A 集团特色新业态，输出建筑业数字化转型"新标准"和"新模式"，提升集团产业发展综合竞争力。

2）增强产业协同共享能力

以链长制为突破口，以市场前景比较好、科技含量比较高、产品和服务关联度比较强的优势企业为链核，打破法人墙、组织墙壁垒，建成产业链数字化协同标准，将企业单体优势转化为产业整体优势，形成产业的核心竞争力。

一是依托建"强链"为导向，培育优势企业担当产业链"链长"。梳理产业链发展现状，制定产业链数字化实施方案，明确产业链数字化的关键措施，结合示范型工程施工项目塑造产业链的强链模式。重点探索产业链协同共享的合力机制，实现项目生产及施工作业数字化、运营维护数字化、项目管理数字化，实现全产业链高质量发展。

二是要以平台理念抓好数智共享。以数字化资源共享机制建设为抓手，以需求为导向形成推广机制，坚持统筹推动、市场主导，引进多方力量投入数字化资源共享机制及平台的建设运营，在丰富发展产业链数字化成果的基础上，形成共建共享模式。

三是要以协同模式育好产业链效率。在生产协同方面，通过对产业链进行构件模型、工序流程专业分工和上下游纵向关联，形成精益化生产链条；在技术协同方面，产业链相关企业联合技术研发，提高整体创新能力和生产能力；在管理协同方面，促进产业链各企业战略高度保持协调，形成信任机制和文化认同，发挥产业标杆作用，改善管理效率，提升管理流程化、决策智能化水平。

3）提高集团全要素生产率

通过提高数字化、网络化、智能化水平，集聚产业链优势资源与能力，推动产业全要素生产率提升。

一是提高资源配置效率。通过数据标准化治理、有效的数据沉淀、数据共享机制，带动技术流、资金流、人才流、物资流等其他要素源配置优化。

二是提高生产效率。加大智能化装备、机器人的应用力度，向无人化、远程化、协同化方向发展，实现智能化环境感知、自动化作业、主动预警，大力提升高效生产、绿色生产、安全生产能力。

三是提高创新效率。推进全集团数字技术集约化、协同化发展，对于同质化市场、同类型需求等进行共性技术攻关与成果共享，形成成果推广利用和共建共赢机制，提高全局技术创新与转化效率。

4）探索业务创新发展模式

"十四五"期间是建筑业转变发展方式、优化经济结构、转换增长动能的关键时期，推进精益建造、绿色建造和数智建造的业务发展模式转型势在必行。

一是探索业务向精益建造转型的发展模式。劳动力等生产要素成本不断上升，粗放建设发展模式难以为继，转型升级、提质增效刻不容缓，依托"精益建造"模式将工业化的思想与管理应用到建筑业，构建智能建造模式，实施绿色建筑和数据驱动是建筑业提质增效与创新发展的可行之路。

二是探索业务向绿色建造转型的发展模式。绿色建造是把绿色发展理念融入生产方式的全要素、全过程和各环节，提升建造智能化、装备智能化、生产绿色化水平，实现工程建设全过程绿色建造，同时拓展绿色低碳产业发展，推动建筑业加快实现产业升级和绿色低碳产业的高质量发展。

三是探索业务向数智建造转型的发展模式。数据驱动是指打通整个产业链的数据孤岛，打造产业链一体化数字转型的行业模型，着力促进各产业链提升数据处理、数据开发、数据服务水平，加强产业运营管理水平，促进全过程设计服务模式的实现，打破工程建设各环节间的"条块分割"，保障工程建设质量，提升建设品质，树立品牌特色。

5）释放数字经济价值效益

打造集团发展有序、成熟完备的数字经济体系，拉动产业发展、促进产业体系向世界一流水平发展进步。

一是培育品牌化、集约化、特色化数字产业和数字业务。夯实高端数字技术人才队伍、业务信息化与生产智能化能力建设，积极构建数字产业、发展数字业务，形成平台化业务模式，以支撑保障产业数字化顶层设计落地为核心要务，着力培育咨询规划、软件研发、数智工程、系统集成、安全服务、运营维护等产业数字化服务业务线，通过内部服务能力建设，逐步拓展外部市场。

二是推进解决方案对全行业、跨行业的产品化、市场化的横向推广。提升数字化资产的产业化能力，加快数字产业孵化，培育一批公共技术解决方案，加快优化智能化产品和服务运营的市场化横向输出，释放产业数字化、高质量发展的溢出效应，形成新业态、新产业与新经济的发展空间。

6.1.2　大交通领域产业数字化发展思路

1. 发展目标

产业数字化发展的根本目标是推动产业能力提升，使产业链数据贯通，实现生产智能化，构建产业数智生态。

1）总体战略目标

按照"1246"总体蓝图（见图 6.1）推动产业数字化发展。其中，"1"是一个愿景，即打造交通基建互联网，形成产业互联网新范式，建设世界一流产业数字化；"2"是

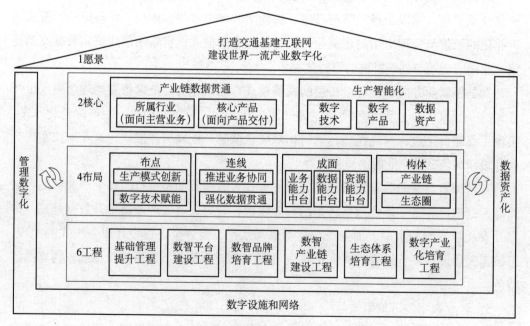

图 6.1　集团产业数字化"1246"总体蓝图

两个核心，即以产业链数据贯通和生产智能化为核心，推进数字技术与主营业务的深度融合发展；"4"是四个布局，即围绕典型业务场景布点、全过程全要素连线、资源共享服务成面、产业链生态圈构体，构建科学的产业数字化架构体系；"6"是六大工程，即落实基础管理提升、数智平台建设、数智品牌培育、数智产业链建设、生态体系培育、数字产业化培育，推动产业数字化科学、全面、快速发展。

聚焦集团国有资本投资公司试点改革要求，对标世界一流管理提升要求、公司主营业务发展需求，坚持国内海外一体化和自主可控，锚定"以数字化驱动管理变革、以智能化推动产业升级、以数据要素增值赋能、以网络化支撑互联互通"四大目标精准发力。

（1）以数字化驱动管理变革。以智慧运营为核心，加速公司运营管理与数字化的深度融合，围绕人财物核心资源和运营管控事项，提高标准化、精细化管理水平，实现资源配置的高效集约化和共享化，提升管理效率，降低管理成本，增强对公司运营管理的全面感知力、实时监管力和风险防控力，实现通过数字技术驱动管理变革，加速推进管理型和质量型世界一流企业建设目标。

（2）以智能化推动产业升级。以产业转型发展为方向，通过智能化技术与主营业务深度融合，创新下一代交通基建产品和服务新模式，培育产业链供应链智能生态圈，实现上下游合作伙伴共生、共建、共赢，提高产业竞争力、市场占有率、客户满意度，实现通过数字技术推动传统生产模式和商业模式变革，推进科技型世界一流企业建设，加速新旧动能转换和产业升级的目标。

（3）以数据要素增值赋能。以数据资产化为主线，将数据作为新的关键生产要素和核心资产，加强公司运营管理全过程和工程项目全生命周期动态数据汇聚，有效整合数据资源并进行数据的广泛共享，深度挖掘数据应用场景和数据综合应用模式，发挥数据要素价值，推动数据增值赋能，实现通过数据开发利用创造新价值和赋能业务创新转型目标。

（4）以网络化支撑互联互通。以数字设施与网络安全为基础，统筹推进"云网边端"新一代高可靠、绿色化数字设施建设，构建集团特色的网络安全体系、自主可控体系以及运维服务体系，实现应用云化部署、网络全球互联、安全防御能力可靠、运维稳定高效，为"十四五"建设"数智中交"和面向2035年的交通基建互联网提供有力可靠支撑。

2）具体目标

一是实现一个愿景，形成协同发展"一张网"。产业数字化生态呈现融合发展态势，联动创新产业数字化市场空间，协同上下游外部生态方形成产学研用相融合的网络式生态组织，构建交通基建互联网的数字经济生产模式；"数智A集团+行业"发展成效多元化显现，形成数字经济时代知识共享、技术协同、数据联动、人才协作的生态融通发展局面。

二是围绕两个核心，形成中交特色新品牌。持续夯实产业链纵向数据穿透、横向业务协同、端到端一体化的数据贯通能力；强化项目全生命周期数字化移交能力；提升数字技术、数字产品、数据资产的产业化转化能力；打造涵盖勘察、设计、生产加工、施工装配、运营维护等全产业链融合一体的新交通基建产品和服务能力；形成一批具有 A 集团特色的生产智能化产品与解决方案，推动产业链生产端与供给侧协同发展，培育具有行业影响力的"产业＋数智"品牌。

三是推进四个布局，形成四维一体总架构。形成 A 集团特色产业数字化架构体系，横向以场景赋能，支撑价值提升，构筑以客户为中心、以市场为导向的生产智能化；纵向集约发力，完善数据标准体系，整合数据资产并进行广泛共享，深度挖掘数据应用场景和数据综合应用模式，发挥数据要素价值，支撑产业链数据贯通；内部聚合发展，支撑数智产业链体系与数字化资源平台共享机制建设，推进数字产业生态协同；外部整合资源，支撑联盟式发展、网络式协同、创新力融合的新生态模式。

四是落实六大工程，形成数智升维新引擎。通过基础管理提升工程建立适应产业数字化的组织和机制，形成统筹有力的产业数字化发展和治理能力；通过数智平台建设工程，形成"协同创新、集约发展"的发展模式；通过数智品牌培育工程，形成"数智 A 集团"产业新特色；通过数智产业链建设工程，强化产业链数据贯通和智能化生产能力；通过生态体系培育工程，形成自主可控与协同发展的内外生态圈；通过数字产业化培育工程，增强世界一流数字竞争力。

2. 基本原则

全面贯彻集团数字化发展的统一规划、统一架构、统一标准、统一数据、统筹建设、统筹运维"六统"策略，坚持价值创造、创新驱动、融合发展、系统推进等基本原则。

1）坚持价值创造

面向产品交付和提质增效，促进产业链、生态链向以客户需求为导向的价值链变革，提升勘察设计、工程施工、运营维护等各环节数智能力，推动形成贯通各层级、连通海内外、融合全集团的特色交付模式。

2）坚持创新驱动

把创新作为引领产业数字化发展的第一动力，推动数字技术集成创新和产业应用场景创新，促进数字技术与主营业务主动融合，以虚拟建造提升物理世界的建设效率，以智能化提升生产力水平，以数字化交付提升市场适应能力，以数智平台提升产品的用户黏性，推动实现生产方式改进、管理体系变革和商业模式创新。

3）坚持融合发展

加强跨组织、跨专业、跨行业合作，推动数字技术与先进建筑技术深度融合以及产业链深度贯通，发挥总部引领和链长牵引作用，带动集团内部的技术、人才、资金、信息、知识资产等动能要素形成高价值内循环生态；发挥集团的行业龙头牵引作用，带动上下游企业数字化智能化同步提升，形成融通发展的外循环生态。

4）坚持系统推进

聚焦集团数字化转型新发展阶段和新发展要求，统筹考虑主营业务所属产业、行业和产品的差异性，尊重现实条件与发展愿景的客观差异，加强前瞻性思考、全局性谋划、战略性布局、整体性推进，充分发挥总部、子公司和项目积极性，按照"试点先行、标杆引路、全面推广"的发展方式，分层分类系统地推动产业数字化科学发展。

打造以"数智 A 集团"为核心的交通基建互联网。通过新一代信息技术与公司运营管理、产业创新紧密融合的发展模式，充分发挥数据作为生产要素的关键作用，赋予公司生产、运营、管理更多的新特性和新应用场景，构建"创新、协调、绿色、开放、共享"的内外融合的数智生态体系。

5）坚持绿色发展

坚持绿色发展和数据驱动。一是坚持绿色发展，坚决贯彻落实党和国家"双碳"战略，承担央企社会责任，通过数字化转型实现全要素生产率和全员劳动生产率提升，减少公司运营管理的资源消耗和主营业务生产碳排放，大力推动生态环保领域新产业，发展促进固碳；二是以数据作为继土地、劳动力、资本、技术之后的第五大生产要素，要充分发挥其作为信息沟通媒介、信用媒介、知识经验和技能新载体等方面的核心关键作用，激活数据要素，推动数据汇聚、共享和应用，通过数据驱动价值体系重构和生产关系调整，驱动企业战略、组织、流程、运营、业务与交付模式的全面数字化转型，推动传统的企业治理模式管理变革，促进管理体系优化和商业模式创新，为公司高质量发展注入更多的活力。

6）坚持"三化"协同

"三化"协同，即整体性协同推进数字化、网络化、智能化发展。遵循数字化转型客观规律，科学推进数字化、网络化、智能化发展，在数字化方面重点利用数字技术实现资源综合配置优化、业务流程集成优化和数据融合贯通；在网络化方面重点通过人、机、物的开放互联，实现公司内部跨层级、跨法人和外部跨组织、跨行业的动态共享和协同应用；在智能化方面重点通过数字孪生和人工智能等实现人与人、人与物、物与物的智能交互赋能，支持全要素、全过程、全场景的资源、能力、服务按需精准供给。围绕公司内外部价值链，通过数字技术与公司管控治理、主业生产、产业创新的融合发展，实现横向贯通、纵向穿透、立体决策，推动传统业态下投资、设计、施工、运营业务创新和产品交付、产业生态、商业模式创新，实现公司数字化转型能力水平的逐步演进。

3. 基本能力建设

A集团将开展数字化管控、智能化生产、数据治理、数字设施支撑、网络安全保障"五种能力"建设，驱动实现"数智A集团"发展愿景。

1）数字化管控能力

其核心是立足对标世界一流管理提升重点领域，基于适应性组织变革、数据治理体系和流程变革，构建公司"智慧运营"体系，提升管理数字化三大能力：一是打造财务云、合同管理、项目管理、供应链、综合信息共享和生产运营监控等关键系统平台，实现管控一体化；二是基于业务流程梳理优化和财务大集中，实现业财一体化；三是以生产数据为源头、以财务数据为基础、以运营数据为载体，实现科学、高效、精准的决策智慧化。

2）智能化生产能力

其核心是围绕"两大两优"核心业务，以"布点、连线、构面、成体"为思路，构建集团智能化生产体系，推动产业数字化发展。一是聚焦一线生产场景，通过数字技术对生产工具、工艺、技术、管理进行升级，提高生产力水平和管理效率；二是聚焦全过程全要素，以BIM技术应用为主线串联项目投资、设计、建设、运维全生命周期，与管理数字化协同打造流程级应用，构建工程大数据中心，实现主营业务集成融合创新以及下一代交通基建产品和服务交付创新；三是聚焦全集团能力与资源，完善组织机制、推动协同整合，构建统一智能化平台，形成对一线生产和项目全生命周期的按需共享和应用赋能；四是聚焦产业生态，建设交通基建互联网体系，发挥集团优势"数智+"场景，创新发展内外部产业联盟，推动行业协同发展，实现价值开放和共创共享。

3）数据治理能力

其核心是基于数据的规范化、标准化、平台化管理，加强数据汇聚融合、互联互通，实现各层级、全业务数据质量优化和数据灵活共享，整体提升数据管理能力成熟度水平；构建数据分析应用体系，深入挖掘数据内涵价值，将数据作为关键生产要素，为人、技术、资本等其他要素赋能，驱动智慧运营体系和智能生产体系的创新发展；积极探索数据资产的交易流通模式，参与数据要素市场建设，推动数据产业化和数据生态化。

4）数字设施支撑能力

核心是利用新一代信息技术，建设"云网边端"一体化数字设施，通过中交一朵云安全、高效、可靠地承载公司业务运行和实时运维，实现全球范围内的数字设施资源优化整合、实时调用、低碳运营和共享应用；统筹建设自主可控体系，按照"能替尽替、断供优先"的原则，逐步实现核心技术架构和主要统建系统的自主可控及各子公司主要应用系统的自主可控改造；推动传统开发运维模式升级，提高敏捷开发、微服务设计、系统集成、数据服务、全周期软件交付等技术能力，提升数字设施服务质量、效能和支撑业务应用能力。

5）网络安全保障能力

其核心是围绕全过程大安全，贯彻"网络安全等同于生产安全"的管控要求，建立集技术、管理、运维于一体的动态、高效、平战结合的安全保障体系，统筹建设贯穿全集团的网络安全工作管理、态势感知、零信任安全防护平台以及一体化安全运维措施，筑牢"数智中交"网络安全基石；按照严守保密底线、根据需要灵活扩展的策略推动 SM 网络体系建设，支撑特殊项目和业务管理需要。

4."六统"策略

按照统一规划、统一架构、统一标准、统一数据、统筹建设、统筹运维的"六统"策略，统分结合、统筹推进，坚持集团与子企业一体化发展，全面建设覆盖集团全层级、全业务的"主干统一、末端灵活"的数字化转型新型能力体系。

1）统一规划

集团统一制定数字化发展规划，各子公司承接集团规划的各项要求，在总体框架下制定符合本单位业务特点的数字化规划和具体实施方案，并经集团总部评审和备案后执行。

2）统一架构

集团结合全球业务发展需要，按照国内海外一体化的思路进行数字化架构的统一设计，确保流程架构清晰合理、应用架构集成协同、数据架构融合共享、技术架构自主可控、安全架构全面保障、治理架构协同贯通；各子公司自行开展自建部分的架构设计，并与集团架构体系有机衔接。

3）统一标准

集团统一组织制订和发布数字化建设所需的业务、技术、数据、安全、评价、治理标准化体系，集团级标准体系一经发布，总部与各子公司需严格执行；子公司级标准需与集团级标准衔接，在满足集团管控前提下发布执行。

4）统一数据

集团统一制定数据治理体系和数据标准，以数据标准化支撑系统集成应用和业务创新，各子公司需在集团的统一管理组织下有序开展数据治理工作，并基于集团级数据技术平台和应用要求，实现数据的汇聚、共享和应用。

5）统筹建设

按照"统建＋共建＋自建"思路，以统分结合的方式推进数字化建设任务。统建部分由集团总部投资和建设；共建部分由集团和子公司共同投资，可由子公司先期建设，并报集团总部审批；子公司个性化自建部分自主投资建设，并报集团总部备案，确保与总体框架保持一致，并与总部协调推进。

6）统筹运维

集团对统建类系统、平台、数据、设备和机房等数字资产的运营、维护实行统筹运维管理，分级实施。

5. 重点内容

1）优化整体化规划，推行三横三纵布局

明确A集团大数据资产总体战略规划，构建数据价值化发展的三横三纵发展布局。三横，即数据来源中心、服务中心、共享中心。A集团大数据中心是全集团唯一全业务数据的来源，作为集团统一的公共空间、交互中心，支持各统建平台和二级单位多样化的需求，以内容为导向，实现A集团大数据资产的统一共享、统一管控。三纵，即组织能力、治理能力、数据要素的市场能力。加强组织能力，依靠管理数据、法人数据、项目数据成为数据组织的统筹者、牵头者；建立数据资产级的治理能力，依靠强管控、体系化的逻辑保证数据治理推进；积极培育数据要素的市场能力，进一步释放数据要素潜力，助力A集团产业数字化发展。大数据中心建设要抓住层级依赖关系，统一组织推力构建数据来源中心，通过数据治理能力解决数据共享中心问题，通过市场能力解决大数据交互中心的问题。

2）升级一体化平台，夯实采存管用底座

在现有数据平台能力的基础上，升级大数据平台的融合能力和赋能能力，夯实工程数据、生产数据、管理数据采存管用可信数字底座，打通项目—法人—集团数据，联通各级单位自建系统数据和外部高价值数据，结合大数据分析、智能算法构建数据驱动型决策体系，通过数据治理、数据分析等手段挖掘价值高、可识别的优质数据资产，积累可复用的资源库、标准库等，补全平台能力的广度和深度。

3）立足产业数字化，加快汇聚数据资产

重点依托产业数字化发展，在数据来源方面，重点围绕项目全过程实现工程数据、生产数据与管理数据在产业链设计、施工、运维等各环节的贯通，建立健全项目全生命周期工程生产与管理数据标准化积累。在数据汇聚方面，构建项目层、法人层、综合层数据汇聚入湖，为经营管理和生产赋能。

4）加强集团级治理，提高数据赋能能力

全面实现稳健级、部分达到量化管理级的数据能力，在集团数据治理体系整体框架下，加强工程管理数据和生产数据的企业级数据标准建设，对汇聚后的各领域大数据资源进行综合治理和纳管；加强 BIM、图数据、GIS 数据等多类型数据治理能力，形成集团级数据资产库、数据标准库、数据模型库；开展跨部门、跨业务的数据分析应用，形成产业链数据综合分析服务化，为经营管理和项目生产赋能，支撑战略管控、市场经营、风险控制、过程监管、绩效考核等。

5）建设专业化组织，统筹推进数据发展

以现有数据能力为基础，推动建设涵盖数据咨询、治理、研发、运营于一体的 A 集团大数据中心业务架构，形成产业内、产业间完整的大数据运营机制，打造自上而下布局、自下而上整合、上下结合推动的数据供应链体系，支撑实现 A 集团总部、A 集团智慧研究院各单位在组织、制度、标准、技术等层面的高效协同，实现集团数据资产的平台化、体系化治理与运营及数据资源优化配置，促进产业数据贯通、内部数字化交付、数据公共服务，提升创新研发效率、市场营销效率、运维服务效率、数据安全与保障效率等。

6）培育数据新优势，促进要素市场流通

依托 A 集团大数据中心，面向内外部构建数据要素市场化流通机制，构建具有 A 集团特色的建筑行业数据要素创新模式，探索推进数据资产登记、认证、质量评价、价值评估、治理和流通应用等服务，实现对交通基建、建筑施工、运输和物流行业企业等数据质量和价值的量化评估，推动相关行业数据资产化和证券化，激活数据要素倍增作用，培育创新数据要素市场。

6.1.3　大交通领域产业数字化总体设计

集团以"1246"总体蓝图为指导，以建设世界一流产业数字化为发展愿景，紧密围绕产业链数据贯通和生产智能化两个核心，落实四个布局，构建"布点、连线、成面、构体"的产业数字化架构体系（见图 6.2）。通过布点实现数字技术与生产紧密融合，提高产业核心竞争力，适应创新发展需求；通过连线打通产业链各环节，实现数据贯通，形成合力，增强对市场环境变化的适应力；通过成面推动共性能力整合，实现技术、应用、数据、成果共享，适应一体化发展需要；通过构体打造生态圈，适应价值开放和共享发展需求。

1. 典型业务场景"布点"

应用新一代信息通信技术，在典型业务场景、业务增长方向、竞争突围领域，聚焦项目生产过程自动化与智能化、生产工具创新变革、工艺工法创新突破，开展数字技术研发应用、算力提升和算法优化，提升项目一线生产力和全要素生产率，推动绿色低碳高效生产方式升级。

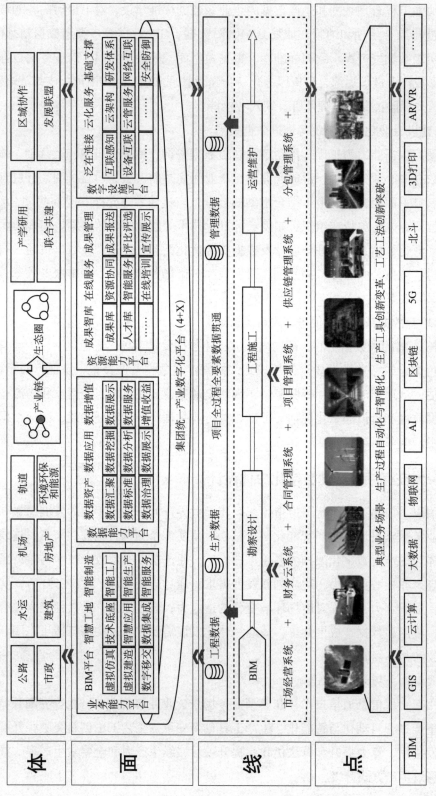

图 6.2　集团产业数字化总架构图

参照《A集团业务板块分类标准目录》和《A集团产业分类标准目录》，布点以主营业务典型场景为核心，从工程全生命周期勘察设计、工程施工、运营维护环节入手，围绕公路、水运、机场、轨道交通、市政、建筑、房地产、环境环保和能源八大产业创新探索，共涉及177项产品。

1）生产模式创新

利用数字技术驱动产业链各环节生产流程、工序等全要素及岗位作业数字化，催生出数字化勘察设计、智能化工程施工、智能化运营维护新场景，推动工序流程再造、技术方案突破创新、施工组织设计优化等，提升生产质效。生产模式创新主要体现在以下几个方面。

（1）工序流程。基于横向活动集成与纵向流程压缩的原则，利用数字技术和先进的管理手段和方法，对A集团主导的PPP或EPC项目全部或部分实现流程数字化。

（2）技术方案。参照集团统一要求，结合现场实际进行技术方案创新。利用BIM技术对复杂或关键环节进行虚拟仿真，预演施工现场的现状条件、施工顺序、复杂工艺及重点难点解决方案等，通过实时、交互和虚拟模拟，对已有工艺工法进行验证和优化。

（3）施工组织设计。借助BIM、VR等新技术对施工组织的模拟，直观展示工程施工各环节，合理配置施工资源，节省施工成本，提高施工效率和施工方案的安全性。

2）数字技术赋能

通过梳理各行业共性产品的生产流程，形成全产业链应用场景全景图，借助BIM、GIS、AI、大数据、物联网等新技术对产业链各环节进行全方位数字化升维，打造"数智+A集团主业"的智能生产体系，为一线生产赋能。

（1）勘察设计。数字化勘察，以工程勘察和勘测外业、内业数字化、智能化为基础，对工程勘察和勘测传统工作模式、作业流程、勘察和勘测技术进行改造创新，实现勘察和勘测全过程可查询、可追溯、可视化的数字化管理系统，提高勘察和勘测作业效率。

数字化设计，设计环节重点推进三维正向设计、自动算量、专业设计分析、参数化设计、数字交付等；开展全参与方、全要素、全过程的数字化设计、实现跨专业、跨部门以及跨企业的协同设计。

（2）工程施工。施工虚拟建造，利用BIM共享平台提供的标准化模板和工具，对设计交付模型按照施工要求进行快速深化以及快速搭建临建工程模型，对主体工程进行虚拟建造。

智能化现场管控，围绕人、机、料、法、环等关键要素，综合运用物联网、云计算、大数据、移动互联和智能装备等软硬件信息化技术，与一线施工过程紧密融合，提高施工现场的生产效率、管理效率和决策能力。

装备智能化施工，集成融合先进制造技术、数字技术，使施工船舶、架桥机、盾构机、凿岩台车、造楼机、碾压机等装备增加感知、分析、控制功能的技术和系统（"芯"）。

（3）运营维护。针对公路、水运、轨道交通、机场、房地产等八大产业中具有运营维护需求的业务场景建设基础设施数字化管理系统，实现对基础设施的属性数据、空间数据、影像数据的全面管理，为其他业务应用系统提供基础数据支撑。

2. 全过程全要素"连线"

结合集团现代产业链建设要求，以数据为核心，以业务为纽带，以 BIM 等数字技术为支撑，与管理数字化协同打造流程级应用，推进业务协同、强化数据贯通，推动全过程、全要素、全参与方连线，实现勘察设计、工程施工、运营维护各阶段信息互联互通和交互共享，打通各场景、各环节壁垒，积累数字资产，优化升级集团产业链和价值链。

1）推进业务协同

围绕项目生命周期全过程，整合产业链上下游各环节岗位层的数字化应用，推进产业链上下游企业间数据贯通、资源共享和业务协同。以数据为关键生产要素，推动项目全要素管理和全参与方协同，实现提质提效。

（1）BIM 串联。健全组织体系，构建集团 BIM 发展共同体。A 集团 BIM 中心负责通用平台搭建和通用基础功能研发，为各单位（A 集团 BIM 专业分中心）进行专业应用研发提供基础技术支撑，建立企业和业务全生命周期链之间的协同规则和基本标准；A 集团 BIM 专业分中心负责在通用平台基础上编制专业应用标准，研发专业应用产品和建设工艺工法库、族库（模型）等数据资源，为岗位级应用赋能。

完善标准体系，建立覆盖 A 集团全产业领域 BIM 标准体系，包含数据标准、操作标准、支撑标准和专业标准四大类，通过完善缺失标准建设，迭代已有标准建设，构建标准共建共享和动态调整机制。标准建设遵循集团统筹、试点示范、动态调整的原则，加强标准建设与应用实践间的联系，充分考虑各环节的需求，突出重点领域标准供给。前期及时将试点示范成果转化为标准，指导工程建设；后期力争以标准引导实践为应用方向，实现 A 集团 BIM 标准的项目化、企业化、行业化、国际化。

（2）平台支撑。梳理产业链各环节间及同一环节内的业务连线需求，建设以 BIM 为核心的贯穿全生命周期的协同平台，打通与设计、施工、运维等各环节的管理关系，实现项目技术、生产与管理数据的互通与业务的数据贯通，催生出新设计、新施工、新运维等新的生产模式，形成设计施工一体化、投建营一体化等新的建设模式，简化业务流程，优化关联组织，节约交易成本，强化全参与方的业务协同，推动产业链从规模性向功能性转变,实现价值链提升。

2)强化数据贯通

以数据为关键生产要素,汇聚项目一线工程、管理和生产全量数据,通过横向打通工程、管理与生产等数据,纵向贯通项目—企业—集团的商务、工程、质量、安全等各类数据,创造数据协同价值,实现业财/业业一体化、项企一体化。通过沉淀项目全量项目数据形成全集团项目大数据资源池,在保证数据安全的前提下,结合数据分析、数据清洗等,实现"业务—数据—信息—知识—决策"的高效转换,形成集团数据资产。

(1)数据融合汇聚。围绕项目全过程,汇聚项目全生命周期工程数据、生产数据与管理数据三类全量数据,通过三类数据在产业链各环节内部的贯通以及彼此之间的横向融通,打破部门墙、法人墙,实现集团总体的业务协同、流程互联与数据互通。

(2)数据沉淀积累。项目层包括工程数据(BIM、图纸等)、生产数据(人、机、料、法、环)、管理数据(进度、成本、质量、安全等)等;企业层包括人力、财务、项目、供应链、市场经营、采购等数据。通过纵向打通从项目层至企业层数据,一方面通过汇聚各类数据进行大数据分析,帮助集团进行决策分析,实现战略控制、风险控制、过程监管、绩效考核等;另一方面通过汇聚各类数据沉淀集团数字资产,积累可复用的资源库、标准库等,为项目一线生产赋能。

3. 资源共享服务"成面"

建立健全公司产业数字化产品、技术和服务能力的准入机制,在集团层面统筹推动建设业务能力平台、数据能力平台、资源能力平台、数字设施平台,并伴随产业数字化发展逐步孵化新型平台,形成共建共创共享的"4+X"集团统一产业数字化平台,有效盘活各类数字化资产资源,降低研发成本、提高应用效率,助力各子公司数字化发展。

1)业务能力平台

基于中交场景化需求,结合布点和连线能力的夯实与提升,加快基础、共性、稳定、标准化业务能力的沉淀,整合共建类和具备推广条件的自建类系统或工具,打造BIM平台、智慧工地、智能制造等共享平台,实现业务流程贯通、能力复用、数据共享,并支撑前端业务快速灵活构建。

(1)BIM平台。以BIM为核心打造工程全生命周期数字化基础平台,提供模型转换、快速开发、多图形引擎、IoT数据集成、数字孪生等组件与服务,各单位结合自身业务和项目建设需求在基础平台上开发各类专业化应用,实现对产业链各阶段的应用赋能。通过BIM与其他数字技术集成创新应用,实施数字化工程,促进集团技术模式和管理水平全面提升，助推 A 集团数字化产业发展，不断增强集团的可持续发展能力，以"数字化创建、协同工作、数字资产运营三大平台功能搭建"为主线，实现六大增值服务功能，建设十一大支撑服务产品。

（2）智慧工地。聚焦施工生产现场人、机、料、法、环五大要素，利用数字技术为施工过程和现场管控赋能，实现作业现场全要素自动感知、实时分析和自适应优化决策。

（3）智能制造。聚焦支撑主业发展以及具有行业潜力的产品，对科研、设计、生产加工、施工装配、供应链、运营服务等全过程进行生产工具、工艺流程、管理模式、过程控制的智能化创新升级，提高两化融合能力和建造水平。在平台建设过程中，应注重国家知识产权保护。

（4）智能服务。围绕数字化营销、智能化物流、设备动态监控与养护维修等打通设计、生产、销售产业链条，整合集团内外部资源创新服务模式和商业模式，提供安全、高效、绿色服务。

2）数据能力平台

基于全量项目数据资源，利用集团统一的数据治理体系进行工程大数据管理、分析和应用，支撑实现产业链数据贯通，打造工程大数据中心，通过对数据价值的深度挖掘利用，逐步推动业务数据化、数据资产化、资产服务化、服务应用化，赋能产业发展。

3）资源能力平台

汇聚全集团丰富的产业数字化技术产品、技术人才、解决方案等资源能力，建立数字资产管理机制，形成以内生能力为核心，以成果智库、在线服务、管理协同为载体，推动数字资产和资源整合、能力聚合、资产盘活，培育创新、协调、绿色、开放、共享的产业数字化发展环境。

（1）智库服务。建立规模化产业数字化智库，将全集团数字化成果、人才以及其他关键资源信息进行集中化管理，整合产业发展过程中的软成果、硬资源，形成过程管理及结果管理。

成果库。建立产业数字化分级分类编码机制，对产业数字化历史工程数据、技术方案、产品应用、经验与方法等资源进行有效收集与管理，实行"产业数字化成果大数据"管理，确保集团层面汇总数据全面、准确，盘活产业数字化资产成果及资源，整合多源异构知识，提供一站式检索，提供技术成果的共享与交流服务。

人才库。建立全集团产业数字化人才库，汇总个人技能、项目履历、职称资质、个人荣誉、团队荣誉、个人参与产业数字化研究成果等数据信息进行集中查询展示及管理，建立适合产业数字化人才选定的分类、分级等评定标准，并建立标签属性和评分机制，满足集团、子公司对产业数字化人才的动态管理需求。

（2）在线服务。建立产业数字化智能在线服务平台，其目的有二：一是为各单位项目人员提供问题诊断、方案查找、成果推广（撮合交易）、在线培训等服务，实现各类成果在集团范围内的统筹调用，满足按需分类查询需求；二是打造业务共享协作到资源社区运营的端到端的资源能力创新体系，融入人工智能技术，实现产业数字化成果汇聚、管理、运营、应用智能化，营造资源共享的文化和氛围。

资源协同服务。提供在线方案查找、成果共享、在线问题解答等服务，统筹发挥集团内部产业数字化相关人才的技术优势，分析、解决、指导在建项目的专业技术问题，并将专家的这些经验解答在平台中积累沉淀，为公司后续项目提供借鉴参考，从而为在建、后建工程的产业数字化提供借鉴。满足各级单位对产业数字化成果资源的查询需求，实现集团内产业数字化成果的交流、推广（交易）等功能，打造集团内部产业数字化成果的应用市场。

智能服务。整合底层结构化数据、非结构化数据存储架构，与集团的数据中台相结合，对产业数字化智库中采集存储的资源进行深度分析挖掘，建设元数据和知识图谱体系，在全专业板块频道建立项目知识地图，通过对用户行为的分析预测建立用户画像，个性化智能推送资源，实现隐性知识显性化，强化产业数字化资源成果与业务深度融合。通过智能化的大数据处理，输出不同维度的分析结果，深化数据资源利用，辅助支撑集团管理决策。

产业数字化在线培训。开展 A 集团产业数字化线上培训，实现分专业板块分类线上培训及成果分享。包括人员报名及审核、视频教学及互动、学员自行下载视频自学、学员培训成果在线展示答辩、在线考试等功能。

（3）成果管理。落实产业数字化管理办法，与智库打通并提供成果报送渠道，提供各类产业数字化成果展示、发布、评选功能，满足集团层面对于产业数字化资源情况的汇总及统计分析需求。通过建立集团内部的市场化机制，对具有推广应用价值的、具有共性的产业数字化成果进行推广应用，避免重复研究，统筹协调推动各级企业的产业数字化成果转化工作，为各单位研究和探索成果转化的新模式奠定基础。

4）数字设施平台

依托集团数字设施基础，以泛在连接、云化服务、安全高效为核心，融合运用BIM、GIS、IoT、5G、边缘计算、人工智能等先进技术，构建智能化生产专网，打造"端—边—云"一体化协同体系，形成 A 集团产业数字化的数字基础服务能力。

（1）泛在连接。依托 5G、物联网等技术构建满足大数据、海量连接、低时延保障条件的生产专网，综合运用传感器终端感知、物联网数据采集能力、智能分析技术等，加强对项目全生命周期物理环境、建造对象、生产装备、现场人员的监测能力，构建全要素互联感知、设备高度智能的现场端，实现全过程全要素数字化、网络化，为装备与装备、装备与环境、人与装备、人与人之间的实时互动提供基础，提高自动作业和远程作业控制能力，支撑实现少（无）人作业。

（2）云化服务。基于集团"厦门为主、北京为辅、新建异地灾备"的三中心总体格局和 A 集团混合云的全网资源统筹管理能力，承载公司统一云平台、统建应用，作为核心算力节点，满足产业数字化建设对数字基础资源快速迭代能力、快速部署能力和弹性扩展能力的需求，支撑所需业务应用灵活上云，以及对数据的共享和分析利用。同时，依托部分单位规模较大的数据中心作为区域共享节点，承载区域内各单位自建系统、智慧工地、智能制造、物联接入等实时性要求高的业务。

（3）安全可控。在集团统一基础安全保护体系之上，以全员网络安全为准则，针对产业数字化发展催生的现场智能化应用、管理云平台、工程大数据、工业互联网等开展数字资产与新技术安全建设工作。同时结合国产化技术发展进程，在满足公司业务系统运行要求的前提下深入推进关键技术自主可控建设，实现安全防御能力可靠、运行稳定高效，为交通基建互联网提供有力可靠支撑。

数字设施平台采用"统建＋共建＋自建"的建设策略，集团总部统筹集团级数据中心、骨干网络链路与核心安全体系建设，大型物联网平台由总部联合各单位共建，边缘接入端由各单位根据自身个性化需求开展建设。

4. 产业链生态圈构体

打造内外两个高价值生态，以产业互联网思维推动建设交通基建互联网体系。其中，内生态以"数智＋产业"推动公司产业链协同发展，将集团内部的技术、人才、资金、信息、知识资产等要素进行融合汇聚，形成新业务模式、新发展方式；外生态以"数智中交＋行业"构建产业联盟，将客户资源、供应商资源、投资人资源和其他社会资源进行融合汇聚，实现数字经济价值开放和共创共享。

1）产业链

遵循"共商共建共享"宗旨，打造"一总部五聚合四协同"内部生态环境，即打造高价值总部，推进人才能力、技术创新、解决方案、供应链、运营能力聚合，实现规划、实施、平台、服务协同，共同做强做优做大数智产业。

打造高价值数智总部：依托集团总部管理职能与 A 集团智慧研究院以及具有行业优势的子公司专业力量，破解产业数字化发展困境，协同内部数字化团队，依托高价值总部定位，牵头实现技术创新、模式创新、产品创新。

一是推进人才能力聚合。培育涵盖咨询设计、系统研发、运维服务和安全运营的人才服务体系，持续提升数字化赋能的战斗力与协同作战能力，打造从理念提出、战略执行到落实到位的管理闭环，实现高效的内部统筹和团队协作。

二是推进技术创新聚合。构筑精益建造、绿色发展和数据驱动的新型产业发展模式，由高价值总部汇聚和优化内部在 BIM、GIS、数字孪生、云计算、大数据、物联网、人工智能等关键数字技术的创新积累。

三是推进解决方案聚合。以客户为中心，推进融合内部各产业链提升个性化、定制化的产业链数字化解决方案的创新设计能力，为客户或消费者提供更精准、更高效、更高附加值的数字化服务和延伸服务价值。

四是推进供应链聚合。推动数字信息领域企业或队伍之间数据和业务互联互通、信息可信交互、生产深度协同，提升数字化供应链融合发展水平，整合提升产品和服务能力。

五是推进运营能力聚合。探索建立一整套产业内、产业间完整的数字化运营机制，提升产业链数字化运营效能，实现产业数字化转型价值与收益最大化，构建产业链数字化的平台型运营模式。

2）生态圈

通过联合组织、联合研发、联合应用、联合运营等方式连接跨组织、跨行业和跨产业资源，带动产业链供应链数据、资源、业务融合互通，推动上下游企业协同发展，为行业高质量发展赋能。一方面要打造"A 集团数智资本"，通过资本平台赋能集团数字力量的资源聚集、能力提升和人才培养，建立更开放的创新体系、生产体系和市场体系；另一方面要建立"产业数智联盟"，积极与外部数字生态进行对接，建立共享共赢模式，形成良性循环的协同生态和合作格局。通过数智资本与数智联盟推动生态圈建设。

一是打造融合发展的生态圈。发挥集团作为行业龙头企业和现代产业链链长的主动支撑和融通带动作用，以"数智 A 集团 +"有效整合外部产业资源，形成产业要素有机结合、产业数字生态集聚。构建"生产服务 + 商业模式 + 金融服务"跨界融合的数字化生态，形成具有更强创新力、更高附加值、更安全可靠的数字化产业链。

二是打造协同创新的生态圈。与科研机构、尖端企业开放合作、联合攻关，在新基建、卫星导航和移动互联网通信信息技术、数字化施工管理技术、智能化装备制造、BIM 技术、专业化产业服务平台共同组建产业技术合作联盟方，推动自主可控与科技创新，打造形成核心科技竞争力。

三是打造共享开放的生态圈。以交通基建互联网为公共服务平台，探索与平台企业、金融机构开展联合创新，共享技术、通用性资产、数据、人才、市场、渠道、设施、中台等资源，开放研发、生产、营销等领域的能力，带动上下游企业加快数字化转型，促进产业链供应链向更高层级跃升。

四是打造市场创孵的生态圈。推动数字经济与传统行业健康发展，搭接交通运输业、能源业、产业园、政府等外部元素，协同构建区域或行业的八大产业数智发展新市场。

6.1.4 大交通领域产业数字化保障措施

1. 组织保障

在集团信息化和网络安全工作领导小组的统一领导下，在产业数字化领导小组及工作小组的统筹指挥下，进一步完善优化战略、业务、数字化三方协同推进机制，深化集团科学技术与数字化部、A集团智慧研究院、各单位"管理、研发、产业"的"三驾马车"驱动的适应性组织，优化以主营业务产品为导向的产业链链长机制，加强集团纵向管理组织贯通与横向协同合作，鼓励各产业公司根据自身产业特色特长出台产业数字化发展的制度和规范体系，引导产业数字化各类社会资源聚集，形成系统性、整体性工作推进格局，如图6.3所示。

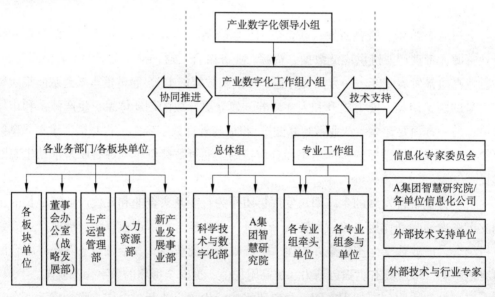

图6.3 集团产业数字化组织体系架构图

1）产业数字化领导小组

其主要职责为：指导公司产业数字化工作推进；研究审议重大任务和重要事项；统筹指导、组织协调重要问题；督促检查重要工作落实情况。总体把控项目进展，统筹开展重大事项决策和组织协调，把握建设方向，统一管理机制，协调配置资源，审定项目成果，推动实现产业数字化建设目标。

2）产业数字化工作小组

总体组组织开展A集团产业数字化发展思路及策略研究，组织协同各专业组开展试点建设和推广工作，协助领导小组办公室进行项目管理组织协调、技术与质量把关，推进项目建设和推广应用。总体组包括集团科学技术与数字化部、A 集团智慧研究院及各专业组牵头单位等。

各专业组根据集团主营业务方向，以所属行业产品为分类，成立专业组，由集团内部在本专业具有优势地位的子公司作为组长单位，并遴选明确副组长单位以及参与单位，职责是：以产业链连线为重点，编制本专业产业数字化建设方案，先期依托集团主导投资建设的 PPP 或 EPC 项目，进行产业链贯通试点建设，推动数字化交付，形成管理机制、组织标准、技术标准、数据标准、数字化系统平台等可复制可共享的范本和成果，后期进行推广建设。

3）专家团队

公司信息化专家委员会、外部技术支持单位、外部技术与行业专家对公司产业数字化规划计划、标准制度、重大项目提供咨询建议，参与项目的评审、审查、验收等工作，参与各类成果的技术鉴定和评审；对公司产业数字化各专业方向的规划、计划、标准制度、项目方案提供咨询建议；参与各专业产业数字化项目的评审、审查、验收等工作；提供各专业方向产业数字化的技术咨询和指导。

A 集团智慧研究院负责承担相关系统的研发、共性平台的建设等；各级单位信息化公司协同推进共性平台建设，并在统建平台的基础上，根据个性化业务特点和需求，进行个性化部分自行研发建设。

2. 机制保障

构建适应数字化发展的协同机制、运行机制、管理体系、标准体系和文化体系，全方位提升产业数字化运营效率。

1）协同机制

创新集团产业数字化协同管理机制，促进战略、业务、信息三方高效协同，加快构建适应数字化发展的管理和运行机制，实行管办分离、科学分工，发挥管理、产业、研发各领域的驱动作用，通过"三驾马车"和"产信"深度融合大力推动产业数字化发展。

推行链长负责制，选取各产业领域具有技术优势、管理优势、项目经验丰富的子公司担任产业链链长。在产业数字化领导小组的统筹下，联合产业链相关子公司协同推进，共同探索产业链全过程的生产组织模式变革、市场开拓模式创新、供应链流程优化、数字化成果交付、数据流要素贯通等内容，涵盖全生产要素，服务全参与方，驱动新结构、新材料、新工艺、新装备等全产品要素，推动产业链各环节数据贯通和各参与方的业务协同。

2）运行机制

优化产业数字化责任体系、执行体系、评价体系。集团定战略、重权益、立规矩、抓执行、强监管、问责任，增强制度的约束力，提高战略的执行力。推动管理层级扁平化和治理方式现代化，消除管理冗余，既要统筹集团整体发展利益，又要兼顾各板块、各单位和基层利益，发挥各方积极性，实现产业数字化投入产出效益最大化。

3）管理体系

完善产业数字化各类制度，包括工作管理办法、人才培养管理办法、考核管理制度，将产业数字化作为重要维度纳入数字化诊断评估体系，并根据业务需求、产业环境、上级单位要求的变化，每年更新考核与评估指标；完善成果评优管理机制，将产业数字化应用纳入优质工程评审条件，对产业数字化应用优秀的工程给予适当加分，并在后续评优工作中进行落实，相关内容补充至工程质量评优等相关管理制度，并对执行情况进行监督。

4）文化体系

加大宣传和宣贯力度，出台创新政策激励，积极组织各类数字化转型培训活动，提升全集团发展产业数字化的统一思想认识。提高各级领导班子认识，推动各级组织从战略层面思考、布局和推进产业数字化工作。提高中层干部和基层骨干人员的专业素养，夯实产业数字化管理和执行能力；提高一线员工技能，通过政策宣贯、示范推广、竞赛评比等活动，激发一线员工积极性、主动性和创造性，逐步形成产业数字化学习、交流、创新、发展的文化氛围。

3. 资金保障

加大产业数字化投入在整体信息化投入中的比重，统筹科研资金和信息化预算资金，着力保障 BIM、大数据分析等共性技术研发及 5G 应用、人工智能等前沿技术攻关的投入；各单位加强"建链、强链、补链、延链"投入，保障主营业务自建部分核心技术及系统平台研发，实现技术和产品供应的全面自主可控。同时，充分运用市场机制多元化筹措资金，与国家产业基金、行业资本和金融机构合作，各级组织积极筹备专项资金，争取政府补贴资金、市场化获取外部资金等支持产业数字化建设。

产业数字化主要资金投入涵盖课题研究与方案设计、业务标准规范建设、重点平台研发和运维等重点内容。其中，统建类由总部出资，各单位负责推广使用；共建类由总部每年提供定量引导性资金支持，各单位按比例配套相应资金积极推动建设推广；自建类由各单位自筹资金进行建设，相应成果纳入集团成果库统一管理。

（1）课题研究与方案设计。集团级规划、集团级课题研究与总领性实施方案设计工作作为统建类工作任务由总部统筹组织开展，其他专项规划作为共建或自建类执行。

（2）业务标准规范建设。集团统筹的各类技术标准、管理标准和工作标准，作为统建类工作任务由总部统筹组织开展,其他标准作为共建或自建类执行。

（3）重点平台研发和运维。BIM 平台技术底座由集团出资,典型可推广应用由总部联合各单位共建,专业应用由各单位自行筹措资金；智慧工地平台技术底座由总部出资,典型可推广应用由总部联合各单位共建,个性应用由各单位自行筹措资金；智能制造以自建为主,典型可推广应用由总部及链长单位联合共建；数据能力平台工程大数据中心等技术底座由总部出资,数据应用功能由总部联合各单位共建,拓展面向社会、行业、公众等的产业数字化数据应用的功能模块由各单位自行筹措资金；资源能力平台由总部出资建设；数字设施平台由总部出资建设总部级数据中心、骨干网络链路与核心安全体系；大型物联网平台由总部联合各单位共建,边缘接入端由各单位自行筹措资金建设。

4. 人才保障

建立产业数字化管理人才、专业技术人才的培育和引进长效机制,提升人才培养的针对性和系统性,重点关注人才高端化和年轻化以及既懂业务又懂数字化的复合型人才培养,形成人才梯队,加大不同岗位人员培训力度；在职称评审、资格认定等方面提供政策支持,营造适于人才成长的环境,激发技术人员的积极性。建立集团产业数字化人员能力要求的企业标准,支持和建设产业数字化人才实训基地,加强在职人员、转岗人员的数字化技能培训,促进从业人员技术和知识结构升级,对特殊专业技术人员待遇可参考市场价格进行浮动调整。充分发挥产业数字化内外部专家力量及相关科研机构、智库的作用,开展前瞻性、战略性重大问题研究。

6.2　新能源领域产业数字化典型案例

6.2.1　新能源领域产业数字化现状与需求

1. 数字化现状综合评估

B 企业经过近几年公司信息化快速建设,基本实现了 B 企业所有业务板块全面覆盖和主要业务信息化替代,为公司全面数字化转型打下了良性基础。依据中信联《数字化转型　参考架构》(T/AIITRE 10001—2020),B 企业总体数字化转型已达到 L3 流程级,在业务线范围内通过流程级数字化和传感网级网络化,以流程为驱动,实现关键业务流程及关键业务与设备设施、软硬件、行为活动等要素间的集成优化,如图 6.4 所示。

经集团诊断评估,公司数字化转型综合得分为 47.69 分,在集团公司各二级单位中排名第 5,略高于集团公司整体分数(45.2 分),远低于某电力公司得分(78.3 分)。

从总体发展水平来看，公司数字化转型大幅高于电力行业平均水平（30.6 分），接近行业领先水平（47.8 分）。与行业领先企业相比，B 企业在治理体系、新型能力建设等方面仍有一定差距，尤其是组织柔性化平台化转型、数字化研发设计能力提升、数据开发利用能力建设、生产现场智能化等仍需进一步强化。

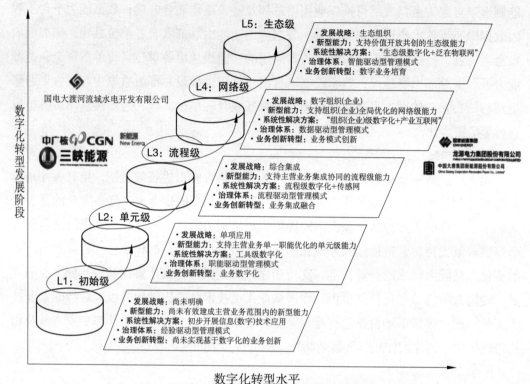

图 6.4　数字化现状综合评估

1）数字化认识基本到位

公司领导非常重视数字化工作，全员数字化意识正在持续提高。数字化转型不是简单的面向内部的信息化建设，而是基于数字化的业务、商业模式、管理流程、组织管理的变革转型。数字化转型已上升为公司战略发展高度。

2）数字化治理与保障体系基本健全

数字化组织建设基本完善。公司成立了网络安全与信息化领导小组和智慧运营中心。网络安全与信息化领导小组统筹协调公司网信体系建设工作；智慧运营中心全面支撑公司新能源战略，推进公司"两化"深度融合与数字化转型，是公司各部门、各单位生产智能化、项目数字化、管理信息化和网络安全工作的专业化技术支撑机构；同时，加强业务部门自身数字化建设管理，初步形成了业务部门和智慧运营中心协同推进的良好发展趋势，全面人才队伍建设有了保障。

数字化制度基本完备。立足于统一编码、统一规则、统一标准的信息化规范管理，企业初步制定了《信息化管理制度》《网络安全管理办法》《信息系统管理办法》等标准制度，基本实现了信息化建设有序发展，通过系统升级与建设，推进业务需求联动。数字化制度体系已具备了较好基础。

网络基础仍较薄弱。公司生产服务区域的统一网络基础设施尚未完全覆盖，包括场站物联网、风场管理网络。风场作业不能实时在线操作仍广泛存在，多源网络接入仍需建设。网络安全态势感知、技术监测、协同防护等手段措施比较落后，随着大数据环境下网络攻击手段及攻击方式的不断更新，公司关键信息系统、基础网络设施、数据中心机房等面临着严峻的挑战。

3）数字化建设与应用整体有序

B 企业信息化建设基本转变为由业务部门及分子公司牵头负责具体业务数字化需求管理，智慧运营中心统筹规划、专业保障的协同一体化推进方式，形成了 B 企业核心系统统建、新能源特色及重点信息项目由 B 企业统筹建设与监控、分公司应用的三级信息化管理模式。

现有包括综合计划与统计系统、并购管理系统、智慧生产与运营平台、测风测光系统等在内的 53 个信息系统，所有的业务系统都集成到公司门户系统中，且所有信息系统的需求来自基层，功能贴合基层，服务基本满足基层。

4）数据要素开发利用已有一定基础

公司业务信息化发展积累了大量的数据资源，一体化数据中台建设实现了数据采集、汇聚、整合、存储数据资源，统一规范的数据管理制度逐步推进，为下一步更好地开展数据分析、挖掘数据价值、提升数据要素开发利用水平奠定了基础。

5）数字化效能与效益尚不明显

数字化建设往往投入较大、周期较长，现阶段公司数字化转型效能不明显，数字化深度融合增效能力仍不足。

6）数字化对业务创新与模式创新支撑不够

数字化转型的核心是利用数字化技术实现业务模式的创新与转型，但现阶段公司在产业数字化和数字产业化发展上仍处于起步阶段，难以支撑公司业务创新与模式创新。

2.公司数字化转型需求分析

新能源电站由于受分布点多面广、自然环境恶劣、电站集约化及智能化程度低等因素影响，运营成本长期居高不下。目前，新能源发展已由国家政策引导支持阶段进入市场自由竞争阶段，对新能源降本增效运营提出了更高的要求。

为了贯彻落实国家与集团的数字化建设在新能源领域的战略部署，保持可持续的高速发展，争做创一流的世界新能源企业，需坚定不移地坚持加快数字化转型的步伐。B企业信息化建设虽然起步较晚，但发展较快、发展趋势良好，为全面数字化转型打下良性循环向前的基石。同时，B企业也认识到自身在信息化认识、总体架构、统一的数据平台与数据服务运营体系、人才队伍建设方面存在一定的不足，特别是目前存在业务应用系统老旧、没有大型ERP综合支撑、部分业务应用（如采购物资资产管理）缺失等问题，新运营模式存在大量场站设备老旧等困难，能源智慧运营建设仍面临挑战。

1）制定数字化发展战略

目前，公司已经实现了全业务信息化覆盖，实现了管理信息化和业务信息化，取得了全员对信息化工作的重视。一是需要坚定认知，注重管理标准化是企业信息化的基础。公司部分业务和单位管理标准化程度不高，客观制约了公司信息化的整体进程，B企业部分业务和单位对信息化建设规律认知不到位、不深刻，客观影响了信息化作用的发挥。二是需要提高认知，注重业务数字化是企业数字化的基础。公司整体需要制定数字化战略，加速数据要素开发、加工和平台化利用。

2）构建全面、系统性数字化支撑体系

业务数字化进一步完善。总体来看，综合管控类业务板块总体信息化程度较高，但核心业务板块总体信息化利用程度仍相对较低。公司急需使用数字化技术来提升智慧生产经营体系的建设，急需通过速赢项目建设快速补强业务数字化短板。另外，在赋能公司资源获取、工程建设、电站运营各环节方面，能力仍显不足。

目前，通过试点建立项目全生命周期数字化管理系统，初步实现从项目开发、工程建设、生产运营到评估的全过程数字化管理；继续提升并推广集中监控系统和电力生产管理系统，研究开发电力交易与市场营销管理系统，探索智能电站技术试点应用；优化完善公司统一数据管理平台，持续强化数据统一采集与数据质量管控，接入电站实时运行数据，扩展并优化完善各主要业务板块数据可视化及数据分析应用，探索数据驱动的智慧企业整体解决方案。

智慧运营模式需加快建设。B企业虽已建成远程集成三级架构，完成七个区域集控建设，但未建成的区域仍较多，尚未实现"区域集控＋区域检修"的电力生产新运维模式，需重点推进海上风电生产智能化建设，打通运维业务各环节的数据流程。需要进一步优化、完善电力生产管理系统功能，推进生产管理"三个集中"（生产管理集中、运行集中、检修集中）、场站电力生产工作的"五个统一"（统一管理、统一部署、统一协调、统一运作、统一营销）。

工程全生命周期管理体系亟需建立。能源方面尚未建成工程全生命周期管理体系，只是在运营阶段采用了信息系统和数字化手段来辅助管理，在项目开发、规划设计、建设管理等阶段缺少有效的数字化手段来实现资源的精准开发，规划设计的多方协调，以及建设进度、成本、质量的精益管理。可以通过引入工程数字资产管理平台，构建覆盖公司规划设计、建设管理、生产运维等主营业务各环节的工程数字资产，以统一的标准和规则，通过统一的平台存储和管理项目全过程中完整、准确和及时的信息，建立文档、记录、资产、人员、流程和项目之间的桥梁。以工程编码为纽带，以工艺系统、设备、材料等为基本单元，通过规则和编码，有机关联各相关数据、图纸、资料和三维模型等工程内容，建立起伴随建设工程动态生长的数字工程数据仓库，创造一个贯穿工程全生命周期的数字化生态系统，为各项专项业务应用提供数字化基础服务。

目前，B 企业信息化技术管控缺失，在业务和信息系统建设高速发展阶段，亟需建设 B 企业统一技术管控，实现公共技术服务支撑，规避信息化基础设施、技术组件及技术服务重复建设、离散建设的重大问题，从全局管控角度规划 B 企业技术复用能力，保障信息化建设的良性发展。

3）打造数字化新型能力与差异化竞争力

B 公司已建立了比较完备的业务信息化支撑，但是数字业务化和运营能力还存在不足。首先，内部各业务部门存在数据散乱情况。缺少统一模型规范，各职能岗位对数据概念、用法理解不一，缺少数据模型和统一规范；外部对接缺少统一资源目录，缺少基于资源目录的主数据识别定位，内外数据无法自动转换和溯源。其次，数据孤岛较严重。在信息与数据资产的采集管理、集成共享和挖掘分析方面依然存在较大不足，手工填报加工数据的情况仍然存在，业务数据尚未充分集成共享，缺失全局业务流的数据运营平台运营体系，横向隔离、纵向贯通的数据共享机制有待建立。因此，积极构建统一的数据平台与数据服务运营体系才能够把数据的效益释放出来，用数据来赋能智慧运营建设，打造数字化新型能力与差异化竞争力。

4）健全数字化治理体系与管理保障

流程不统一、管理方式不统一、数据不统一仍然是核心挑战。公司正迈入适应数字化转型、规模与效益并重发展的关键期，跨领域协同、跨职能协同、跨层级协同成为常态化工作和能力建设主线，迫切需要站在全局角度开展能源体系化的总体架构设计，促进公司向"一个体系，一个标准"迈进。"十四五"时期需要按照统一规划梳理各类应用系统的业务逻辑和数据依赖关系，做好项目群建设规划和实施方案。各类项目建设做好业务架构梳理、应用架构评估、数据架构评估、技术架构评估，在建设过程中充分考虑系统间的依赖或绑定关系，避免因分步实施导致系统之间形成壁垒，避免重复建设、重复投入。

伴随着信息化建设迅猛发展，B 企业信息部门人才架构已不能适应现状，现有工作人员工作负荷大、难以聚焦信息化专项技术发展，人才数量、种类已经明显不能满足实际工作需求，迫切需要加强信息化队伍建设，适应目前以智慧运营中心为重心的工作转型需求。同时，各二级单位要做到专人专岗，具备信息化建设运营的独立管理能力。最后，公司业务数字化、数字业务化的建设，需要一支既懂信息化又懂业务的复合型人才队伍，需进一步加强集团信息化人才培养、人才发展机制。

5）加快推进业务创新转型升级

推动公司业务数字化、业务模式创新、数字业务发展变革，构建打通组织内外部的价值网络，与利益相关方共同形成新的价值模式，提升公司在新能源领域的产业数字化引领能力。

6）充分挖掘数字化综合效益

首先，综合评估数字化投入和收益，优先解决投入成本少、实施周期短、转型效果明显的数字化项目。其次，加快数字化深度融合能力，充分挖掘公司数据要素，赋能企业的业务核心价值提升，提升降本增效能力，提升内外部用户体验。最后，延伸新能源产业数字化价值，提升产业协同、推进价值链再造和升级，培育数字化产业化新业态，创造更多经济和社会效益。

6.2.2 新能源领域产业数字化战略目标及原则

1. 数字化转型总体目标

B 集团提出"十四五"末基本建成"智慧 B 集团"，数字化能力跻身行业前列，打造成央企数字化转型样板数字化的总体目标。为贯彻集团"十四五"数字化规划，落实公司新能源领域数字化转型工作，实现 B 集团"创建世界一流新能源企业"的战略目标，需要依靠顶层设计方法，持续提升 B 企业数字化战略、数字化治理、数字化产品服务创新、数字化生态合作的综合效益，2025 年基本建成"智慧 B 企业"，公司数字化转型由网络级向生态级发展，数字化总体评分跻身行业前 5%。

表 6.1 "十四五"数字化发展主要指标

评价方向	评价维度	关键指标	2020 年关键指标达成情况	2025 年关键指标达成情况	指标说明
数字基础设施	通信网络	电站场区网络覆盖率	50%	90%	场区有网络覆盖的电站数 / 电站总数 ×100%
	云平台	应用系统云化率	15%	80%	云化应用系统数 / 应用系统总数 ×100%

评价方向	评价维度	关键指标	2020年关键指标达成情况	2025年关键指标达成情况	指标说明
数字运营	智慧开发	项目开发主要流程在线率	20%	80%	采用信息系统的项目开发主要流程数/项目开发主要流程数×100%
	智慧建造	工程建造主要业务在线率	20%	60%	采用信息系统的工程建造主要业务数/工程建造主要业务数×100%
	智慧运营	集中监视系统接入率	75%	90%	接入集中监视系统的电站数/电站总数×100%
		区域集中监控系统覆盖率	28%	75%	区域集控中心数/业务覆盖的省份数×100%
	智慧营销	营销与交易业务在线率	10%	50%	采用信息系统的营销与交易业务数/营销与交易业务数×100%
数字管控	数字人力	人力资源业务在线率	50%	80%	采用信息系统的人力资源业务数/人力资源业务数×100%
	数字供应链	招标及采购物资标准化率	50%	95%	招标及采购中涉及的物资编码使用标准编码条目数/所有招标采购涉及的物资编码条目数×100%
	风险管理	线上风险识别占比	20%	90%	通过信息系统分析辨识或跟踪管理的风险点数/风险点总数×100%
数据运营	数据采集	统一数字化平台数据采集率	50%	90%	能够被统一数字化平台采集的数据量/数据总量×100%
	数据共享	数据融通贡献率	15%	60%	指标定义：共享开放的数据量占企业全部数据总量的比例，反映公司数据开放共享程度和水平。计算方式：共享开放的数据量/企业拥有的数据总量×100%
网络安全	安全防护	网络安全事件响应时间	15分钟	10分钟	网络安全事件从发生至响应的时长
数字化管理	数字化管理	数字化投资占比	1%	2%	年均数字化投资/年均销售收入
		数字化考评	0	4%	指标定义：企业部门领导及所属单位领导的经营业绩考评指标中，数字化相关指标所占的权重，网络安全相关指标所占的权重。计算方式：数字化相关指标数/经营业绩考评指标总数×100%

通过数字化与企业管理的有机融合，充分发挥物联网、云计算、大数据、BIM等新技术，打造统一数字化平台，赋能企业高速发展与降本增收，实现设备数字化、项目数字化、要素数字化、企业数字化、产业数字化，培育数字产业化新业务，提升能源数字化发展指数，逐步推进B企业智慧化发展。

2.数字化建设原则

基于公司数字化发展需求，从公司数字化目标保障出发，公司坚持"两个统一、两个驱动、迭代实施、自主掌控"信息化建设原则。

1）坚持统一平台与统一架构的建设模式

坚持统一规划的数字化平台，遵从统一数字化总体架构，在全局信息化蓝图的指引下开展信息化建设。减少各自为政的情况，规避散而不统的现象，减少数据孤岛的产生。在系统建设模式上，公司采用统一标准模式，执行统一信息化管理。

2）坚持业务驱动与数据驱动的创新模式

坚持业务驱动与数据驱动的数字化统筹规划原则。首先是业务驱动，整体推进各类项目实施工作，充分考虑总部管理要求和业务特点，立足业务及管控实际需要，梳理业务流程事项，形成统一业务架构；其次是数据驱动，梳理公司数据资产，厘清各类数据的产生源头与流转情况，明确各类数据的唯一责任方，实现数出一门，使数据治理工作有据可依，有人可管，通过梳理数据架构明确数据资产的可见、可懂、可用、可运营的指导依据。

3）坚持迭代实施与自主掌控的实施模式

坚持迭代实施的原则，采用迭代增加需求、持续改进系统策略，推进"端到端"的数据流通和贯通能力，实现全业务数字化支撑能力；坚持自主可控能力，采用自身统一的业务模型、数据模型，以信息化总体架构为指导与管理依据，建设自身信息化运维能力和服务保障能力，降低对信息化设备和服务供应商的过度依赖，培养形成自主可控的信息化、数字化建设队伍。

6.2.3 新能源领域产业数字化总体设计

1.数字化转型总体架构

在B集团"1132"数字化转型目标框架指引下，落实B集团"实现设备数字化、项目数字化、要素数字化、企业数字化、产业数字化的智慧能源"的发展愿景，依据先进企业数字化转型最佳实践，基于对能源公司的战略理解、业务调研和数字化需求分析，建立"十四五"期间B集团数字化转型"168"总体架构，持续提升设备数字化、项目数字化、要素数字化、企业数字化、产业数字化，基本实现智慧B集团新能源总体目标。

打造一个统一的数字化平台：以全面数字化、全面智能化为趋向，打造业务中台、数据中台、技术中台协同一体的数字化平台，实现面向业务的数据高效供应与赋能和信息化建设全面管控的可复用能力。

提升六项数字化能力：数字化相关业务能力、数据能力、应用能力、技术能力、安全能力、治理能力全面提升。

重点建设八大核心应用群：推进战略引导层、业务执行层、综合支撑层12项应用（域）群稳步建设，在"十四五"期间重点推进业务执行层项目开发、工程建设、生产运营、电能营销核心业务应用群，以及综合支撑层人财物管理、风险管理、数据管理、基础设施管理核心保障应用群，共八大核心应用群建设。覆盖公司总部、区域管理机构和项目公司，推进八大能力主线全生命周期闭环管理。

2. 业务架构规划

立足公司全局业务战略，从公司战略发展需求和业务运营需求入手，形成以业务架构为基准的数字化转型架构体系。B企业业务架构设计主要分为三个阶段。第一阶段是业务能力框架梳理，即梳理公司总体业务能力框架，厘清数字化赋能的业务主线。第二阶段是业务能力组件识别，即细化业务能力框架中所包含的业务事项，厘清数字化赋能的业务场景。第三阶段是端到端的价值流程梳理，形成统一的核心业务价值流程蓝图。

B企业未来信息化建设应打破传统职能部门烟囱式的系统，不受制于组织结构，应围绕核心业务能力进行。通过研究B企业的业务现状与未来业务发展需要，结合公司业务部门设置与各部门主要职责，分析规划公司业务架构，公司业务架构总体应涵盖企业的战略引导、业务执行、综合支撑三个层面，如图6.5所示。

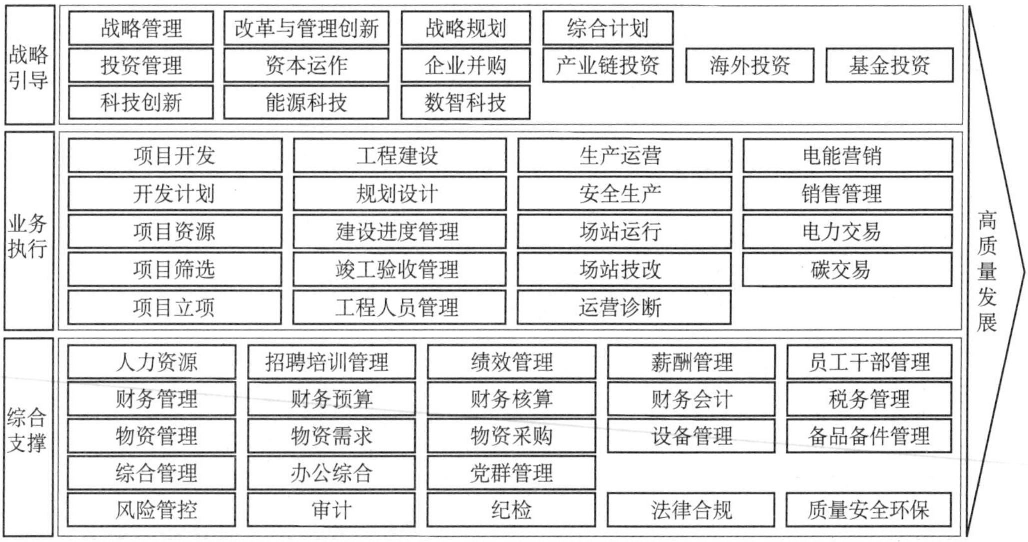

图 6.5　公司业务架构

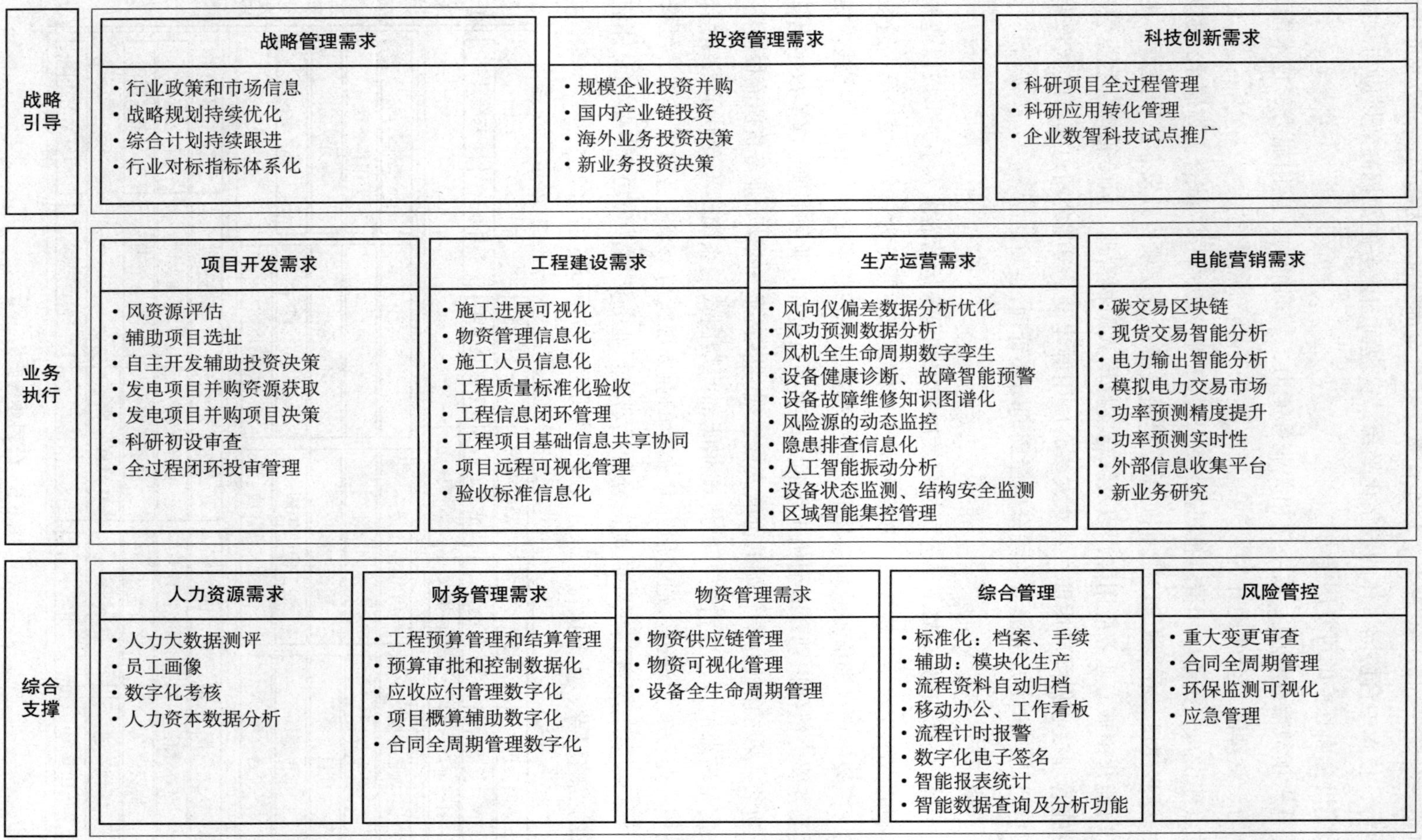

	战略管理需求	投资管理需求	科技创新需求
战略引导	· 行业政策和市场信息 · 战略规划持续优化 · 综合计划持续跟进 · 行业对标指标体系化	· 规模企业投资并购 · 国内产业链投资 · 海外业务投资决策 · 新业务投资决策	· 科研项目全过程管理 · 科研应用转化管理 · 企业数智科技试点推广

	项目开发需求	工程建设需求	生产运营需求	电能营销需求
业务执行	· 风资源评估 · 辅助项目选址 · 自主开发辅助投资决策 · 发电项目并购资源获取 · 发电项目并购项目决策 · 科研初可研 · 全过程闭环投审管理	· 施工进展可视化 · 物资管理信息化 · 施工人员信息化 · 工程质量标准化验收 · 工程信息化环保管理 · 工程项目闭环信息共享协同 · 项目基础可视化管理 · 项目远程可视化管理 · 验收标准信息化	· 风向仪偏差数据分析优化 · 风功预测数据分析 · 风机全生命周期管理数字孪生 · 设备故障诊断，故障智能预警 · 设备健康维修知识图谱化 · 风险源的动态监控 · 隐患排查信息化 · 人工智能振动分析 · 设备状态监测、结构安全监测 · 区域智能集控管理	· 碳交易区块链 · 现货交易智能分析 · 电力输出智能分析 · 模拟电力交易市场 · 功率预测精度提升 · 功率预测实时性 · 外部信息收集平台 · 新业务研究

	人力资源需求	财务管理需求	物资管理需求	综合管理	风险管控
综合支撑	· 人力大数据测评 · 员工画像 · 数字化考核 · 人力资本数据分析	· 工程预算管理和结算管理 · 预算审批和控制数据化 · 应收应付管理数字化 · 项目概算辅助数字化 · 合同全周期管理数字化	· 物资供应链管理 · 物资可视化管理 · 设备全生命周期管理	· 标准化：档案、手续 · 辅助：模块化生产 · 流程资料自动归档 · 移动办公、工作看板 · 流程计时时报警 · 数字化电子签名 · 智能报表统计 · 智能数据审查间及分析功能	· 重大变更审查 · 合同全周期管理 · 环保监测可视化 · 应急管理

图 6.6　公司各层级各业务域的数据服务需求

（1）战略引导层。战略引导覆盖 B 企业战略全生命周期的战略计划、改革与管理创新、资本运作、规模企业战略投资、能源科技、数智科技等各环节，包括战略管理、投资管理、科技创新。

（2）业务执行层。以公司业务核心价值链为主，包括项目开发（自主开发和项目并购）、工程建设、生产运营、电能营销的业务执行层。

（3）综合支撑层。包括人资管理、财务管理、物资管理、综合管理、风险管理，实现对企业核心业务运行成本、费用、效率的综合管理以及建立一体化风险保障体系。

3. 数据架构规划

根据公司业务架构，建设公司面向数据运营服务需求为导向的数据生产、加工、利用能力，包括数据服务需求剖析、数据中台能力、数据资产框架、数据流转关系、数据治理体系，横向打通数据壁垒，纵向实现可穿透的数据链路，构建端到端的数据流，基于统一数据平台以及统一数据服务设计从数据供应链视角的完整数据生态蓝图。

1）数据服务需求

面向战略引导层、业务执行层、综合支撑层各业务能力建设需求及调研情况，梳理公司各层级各业务域的数据服务需求，如图 6.6 所示。

（1）战略引导层。战略管理需求包含掌握能源行业政策和市场信息、企业战略执行信息及综合计划运营信息等；投资管理需求包括国内新能源产业链相关企业并购资源信息、并购市场以及海外业务、新业务的并购信息等；科技创新需求包括重大科研项目成果转化与应用、公司数智化运营建设等。

（2）业务执行层，包括项目开发、工程建设、生产运营、电能营销业务领域相关的项目资源评估、投审信息，以及开展数字化辅助投资决策、科研审查，工程施工中的人员、物资、进度信息、验收信息等内容，生产运营中的发电量、预测数据、设备全生命周期数字孪生、设备健康诊断、故障智能预警、人工智能振动分析等信息，电能营销中的功率实时预测、电力交易和碳交易信息。

（3）综合支撑层，包括人力资源管理、财务管理、物资管理、综合管理和风险管理相关的员工画像、人力资本数据分析、合同全周期管理数字化、工程预算管理和结算管理、预算审批和控制数据化等。

2）数据中台架构

数据中台架构以业务需求为导向，满足公司总部应用系统和二级、三级应用系统的接入和存储需求，促进人员、机构、项目、客户、产业等各领域数据融通，为内外部提供开放共享服务，持续沉淀共性数据服务能力，具体包括数据聚合、数据存储、数据分析、数据服务等功能，如图 6.7 所示。

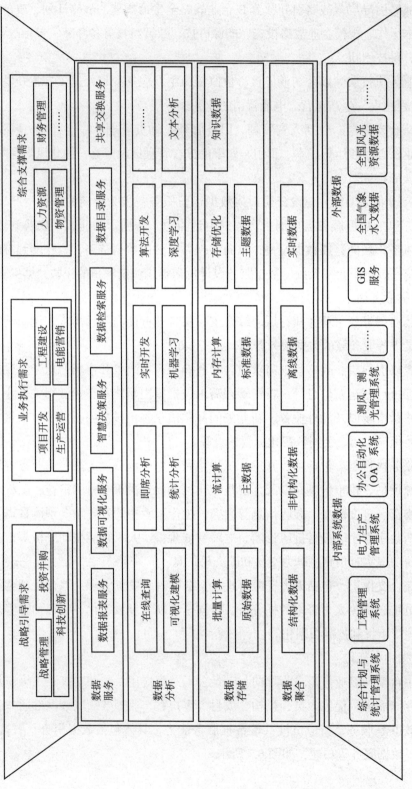

图 6.7 数据中台架构

3）数据资产框架

建立 B 企业数据资产框架，按照数据域分为 12 类，包括战略数据、投资数据、科技数据、开发数据、建设数据、运行数据、销售数据、人资数据、财务数据、物资数据、综合数据、风控数据等，如图 6.8 所示。

战略	投资	科技	开发	建设	运行	销售	人资	财务	物资	综合	风控
改革创新	项目并购	科研	资源	计划	设备运行	市场营销	组织	总账	采购	党群	审计
战略规划	股权投资	评审	政策	概预算	生产值班	客户关系	员工	应收	供应商	行政	纪检
综合计划	海外投资	数智	行业	进度	工作日志	售电	薪酬	应付	库存	后勤	法务
	基金投资		勘测	成本	发电量	电力交易	培训	资产	配送		合规
			项目库	竣工结算	检修	碳交易	二部	预算	合同		质量
			投资决策		监控	电费收缴	绩效	科目	物资		安全
					备品备件		招聘	资金			环保

图 6.8　数据资产框架

4）数据分布流转

明确公司数据分布情况以及跨数据域层级的数据交互流转关系，建立公司各部门数据一入多出、数据协同共享的标准，如图 6.9 所示。

5）数据治理体系

数据治理工作的总体目标是通过数据治理体系的建立和运行，持续提升数据可用性、数据质量水平和数据安全水平，为信息化建设和业务应用打造准确、完整、一致、安全的数据环境，创造数据资产的业务价值。

整体框架为以数据能力为导向，以组织、制度、流程与考核为主线，构建统一架构、统一标准、统一主数据、统一元数据、统一质量管理和统一安全管理的数据管理运行体系，以统一的数据平台作为数据治理管控的数据技术支撑体系，如图 6.10 所示。

4. 应用架构规划

根据业务架构，以"一个能源、一体化业务运行"为导向分析支撑业务能力的核心应用群，应用架构将作为公司未来应用群建设的统一蓝图。通过对核心应用和扩展应用的识别与标准化设计，用于支撑业务标准化建设，有助于满足公司多样化的业务信息化需求。

以核心业务推动为例，从开发、投资、运营、营销，纵向贯通的数据供需分布流转规划，构建横向协同，指导信息化项目建设。

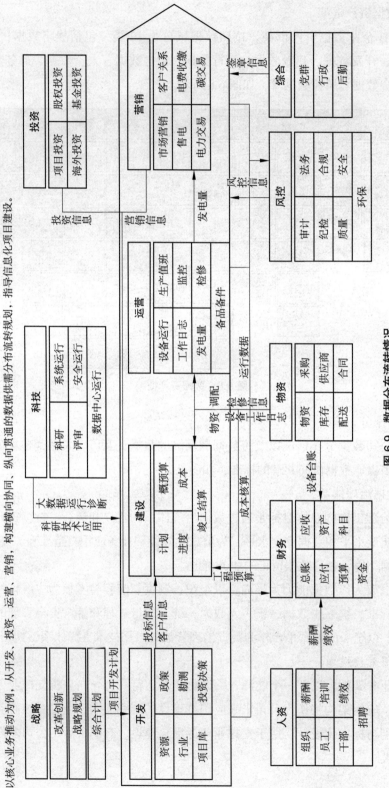

图6.9 数据分布流转情况

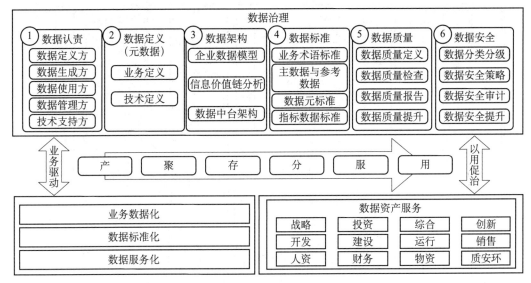

图 6.10 数据治理体系

1）应用结构规划

从应用层级上分为战略指导层、业务执行层、综合支撑层，并通过统一数字化平台为公司的战略决策、业务运营、综合管理提供统一信息门户、移动应用和数据服务，如图 6.11 所示。

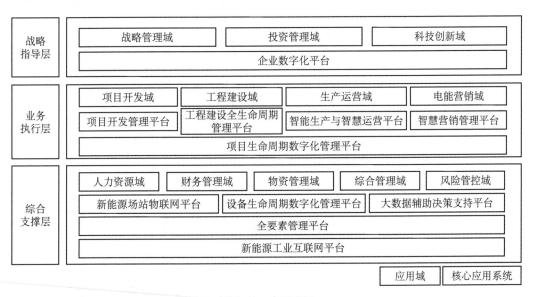

图 6.11 应用层级

2）应用资产规划

从应用资产层级上可以将战略指导层、业务执行层、综合支撑层规划为不同细分领域，并为每个领域配备相应支持系统（见图 6.12），根据此规划共梳理 B 企业缺口

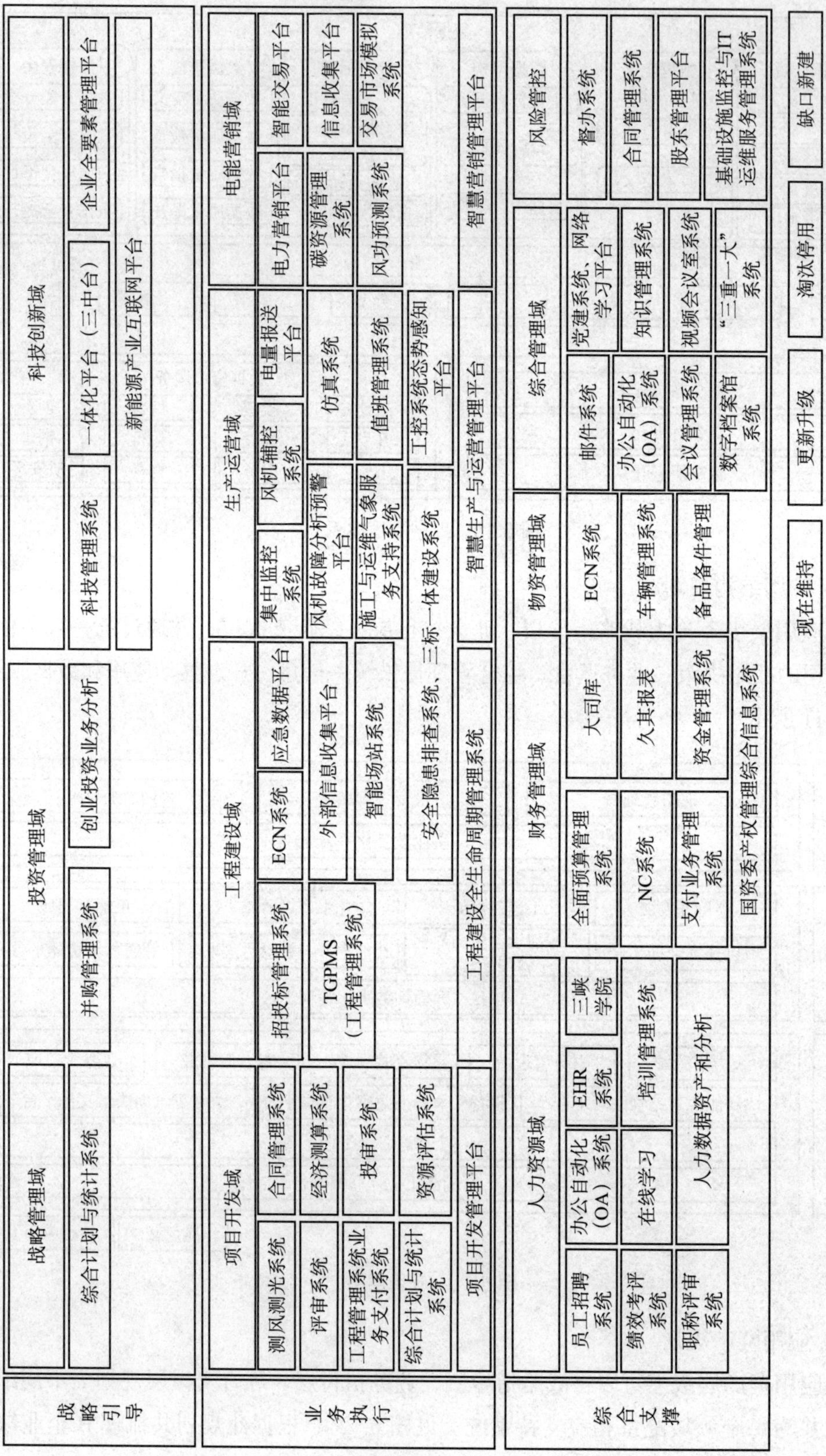

战略引导

战略管理域
- 综合计划与统计系统

投资管理域
- 创业投资业务分析
- 并购管理系统

科技创新域
- 企业全要素管理平台
- 一体化平台（三中台）
- 科技管理系统
- 新能源产业互联网平台

电能营销域
- 智能交易平台
- 信息收集平台
- 交易市场模拟系统
- 电力营销平台
- 碳资源管理系统
- 风功预测系统
- 智慧营销管理平台

业务执行

项目开发域
- 测风测光系统
- 合同管理系统
- 经济测算系统
- 投审系统
- 资源评估系统
- 评审系统
- 工程管理系统业务支付系统
- 综合计划与统计系统
- 项目开发管理平台

工程建设域
- 招投标管理系统
- ECN系统
- 应急数据平台
- TGPMS（工程管理系统）
- 外部信息收集平台
- 智能场站系统
- 安全隐患排查系统、三标一体建设系统
- 工程建设全生命周期管理系统

生产运营域
- 集中监控系统
- 风机辅控系统
- 电量报送平台
- 风机故障分析预警平台
- 仿真系统
- 施工与运维气象服务支持系统
- 值班管理系统
- 工控系统态势感知平台
- 智慧生产与运营管理平台

综合支撑

人力资源域
- 办公自动化（OA）系统
- EHR系统
- 三峡学院
- 在线学习
- 培训管理系统
- 员工招聘系统
- 绩效考评系统
- 职称评审系统
- 人力数据资产和分析

财务管理域
- 全面预算管理系统
- 大司库
- 三峡学院
- NC系统
- 久其报表
- 支付业务管理系统
- 资金管理系统
- 国资委产权管理综合信息系统

物资管理域
- ECN系统
- 车辆管理系统
- 备品备件管理

综合管理域
- 党建系统、网络学习平台
- 邮件系统
- 办公自动化（OA）系统
- 知识管理系统
- 会议管理系统
- 视频会议室系统
- 数字档案馆系统
- "三重一大"系统

风险管控
- 督办系统
- 合同管理系统
- 股东管理平台
- 基础设施监控与IT运维服务管理系统

图例：现在维持　更新升级　淘汰停用　缺口新建

图 6.12　应用资产规划

新建系统 24 个、更新升级系统 14 个。

（1）战略引导应用域。战略管理域：深化公司战略管控、统一的计划管理应用，为公司中长期发展规划与综合计划的编制、审批、跟踪、调整等提供了有效的信息化辅助手段，并根据综合统计需要，定期进行各类数据统计；同时对公司整体经济活动进行分析，实现公司中长期规划与综合计划的有机衔接，落实公司战略和经营管理决策，实现公司总体战略良性发展、落地有效。投资管理域：目前公司通过战略投资并购，满足公司资本运作、产业链延伸及新业态的投资需求，实现公司长期稳健可持续发展。科技创新域：围绕 B 企业的重大科研管理、应用转化试点等业务，同时加强在信息化、数字化战略管控，推进数据要素战略管理，提升科技赋能效率。

（2）业务执行域。业务执行应用域包括项目开发域、工程建设域、生产运营域、电能营销域，以项目开发平台、工程建设全生命周期管理系统、智慧生产与智慧运营平台、智慧营销管理平台，统筹各阶段相应管理系统，实现 B 企业在太阳能、陆上风电、海上风电、中小水电项目等核心价值链上的全面协同管理。

（3）综合支撑应用域。包括人力资源域、财务管理域、物资管理域、综合管理域、风险管理域，为企业核心业务高效运营提供综合支撑和保障，提升企业生产要素生产力。

3）应用集成规划

以核心应用群的方式发展公司信息化应用体系，实现业务流与数据流的深度融合，并按照核心应用群方式发展下一代应用，形成总体布局。这些应用群以业务中台、数据中台和技术中台为技术基础设施，通过数据流和业务流相互连接、规划形成了统一的数字化平台，如图 6.13 所示。基于统一数字化平台实现新建数据集成、应用服务。

B 企业信息化应用涉及集团、二级公司和外部相关系统。未来，B 企业信息化应用的集成策略定位于基于公司统一数字化平台实现各应用的集成交互与集约共享，并实现与集团统一平台的交互集成、共享补充，同时与外部国资委上报系统、中央企业监测系统实现数据层面无缝衔接。

5.技术架构规划

根据公司应用架构与数据架构落实实施的公共技术服务需求，分析技术架构现状及能力差距，将现有环境的描述转化为公司级公共技术服务和技术组件的分类，构建以统一业务中台、统一数据中台、统一技术中台为主要支撑的公共技术框架。

围绕公司公共技术支撑需求，结合云计算、大数据、物联网、移动互联网、区块链等新技术的发展趋势及其在公司的应用现状，对技术架构进行适应性提升与优化。通过技术平台战略引领公司信息技术朝着平台化、模块化、移动化方向转型，提供 B 企业新时期高效开发能力、敏捷服务能力、持续积累能力，实现对业务服务技术组件、应用服务与管理组件、应用开发环境组件、中台运维组件的统筹管控，如图 6.14 所示。

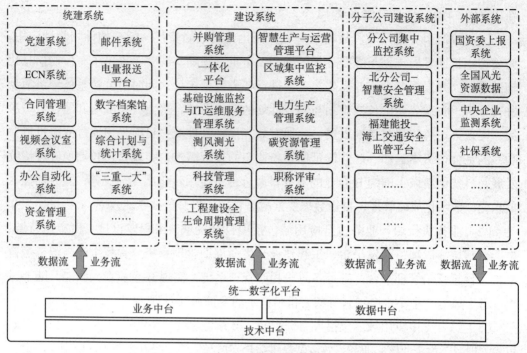

图 6.13　应用集成规划

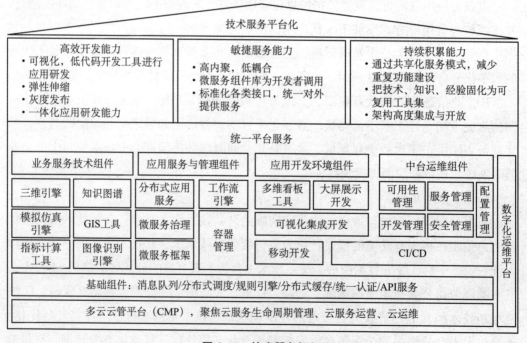

图 6.14　技术服务框架

技术架构视图（见图 6.15）从企业全局上定义公共技术域，遵从和立足于分布式服务架构和统一数字化平台的要求，以数据架构和应用架构为基础，以赋能新一代智慧应用为目标，实现物联网接入服务、基础设施即服务、平台即服务的功能，实现统一数字化平台的业务中台满足业务能力复用、数据中台满足数据能力复用、技术中台满足技术能力复用，从而提升总体管控效能，降低重复建设、离散建设的投入浪费。

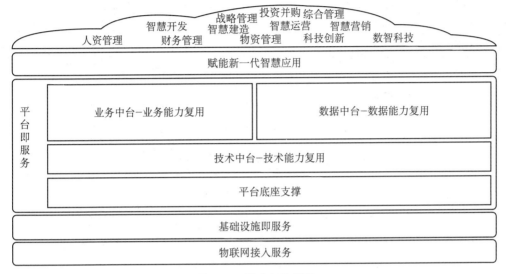

图 6.15　技术架构视图

6. 安全架构规划

根据现有网络安全管控要求，从管理、技术、运维等角度出发，设计 B 企业统一的网络安全架构，并盘点公司现有信息化网络、信息系统、业务应用等存在的安全管理需求，设计分层安全逻辑模型。同时结合 B 企业未来数字化发展方向，以数据为主线，围绕数据生命周期进行安全设计。

1）网络安全体系

B 企业网络安全体系涵盖网络安全技术体系、网络安全管理体系、网络安全运维体系以及数据安全，如图 6.16 所示。

（1）网络安全策略。网络安全策略是数字安全能力的核心纲领，它根据国家、集团、企业的安全需求制定。首先，需要建立一套全过程的风险监控策略，包括关键风险的识别、风险量化指标的设计和评估、验证以及事件的监控。其次，要设立安全分区策略，比如生产运营区、管理控制区和三级外部公网的分级管理机制。再者，需构建有效的隔离策略，涵盖物理隔离、协议隔离和防火墙隔离。此外，云计算安全策略也是必要的，这涉及计算环境安全、云计算边界安全以及通信网络安全。最后，必须建立应用等级保护策略，如生产控制相关应用（一级）、经营管理相关应用（二级）、公共服务相关应用（三级）以及安全管理中心。

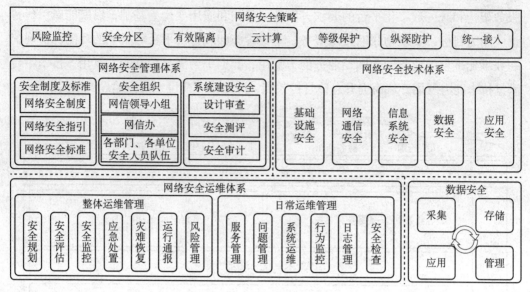

图 6.16　B 企业网络安全体系

（2）网络安全技术体系。基于已有网络安全监控平台，建设工控系统态势感知平台，持续利用态势感知技术对系统、电力设备运行情况进行实时监控，"十四五"期间要继续优化平台，并与集团监控平台对接，建立综合的、主动的、动态的、协同的防御体系。

（3）网络安全管理体系。从网络安全管理角度，对制度及标准、人员及组织、系统建设过程等进行体系化要求。开展网络安全标准设计、管理制度完善、网络安全检查、网络设备巡检、漏洞扫描、安全教育培训、安全操作规范等工作，监控无关人员的操作行为，保障设备安全运行。

（4）网络安全运维体系。从安全运维管理角度，对整体运维、日常运维等过程中的事件管理、应急管理、风险管理、行为监控、日志管理等进行管理，通过基础设施监控与 IT 运维服务管理系统，确保运维过程始终处于安全可控状态，保证信息系统稳定运行。

2）数据安全设计

数据安全是数据资产统一共享利用的前提，必须建立 B 企业数据资产从项目现场、数据采集、数据存储、数据管理、数据服务、数据应用等全生命周期各阶段角度进行数据安全体系的总体规划设计，如图 6.17 所示。

7. 治理架构规划

在"十三五"期间，信息化工作取得了显著进展，在有序推进信息化工作的同时，B 企业对整体的信息化认知逐步提升，业务标准化和管理规范性进一步提高，遵从了集团信息化规划和建设相关管理要求。

图 6.17　数据安全

同时，也会有一些必然出现的客观问题，包括信息化建设的总体架构设计不完善、信息化治理机制尚不强健、信息化管理部门各专业人才不充足等问题。治理体系的核心是必须在 B 企业全系统内的信息化过程中形成统一领导、统一评价的信息化管控能力，体系化地指导信息化相关业务事项的运转，使信息化管理体系有效运转。

依托治理规划、完善信息化队伍与治理体系，建立 B 企业信息化建设的治理体系机制，有利于对企业全系统信息化建设进行统一的集中管控，是立足信息化建设内容多样性和探索集中管控统一性的唯一出路，有利于提升全局信息化水平，杜绝单项业务、单个系统、单个项目散乱设计与重复建设，提升 B 企业整体数字化治理能力。

1）数字化治理组织

B 企业的数字化治理组织建设包括企业领导层、智慧运营中心、二级单位、三级单位四个层次，如图 6.18 所示。

（1）企业领导层。包括网络安全和信息化工作领导小组、分管数字化领导（CIO）。负责信息化顶层战略规划及总体架构审定；负责网络安全和信息化管理制度、建设方案及工作计划的审定；负责信息化整体推进及项目过程管理；负责信息化工作所需人员经费等资源协调及建设实施过程中的问题协调；负责信息化重大事项的研究决策等。

（2）B 企业智慧运营中心（信息中心）。智慧运营中心组织体系根据目前现状，同时结合 B 企业的组织结构设计，分为综合管理室、网络安全室、系统建管室、监测分析室、技术保障室五个模块。综合管理室负责信息化专项规划管理、架构统筹管控以

图 6.18　B 企业数字化治理组织建设

及 B 企业大数据中心的统筹管理；网络安全室负责 B 企业网络安全的专项监测、防护、审计管理；系统建管室负责信息化项目建设管理以及面向业务的综合服务，其中业务服务负责牵头业务流程梳理、业务流程建模及管理，收集各单位的业务需求并组织进行需求调研，为下属各单位及各业务部门提供技术服务或指导；监测分析室负责 B 企业智慧运营平台的日期运维、集中监视、远程诊断、分析预警等职能；技术保障室负责 B 企业基础设施建设及各平台运维的统筹保障工作。

（3）二级单位（集控中心）。负责区域集控的信息化统筹管理，负责本区域或单位的项目管理、安全防护、数据管理、网络运维和业务支持，负责落实智慧运营中心的管理要求，贯彻相关技术标准，推进本区域或单位的信息化建设。

（4）三级单位（场站信息化）。负责智慧场站项目现场的信息化管理，包括场站信息化专员以及项目管理员，确保项目智慧场站平台的建设、应用、安全和有效管控。

2）数字化治理制度

数字化治理制度主要分为信息化管理制度、规划类制度、运维及数据管理类制度、应用管理类制度、绩效考核类制度等部分。通过梳理，其中项目管理类制度、运维及数据管理类制度、基础安全类制度相对完善，规划类制度和绩效考核制度需继续完善。同时要结合不同阶段的制度需求，既要考虑全面性，又要考虑普适性，分阶段制定、实施和监督考核，如图 6.19 所示。

图 6.19 治理制度

3）数字化治理标准

从标准体系的分析视角看，治理标准由核心标准和扩展标准两部分组成。核心标准包括业务标准、技术标准、数据标准、应用标准，扩展标准包括架构标准、安全标准和运维标准等，如图 6.20 所示。

（1）技术标准，包括物理环境标准、新技术相关标准、网络设施标准、企业门户标准等。

（2）业务标准，包括业务组件标准、业务梳理标准、业务流程标准、业务事项标准等。

（3）数据标准，包括主数据标准、业务数据标准、数据交换标准、指标数据标准等。

（4）应用标准，包括信息服务标准、信息展示标准、功能应用标准、监控调度标

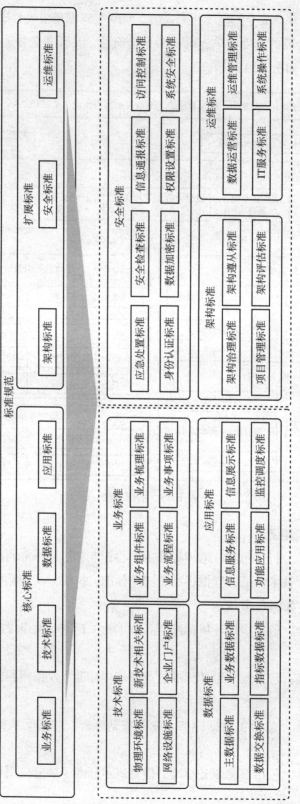

图 6.20 治理标准

准等。

（5）安全标准，包括应急处置标准、安全检查标准、信息通报标准、访问控制标准、身份认证标准、数据加密标准、权限设置标准、系统安全标准等。

（6）架构标准，包括架构治理标准、架构遵从标准、项目管理标准、架构评估标准等。

（7）运维标准，包括数据运营标准、运维管理标准、IT 服务标准、系统操作标准等。

6.2.4　新能源领域产业数字化重点工作内容

1. 打造统一的数字化平台

1）目标

B 企业以全面数字化、全面智能化为导向，打造业务中台、数据中台、技术中台协同一体的数字化平台，实现面向业务的数据高效供应与赋能，面向信息化建设全面管控的可复用能力。

2）任务

（1）业务中台。基于一体化平台，B 企业打造业务中台，提升一体化平台的业务应用支撑能力，提升数据资源的复用率，在一体化平台上实现业务数据联通，构建统一的服务，促使平台逻辑与业务逻辑分离，快速响应前端需求，主要内容概述如表 6.2 所示。

表 6.2　业务中台建设

项目名称	主要内容概述
业务中台建设	基于一体化平台，打造业务中台，创建资产模型库、算子算法库、业务模型库及公共组件等。主要建设内容如下。 （1）资产模型库：提供设备建模和资产管理服务。 （2）算子算法库：提供各种强大的流处理工具和各种算子包。 （3）业务模型库：预置部分主流业务模型并提供在线模型管理服务。 （4）公共组件：具备单点登录、身份与权限管理、API 管理、日志中心等功能

（2）数据中台。基于一体化平台，B 企业打造数据中台，包括数据的采集、获取和存储，数据业务价值的探索和分析，以及数据的共享和协作等能力；包含数据采集及集成、数据流处理及批处理、数据管理及人工智能模型管理等能力，能够支持机器学习模型从实验阶段到生产阶段的全生命周期管理，实现机器学习模型的动态管理和持续优化，实现将数据资产转化为真实的业务价值，主要内容概述如表 6.3 所示。

表 6.3　数据中台建设

项目名称	主要内容概述
数据中台建设	基于一体化平台，打造数据中台。主要建设内容如下。 （1）数据采集功能：建立设备建模、设备接入、资产管理、设备告警等服务。 （2）数据传输功能：包含数据压缩加密功能、数据传输和监测机制。 （3）数据管理功能：包含数据同步工具，提供流处理工具，数据订阅工具。 （4）算法分析功能：包含数据资源管理工具、算法模型注册部署工具、算法调度与任务编排工具、算法运维监控工具

（3）技术中台。构建基于 Docker 和 Kubernetes 技术的技术中台，包含统一运维体系、容器云部署、基于完整可靠的开源社区方案实现统一的技术中间件选型，有效支撑边云一体化管理，能够为开发和运维人员提供成熟且封装完整的技术组件和工具集，主要内容概述如表 6.4 所示。

表 6.4　技术中台建设

项目名称	主要内容概述
技术中台建设	（1）基于一体化平台，构建基于 Docker 和 Kubernetes 技术的技术中台，包含统一运维体系、容器云部署，实现统一的技术中间件选型，有效支撑边云一体化管理。具体建设内容如下。 IaaS 层：资源管理、资源监控、性能监控、运维管理、服务管理、用户管理等功能。 PaaS 层：容器管理、资源管理和计量、数据库、中间件。 统一运维体系：监控管理及故障排查系统、资产管理系统、软件模块和版本管理系统、安全审计系统、知识库管理系统、票单流程管理系统。 （2）建立低代码开发平台，具体建设内容包括低代码开发平台（包含引擎模块、查询模块、数据字典、编辑器等）、开发源码以及配套的技术支持服务

2. 赋能业务，提升核心竞争力

1）目标

围绕 B 企业主营业务，深入推进业务数字化建设和两化融合，加快打造新能源项目全生命周期的智慧业务平台，实现人、机、物全面感知互联，投、规、建、运、调、销关键业务环节全面智能，内外部业务深度协同，业务执行与业务管控上下联动，全面推进投资决策、建设管理、运营管理数字化、智能化。

2）任务

（1）智慧投资。B 企业围绕"风光 B 企业""海上风电引领者"战略，"十四五"期间在风光资源投资上有着很高的指标要求，而在项目开发投资、并购过程中存在缺少信息化系统支撑、资源数据收集困难、投资决策效率较低等问题，需要研究建立针对项目开发投资阶段的智能评估及决策系统，提高资源数据聚合分析能力，提高投资决策的精度与效率，提高投后项目的后评估能力，从而实现新能源项目资源获取能力的有效提升。

（2）智慧建管。为了进一步提高 B 企业工程建设管理能力，满足企业战略发展目标要求，规划建立建设协同管理平台和智慧工程监测平台。建管平台基于全生命周期的项目管理这条主线，有效调配建设资源，为挖掘现有资源价值提供基础条件；监测平台利用北斗定位等新技术，重点解决因海域网络缺失导致的工程监测问题。通过智慧建管项目建设，可在较大程度上降低工程建设的进度、成本、质量等风险，切实提升工程项目的经济价值，进一步助力实现基建管理"状态感知全息化、工程管理数字化、业务协同一体化、数据分析评估智能化"。

（3）智慧运营。运营业务的数字化建设重点是改善数据采集质量和提升数据应用效果，从数据采集的源头物联感知入手，建立满足新一代智慧场站需求的物联感知体系、编码体系，为数据在各类智慧运维场景的应用打下基础。随着 B 企业海上风电业务的比重不断攀升和海风平价时代的到来，降本增效成为海上风电运营阶段急需解决的问题。因此，应重点规划海上风电运营相关的各类智慧应用，以助力提升海上风电的盈利能力。

（4）智慧营销。营销业务的数字化建设重点是：要依靠数字化、智能化手段，实现电价和市场形势智能预估，提升交易水平，进而提升售电收入；实现公司碳资产有效管理，促进国内碳交易业务拓展，拓宽公司营业收入的渠道；进一步有效实现公司营销数据的整合统一，实现 B 企业营销管理工作的畅通，有效提升营销人员的工作效率。

3. 积极拓展新业态

随着我国双碳目标的提出以及能源结构的不断转型优化，"十四五"期间将会有更多的新业态产生，如综合能源、智慧园区、绿氢产业等，公司也将逐步发展新业态的相关业务。综合能源市场巨大，综合能源服务可以充分利用大物联网、大数据等技术，打破市场交易壁垒，直接面向不同的客户群体，提供综合能源供应服务、清洁微网服务、用能解决服务、商业与金融等服务。智慧园区业务也将是公司未来的发展方向，目前已建成多个产业园，发展建设智慧园区，促进园区清洁能源高效利用，提高智慧运营管理能力。

利用数据研发数据服务产品、发展数字新业务，充分挖掘数据资产价值。针对新能源相关数据难以获取的现状，在确保安全的前提下，要与相关政府、第三方服务机构强化战略合作，探索数据共建共享服务新模式，主要项目内容概述如表 6.5 所示。

表 6.5　新业态与新模式

项目名称	主要内容概述
综合能源智慧运营管理应用示范	综合能源业务是公司未来的新业态发展方向，公司需要建立综合能源智慧运营管理平台，实现综合能源场站资产管理、高效运营维护管理、可视化展示，提高综合管控能力
低碳智慧园区关键技术研究及其应用示范	以源网荷储系统为核心，将数字孪生、人工智能、IoT、区块链等技术融合应用到产业园区当中，使多种技术围绕"低碳"这一目标发挥自身优势，并进行相互间的补充，最大化地减少产业园区的温室气体排放，最终实现真正意义上的"碳中和"园区
数据服务模式研究	建立数据运营新机制，创新数据确权交易规则和手段，通过市场调研、受群分析、效益分析、风险评估、建立新能源数据共享服务的盈利模式以及安全保障体系

4. 优化职能管理，助力科学决策

1）目标

围绕"统一集成、全面扩展、优化升级"的发展原则，结合知识图谱等新技术，形成具有先进性的数字化管理能力，显著提升企业管理工作效率，大大推动管理数字化进程，提升决策智能支持水平，实现公司高效运营、精准决策。

2）任务

（1）实现职能管理的全面支撑。在新的发展阶段，对传统的管理水平和职能管理能力要求将进一步提高。在已建成一体化应用平台的基础上补全数字化短板，持续强化 QHSE 质安环管理、培训管理、备品备件管理、会议管理、应急管理等管理业务方面的数字化应用，赋能企业职能综合管理，大大提高管理效率和水平。

（2）实现核心管理领域扩展升级。在人力资源管理、资产财务管理等核心管理领域，适当引入知识图谱、区块链等新技术，实现管理能力的优化升级，同时集成打通与集团统建系统的数据连接，实现系统间的良好衔接，满足集团人事、财务一体化管控的需求，明显提升人事财务规范化、标准化、集约化管理能力和职能管理工作效率，主要内容概述如表 6.6 所示。

表 6.6　人财物信息系统扩展升级

项目名称	主要内容概述
人财物信息系统一体化的集成扩展与优化升级	在一体化应用平台的基础上，引入知识图谱、区块链等新技术，在人财物职能管理领域实现新应用的扩展升级，同时重点保证人事、财务等新应用与集团统建 eHR 系统、财务系统等系统的数据集成

（3）加强风险、内控及合规管理。重视强化风险管理和内控业务，重视合规管理，

同时为满足数字化审计工作需求，考虑新增建设风险、内控及合规一体化管理平台，以"上报、预警、处置、监控"为核心，可实现风险体系上报、智能风险识别、风险预警提醒、风险处置监控、内控文件管理、合规事件管理等，大大改善传统风控体系落地执行难的问题，显著提升科学管理水平。主要内容概述如表 6.7 所示。

表 6.7　风险、内控及合规一体化管理平台建设

项目名称	主要内容概述
风险、内控及合规一体化管理平台建设	建设 B 企业风险、内控及合规一体化管理平台，旨在解决传统风控体系落地执行难、动态监控难等现实问题，一体化管理以"上报、预警、处置、监控"为核心，以系统化管理为导向促进实现制度落地，从合同、印章、信用、内控制度流程协同等角度进行全面科学管理

（4）构建碳资产服务，助力"双碳"目标。在"双碳"目标下，碳资产将成为未来交易市场的新元素，通过区块链来助力颗粒化的碳足迹追踪以提高清洁能源资源优化整合，构建天然、有效激励碳信息追踪网络。主要内容概述如表 6.8 所示。

表 6.8　区块链碳资产服务系统建设

项目名称	主要内容概述
区块链碳资产服务系统建设	区块链平台建设，采用区块链平台建设所构建的链上信息化体系可进行更为有效的汇总分析，第一时间发现不合规碳管理并触发预警机制，从根本上提升企业的碳管理水平。 分布式碳追踪节点建设，利用碳信息记录和碳信息记录有效性的分布式共识来保障分散不可信环境中的安全交互，在区块链的共识机制与激励机制配合智能合约下，构建天然、有效激励碳信息追踪网络

5. 强化数据治理，探索数据运营新机制

1）目标

为推动 B 企业将数据作为新生产要素和战略资产，促进跨业务板块全域大数据的在线汇聚、跨界融合、集中管理和共享应用，开展数据治理工程，探索数据运营新机制，建立与新型能力建设运行相匹配的数据治理机制、数据工具平台和数据应用服务，形成 B 企业数据中台，实现数据的标准化、服务化、智能化、可视化，实现数据、技术、业务流程和组织结构四要素的智能协同、动态优化和互动创新。

2）任务

（1）数据治理体系构建。依托成熟的数据资产管理方法论，构建一套持续地把数据变成资产并服务于业务的机制，通过建立组织、统一标准、明确制度和流程，对数据从产生、加工、传递、使用、销毁全过程实施标准化、规范化、体系化的管理，确保数据生产、使用的全过程受控，支撑数据驱动智慧生产、智慧运营目标的实现。主

要内容概述如表 6.9 所示。

表 6.9　数据治理顶层规划及体系建设

项目名称	主要内容概述
数据治理顶层规划及体系建设	（1）梳理公司数据资产，厘清各类数据的产生源头、流转、认责情况，发现数据治理存在的问题，开展能源数据治理的顶层设计，对数据战略、数据组织与职责、数据制度体系、数据标准体系、数据运营与绩效等内容进行顶层规划。 （2）形成完善的数据标准体系，包括业务术语、主数据和参考数据、数据元、指标数据、数据交换与服务标准等，实现主数据和参考数据跨系统的一致和共享，实现各类指标的口径统一、管理规范。 （3）编制数据资产制度总纲，明确数据管理的总则和制度体系框架；编制数据战略、数据标准、数据架构、数据资产目录、数据质量、数据安全等具体管理办法以及配套的实施细则，保障数据管理和数据应用各项工作有序开展

（2）数据治理工具与平台支撑。充分利用大数据存储与计算、微服务架构等技术，构建涵盖全域数据的统一的数据底座，实现对数据中台的底层支撑。通过主数据系统、数据资产管理平台提高数据的质量，保证数据的安全性，实现数据资源在各组织机构部门的充分共享，支撑数据的全生命周期管理和数据价值发现。主要内容概述如表6.10 所示。

表 6.10　数据治理支撑平台建设

项目名称	主要内容概述
数据治理支撑平台建设	（1）构建包括组织、人员、财务科目、物资等主数据的编码规则及主数据模型，对历史数据进行清洗，编制统一的主数据代码库；搭建新能源主数据系统，实现主数据申请、审批、校验以及与相关业务系统的集成；建立主数据运营体系，制定主数据维护细则，培养主数据运营管理团队。 （2）依托数据中台的基础能力，构建 B 企业的湖仓一体的数据底座，承载对各类业务数据的连接、汇聚、计算、分发的功能。接入全域生产集控、经营管理各类信息系统的结构化、半结构化、非结构化数据，按照统一数据资源中心的思路实现数据的采集、存储和处理，支持持续演进和灵活扩展。 （3）以数据资产全生命周期管理为核心，建设数据资产管理平台，实现数据资源目录管理、数据模型管理、元数据管理、数据标准管理、数据质量管理、数据安全管理、数据生命周期管理等功能，控制、保护、交付和提高数据资产的价值

（3）数据的积累与使用。通过对能源和电力系统相关的政策、热点、法规、行业等咨询信息的统一收集、分析、输出，建立完整的知识咨询模型；利用图谱知识技术构建各业务领域的知识决策与服务；同时进行要素关联分析、竞争态势分析、政策分析、数据验真，以及政策、标准、法规、热点等信息的智能检索、政策信息分析报告生成等综合决策服务应用；面向 B 企业内外部，为各维度数据提供综合性的分析展示，使工程与运营阶段的效率与决策质量有质的提升。主要内容概述如表 6.11 所示。

表 6.11　知识图谱综合决策服务系统建设

项目名称	主要内容概述
知识图谱综合决策服务系统建设	通过构建新能源设备知识图谱，可以将设备部件的名称、部件厂家信息、检修工单、试验单、发生过的故障信息、维修人员信息等全方位信息串联在一起，形成一个结构化的关系数据网，有效表示各个数据之间的联系，贯穿企业内的多源数据以构成一个完整的全景数据库，利于管理。 基于知识图谱的故障预警系统，通过深度学习等算法，知识图谱可以形成设备故障辅助分析系统，根据历史大量有关故障名称、故障频率、故障原因、分析方法等记录和专家处理的经验沉淀生成故障诊断及处置方案，协助运维人员提前发现故障并以更科学高效的方法解决故障，提高故障诊断的准确率，有效提高运维效率

6. 建立开放多元的数字生态

1）目标

加强供应链上下游、用户、技术和服务提供商等合作伙伴的资源整合，构建优势互补、合作共赢的价值网络，形成良性可持续发展的市场生态的能力，主要包括供应链协同能力和生态共建能力。

2）任务

（1）碳资产与供应链协同。利用区块链的分布式、可追溯、颗粒度特性，辅助并融入到碳资产、供应链、综合管理等业务领域，并在 B 企业的风电、光伏、供应链管理的标识解析、边缘计算、流程协同等环节，逐步把握多技术融合的复合效益，探索结合区块链的运行效率和价值创造能力提升，让各新业务、新场景下的服务、管理更加透明化、平等化、精准化。主要内容概述如表 6.12 所示。

表 6.12　供应链质量管理系统建设

项目名称	主要内容概述
供应链质量管理系统建设	供应链数字化是集团"十四五"的数字化专项建设，区块链的分布式记账特性可以将监造流程数据，如产品名称、生产时间、物理数据、规划路径等信息进行链上共享，让区块链参与方实时掌握供应链质量状态。 从投资决策阶段、采购与施工阶段、交付使用阶段关键工作节点中，建设质量管理及追溯区块链管理系统，通过采集各阶段各节点的数据信息并以智能合约上链，建立全过程完整信息数据库

（2）生态共建。为更好地推进公司数字化转型工作的进行，同时为了将互联网新技术融入公司现有业务，需要对具体数字化项目进行详细的策划，并指导项目的落地实施、完成数据治理、建立安全体系、进行标准编制；需要引入熟悉公司主营业务同时在数字化规划方面有丰富经验的专业公司进行长期咨询合作；在公司数字化转型顺利推进的同时，培养自身团队人员的数字化能力。主要内容概述如表 6.13 所示。

表 6.13　数字化咨询合作

项目名称	主要内容概述
数字化咨询合作	（1）通过外部合作方式确定人员稳定、有实力的数字化咨询合作团队。 （2）进行数字化项目的总体策划、实施方案、管理办法、数字化交付标准、考核指标等的制定。 （3）构建面向全业务领域资产全生命周期管理的编码体系。 （4）确定 BIM 模型的建模标准、模型分类、模型属性范围、模型与数据的融合方式等。 （5）编制新能源智慧电站物联感知体系建设的企业标准

7. 完善数字化基础设施建设

1）目标

将传统架构基础设施与互联网架构云平台相融合，依托新型网络，结合自建的硬件环境，为公司提供一体化基础设施资源服务和技术能力服务的新型信息技术基础支撑，为各类应用提供高性能、高可靠、高弹性、高安全的运行环境。

2）任务

（1）数据中心集群环境建设。在以本地数据机房为主、集团数据中心为补充的整体格局下，建设 B 企业数据中心集群环境并打通与集团侧网络连接，满足同城及异地资源调度及访问需求。

（2）私有云建设。为满足不断增长的业务和数据支撑需要，建设 B 企业私有云，实现主要业务系统上云，业务基础资源和能力的模块化、平台化部署，供企业动态调用和配置。

（3）网络建设。建立覆盖公司全部生产／服务区域的统一网络基础设施，实现全部设备设施的接入连接，推动多源网络接入的建设、开展 IPv6 网络建设，实现公司各级网络升级换代，建设统一的外网高速互联通道，实现互联网出口归集管理，提升互联网安全管控力度，降低被攻击风险。

推动基于物联网应用的工业互联网平台在电力领域的应用，融合人工智能、大数据等技术，实现电力生产与运营过程中的各类信息采集，实现生产过程的智能化感知、状态识别和管理。

（4）基础设施与 IT 运维服务管理。在建设自主基础设施的同时，基础设施与 IT 运维服务的管理质量也需同步进行，以达到提高运维服务能力、提升员工办公效率等目的。

（5）产品自主可控。贯彻落实国家关于加强自主创新能力建设、发展自主可控的战略高新技术和重要领域核心关键技术决策部署，落实集团公司自主可控总体要求，在公司生产运行、工程建设和经营管理各相关领域，开展自主可控技术研究与应用。主要内容概述如表 6.14 所示。

表 6.14　建立自主可控的产品供应机制

项目名称	主要内容概述
建立自主可控的产品供应机制	建立架构清晰、技术先进、安全可靠的引入和应用标准，逐步实现在生产经营环境中广泛应用的芯片、核心器件、光通信器件、操作系统、数据库系统、关键网络设备、服务器、安全防护产品等关键软硬件设备自主可控和国产化替代

8. 持续加强网络安全体系的建设

1）目标

加强网络安全管理制度建设，构建编制针对云安全、数据安全、数据存储、物联网终端、电站生产控制设备信息安全的管理与使用办法及制度。加强数字化转型环境下数据共享流程与技术建立，防止数据被窃取、篡改。

保证场站与集控的内部设备安全稳定运行，抵制黑客、病毒、恶意代码、集团式攻击等各种形式对电力监控系统的攻击伤害和非法操作，防止风电场监控系统瘫痪和失控。保障风电场计算机监控系统、通信自动化系统和电力调度数据网的网络安全。

建设完整有效的网络安全体系，通过确定范围、制定方针、明确责任，形成有效的网络安全管理体系。通过技术手段完善终端、网络、主机、数据、设施、物理等各个层面的信息安全能力，并构建具备高扩展性、高可靠性、性价比高的云灾备方案。

2）任务

加强网络安全体系的建设，主要任务如表 6.15 所示。

表 6.15　加强网络安全体系建设

项目名称	主要内容概述
网络安全管理能力提升项目	（1）依据最新的《中华人民共和国网络安全法》《中华人民共和国数据安全法》《关键信息基础设施安全保护条例》《网络安全等级保护条例》等法律法规，建立健全公司网络安全管理制度、文档及相对应的过程管理文档，优化网络安全管理流程，落实网络安全责任制。 （2）与安全平台、安全企业进行深度合作并建立长期合作关系，组建网络安全专家队伍，特殊时间建立网络安全防护"蓝军"队伍，形成常态化及特殊时期重点防护能力
网络安全技术能力提升项目	（1）通过在管理信息网边界部署安全网关，以及在 DMZ 区域部署 Web 应用防火墙、防篡改设备，在运维区域部署 VPN 设备、堡垒机、日志审计、漏洞扫描等安全设备，增强防护外部网络攻击的能力；在工业控制网边界部署隔离装置并采用横向隔离纵向加密技术提升区域隔离及数据传输安全性。 （2）部署态势感知设备，收集边界设备镜像流量，利用大数据及威胁情报进行关联分析、威胁建模，并通过蜜罐、主机防护等技术强化对网络攻击捕获、分析、追踪、溯源等功能，提升网络安全主动防御能力。 （3）通过检测工具进行代码检测或专业安全团队进行渗透测试、代码审计等方式，增加代码和应用系统的安全漏洞检测机制，形成从应用开发、测试、部署、上线等一系列环节下的安全管控机制，规避或减少应用系统上线后存在安全漏洞的风险

项目名称	主要内容概述
B 企业综合云灾备	（1）基础系统灾备云：B 企业云灾备的建设主要包含容灾、备份和多套同功能系统的互联监控。在一处系统因意外人为或非人为因素停止工作，系统能够通过虚拟化互联，快速切换到另一处，保证系统性功能的正常工作，侧重于系统化数据的同步与系统的正常使用，保障各类系统的快速重启运行。 （2）动态业务数据灾备云：B 企业涉及的大量业主数据、项目数据等都是宝贵且重要的数字资产。制作多份备份，以增强数据的安全性，侧重于数据的备份与存储。整体灾备方案应平衡反映恢复所需时间，以及丢失数据量的指标需求和经济能力，找到最佳的实现技术与手段，优秀的灾备方案设计能够提高数据安全与系统应对风险能力

6.3　大健康领域产业数字化典型案例

6.3.1　大健康领域产业数字化现状

1. 数智化基础成效

1）数智化推进机制稳步形成

为加强对数智化建设工作的规划和领导，C 企业开展了适应性的组织调整：一是成立数智化建设领导小组，负责制定公司数智化建设方案、统筹资源和部署阶段性任务；二是成立数智化建设推进办公室，在数智化建设领导小组的领导下，分解数智化建设各项工作任务并制订推进计划，指导并监督子公司数智化建设工作落实；三是成立数智化发展中心，具体负责数智化建设各项工作任务的推进，成为数智化建设的推动引擎。

2）数智化建设协同推进

C 企业的信息化前序建设取得了一定成果，包括 ERP、OA、BI 在内的信息化系统，有效支撑了部分职能管理和现有业务开展，为全面数智化建设打下良性循环向前发展的基石。

（1）产业数智化动力增强。强调以客户为中心、以业务为主导的价值导向，各业务主体根据各自业务板块快速发展的需求，动态梳理需求，根据自身业务特点开展个性化定制的数智化建设。

在免税品经营和大健康业务板块，C 企业通过大力拓展线上销售矩阵，形成"线上＋线下"的有机结合，助力公司免税业务和大健康业务快速发展；为提升客户体验，积极探索了数字相机、同服云、康维达慢病管理等数智化新尝试。

（2）数字产业化价值升维。大健康板块和免税板块在互联网前端开展多样化经营，尝试用流量为中心来做商业模式的创新突破。针对 C 企业 To-C 业务现有品牌散、入口散、服务散、数据散、协同弱的现象，启动"C企业大集"项目，促进公域流量向私域流量转换，提升C企业品牌的影响力。

（3）数据资产化运营加速。公司制定了数据资产化的行动路线，推进数据资产化，统一数据标准，推动数据共享和价值释放。按照总体规划、分步实施的原则，C企业于2022年4月启动了数据治理一期项目，重点解决现有数据标准不一、质量差的问题，为下一步数据赋能和大数据分析打下基础。C企业逐步形成了以数智化中心为支撑，汇聚数据、发挥数据价值的数据资产基础。

（4）基础设施与网络安全保障有力。C企业通过将管理和业务数据集中部署在两个数据中心，构建起高效的信息化运维服务体系。同时，C企业采用消除弱口令、加强边界防护、完善网络拓扑和强化敏感信息保护等措施提升了公司的网络安全防护能力，为企业网络与信息系统的安全稳定运行提供了有力保障。

2. 问题差距与不足

通过前期全面调研访谈、总结现状、梳理需求，并对标相关政策要求和先进企业情况，提出C企业要开展数智化建设在当前阶段存在的问题、差距与不足。

1）业务发展方面

产业运营发展存在政策环境、管理层级、客户规模、合作单位等因素的制约；在内外管理整合过程中，业务组织设置仍需调整优化，经营管理模式仍需深化完善；管理、监督和决策缺乏便捷的数据获取渠道和分析支持；产业协同指挥需要自内而外进一步扩展范围。

2）应用发展方面

部分组织和业务领域缺乏信息系统的覆盖支撑；信息化对个性化的管理需求和公司本部与基层单位之间的业务流转支持程度不够；信息系统的用户体验不佳，操作使用便捷性有待提高；统建和自建系统集成度低，流程衔接和数据共享差；新兴技术应用分散、应用程度不深。原有系统竖井式布局，难以满足日趋明显的业务创新需求。

3）数据发展方面

缺乏对统一数据平台的深化设计，平台建设不够完善；数据获取的渠道受限，时效性差；数据重复填报，共享程度不高；对数据难以形成统一理解，对数据标准的符合程度有待提高；数据管理的组织和机制正在建设，数据应用价值低。

4）技术发展方面

信息化机房、设施、网络需要随着业务和技术发展而持续补充、优化和完善；现有灾备与恢复能力不足；对信息化架构、数智化技术缺乏有效的统一管控；对自建系统的开发运维缺乏平台化支撑；网络信息安全以响应要求为主，缺乏工具手段；信息化专业人员数量不足，能力有待提升。

6.3.2 大健康领域产业数字化总体设计

1. 指导思想

顺应数字经济和技术发展新趋势,以高质量发展为主线,以数智化建设为路径,以网络安全和技术创新为保障,推进传统产业和数字革命深度融合,以数智化技术赋能和引领业务模式创新与新旧动能转换,打造"数智C企业"。

2. 建设原则

1)体系化

坚持三大主体协同化推进数智化建设,建立由"管理、业务、技术"三类主体部门形成合力、协同推进数智化建设的工作机制,以C企业数智化领导小组和推进办公室为统筹管理主体,各产业板块和公司为实施运营主体,数智化部门为服务支撑主体。

(1)管理主体统筹推进。数智化领导小组,发挥统筹推进和管理协调作用,重点工程确立一把手负责机制。

(2)业务主体牵头引领。业务部门牵头的专项工作组,以业务标准先行、业务能力建设为主线,推进关键业务领域变革及数智化建设。

(3)技术主体支撑协同。数智化部门协助和引导业务部门开展需求分析,策划技术运用,统筹管控技术保障和网络安全等相关工作。

三大主体形成合力,从数智化顶层设计、数智化重点项目建设、数据能力蓄力、信息化基础提升、底座能力建设等方面协同开展工作。管理主体牵头引领数智化建设体系化的顶层设计,包括总体规划与架构设计等;业务主体和技术主体共同落实信息化和数智化项目及信息化基础提升,包括C企业大集开放平台、2B国际化供应链平台、数智管控平台建设、管控系统建设、平台改造项目等;以技术主体作为主导,推动数据治理、C企业云网络安全等数智化基础底座的建设。

2)集约化

集约化建设数智化管理体系、业务中台和数据中台以及数智化底座,构筑统筹发展的集约效应。

(1)打造标准化、集约化、一体化的管控机制,形成数智管控大脑。建设敏捷化、全方位、一站式的管控体系,从C企业总体层面集约化建设合同管理平台、财务管理、人力资源管理系统、风险内控管理平台、统一门户等,并打通各系统,使系统之间能够互联互通,实现企业信息及时获取和共享,为管控以及决策提供实时、准确的数据支持。

(2)强化中台,创建"数据中台+业务中台"双轮协同机制。企业的用户响应能力和规模化创新能力是数智化时代企业综合竞争力的核心体现,而中台是有效帮助企业完善其能力的手段。

打造拥抱业务、容纳业务的业务中台，提高业务流程和服务响应效率，建设高内聚低耦合、各司其职的中台模块，包括会员中心、订单中心、客服中心、商品中心、物流中心、评价中心等，避免 C 企业不同业务板块的功能重复建设，通过全渠道打通、互相促进为前台赋能，减少运营成本和人员。

建设连接大数据计算存储能力，用业务连接数据应用场景的数据中台，解决数据"管、通、用"难题，提高数据资源的复用能力。"管"指的是沉淀数据资产，"用"指的是数据价值化，"通"指的是打通数据烟囱。

业务中台和数据中台作为两个轮子并肩构建了数字中台，支撑前台对会员提供从营销推广、转化交易到智能服务业务的闭环服务，促进企业业务的提升和发展；对内连接企业的后台系统，诸如 ERP、人力资源、协同办公、财务管理等。

（3）集约化建设底座集约。以"一朵云"为基础，向集约化的底座转变，建设"服务化"的应用和"云化"的平台。创建"软件定义＋混合云"的云原生数字底座模式，以混合云为模式，分布式云组合协同，支撑业务开展。提升云底座的计算速率，保障用户的体验。革新原有的离散的底座及由此造成的数据烟囱，以集约化的统一的数据底座来承载所有的数据，形成企业的"战略资产"。

同时，高度重视网络安全保障体系的建设和运营，坚持"七分管理，三分技术，运作贯穿始终"的理念，管理是关键，技术是保障，从网络安全策略、网络安全政策和标准、网络安全运作、网络安全管理、网络安全技术等方面着手，识别、控制、降低或消除可能的风险，明确安全现状、规划安全工作、制订安全策略，并形成安全解决方案的基础。

3）专业化

构建专业化的数智化建设能力，从专业化意识、人才、队伍、组织、体系规律上做强。企业的数智化建设，需要既懂数智化又懂业务的人才，也需要专业化的组织来承接。C 企业未来可以从开阔数智化管理、业务和技术视野，提升信息化、数智化背景和素养，加强数智化建设层的组织管理，重视数智化建设理念、方法论和企业文化，培养数据层、应用层的产品专业意识，加强数智化建设协同沟通等方面来提升组织和人才的数智化专业能力。帮助人才进行数智化素养的自我提升，包括系统化学习数智化建设，理解数智化建设的方法论，主动创新，调整心态，积极应对等。

另外，数智化文化转型也很重要，倡导"用数据来说话"、实事求是的文化氛围。数智化可以让不同层级、不同部门的员工在同一时间看到同样的数据，数据不再需要层层汇报、加工传递，组织扁平化，让"指挥"到"作战"之间只有"一跳"，实现对问题的实时感知。

3. 愿景目标

C企业开展数智化建设的总体愿景是：夯实公司信息化基础，实现公司全面数字化；建设业务和数据中台，完成公司平台化改造；提升数据赋能企业智慧化管控和业务敏捷的能力，打造良好发展生态；持续自我迭代和平滑演进，实现高质量发展，达到世界一流企业数智化水平。

C企业开展数智化建设的总体目标为"内强管理现代化、外强产业现代化"，助力C企业建设行业一流综合企业战略目标达成。

1）强化管理能力，经营统筹优化

完成以流程线上化、数据资产化、作业自动化、决策智能化为主要特征的管理数智化建设任务；用统一的管理要求对下属单位的经营管理职能进行标准化贯通，以落实C企业的整体发展战略，加速决策效率、降低管理成本；通过统一建设运营管理支撑体系，从国药国际本部向下服务各下属单位的经营管理，以统筹的服务能力建设，从整体上降低运营成本。

2）发挥数据价值，精准高效决策

充分挖掘数据要素价值，实现数据与业务的深度融合，搭建基于数据分析的决策、管理和业务运营体系；打通公司整体的数据通道，以高质量的数据流转拉通流程、促进协同、辅助决策、加速发展，使数据成为管理变革与业务创新的驱动力；利用数字技术加速创新探索和规模化发展，构建C企业核心数字能力，培育新业务，引领未来可持续发展。

3）助力产业升级，业务协同创新

以产业价值链为核心，统筹规划与拓展下属单位核心业务能力，使各板块的发展战略与公司战略目标保持一致，充分利用公司与板块的集中优势达成最优的资源配置效果；提高产业集成，强化资产资源的规划，建设和运营全周期运营管理能力，实现全业务链的协同创新、高效运转和价值提升，以数智化建设助力产业融合与升级。

4. 蓝图框架

进行数智化建设，大力发展具有C企业业务特色的数字经济。紧密结合公司业务实际，一体推进信息化、数字化、智能化等融合创新发展，建设敏捷组织，打造智慧企业。

构建数智驱动的医药大健康一体化综合服务提供商，全面聚焦高质量发展，积极瞄准数智化建设，通过新一代信息技术与企业运营管理、产业创新紧密融合的发展模式，充分发挥数据作用生产要素的关键作用，赋予公司营运管理更多的新特性和新场景，开创数智化发展新局面。

推进传统产业和新兴产业协同发展，体系化、集约化、专业化开展数智化建设工作，形成统一愿景、坚持两业协同、遵从三维路径、实施五化建设的"1235"工程，最终形成一个整体的"数智 C 企业"，总体蓝图如图 6.21 所示。

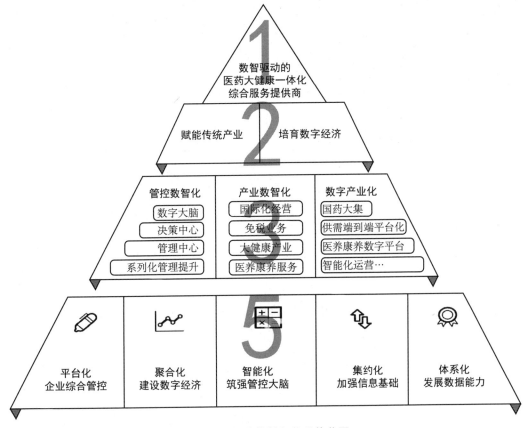

图 6.21　C 企业数智化总体蓝图

"1"代表 C 企业致力成为数智驱动的医药大健康一体化综合服务提供商。

"2"代表推进传统产业和新兴产业协同发展，通过数智化手段赋能传统产业、培育新兴产业。

"3"代表数智化建设的三维路径，通过管控数智化牵引、产业数智化做强、数字产业化突破，体系化、集约化、专业化开展数智化建设工作。

"5"代表从五个重点方向落地开展数智化建设，包括平台化企业综合管控、聚合化建设数字经济、智能化筑强管控大脑、集约化加强信息基础、体系化发展数据能力。

在企业数智化总体蓝图框架下，可以进一步展示企业数智化发展需求，并提出相关调研需求、痛点难点和关键问题以及解决思路，形成一套完整的数智化转型方案，旨在通过专业化支持、智能化应用、集成化加强信息基础等方式，构建以数据驱动的大健康一体化综合服务提供体系，推进传统产业和新兴产业协同发展，如图 6.22 所示。

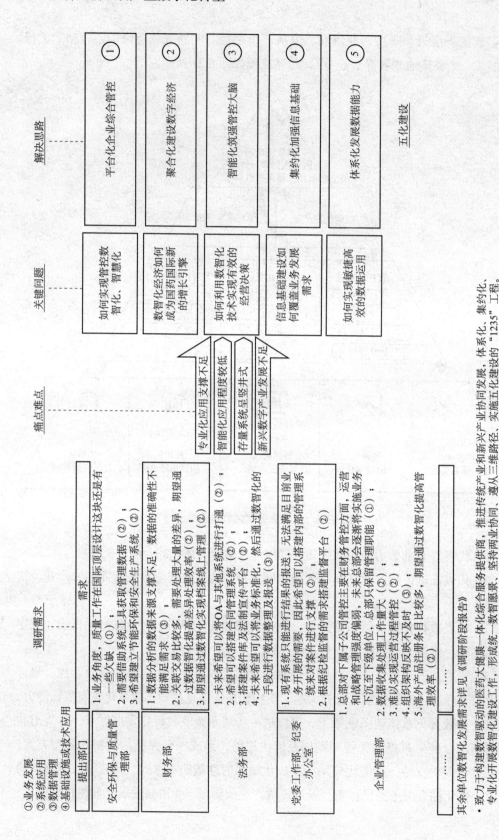

图 6.22　C 企业数智化解决思路

5. 核心本质

数智化建设是新一代信息技术驱动产业变革最本质的特征，C 企业的数智化建设不只是在现有模式中添加更多数字技术的技术转型，还是数字技术驱动下的业务、管理和商业模式的深度变革重构，将对组织活动、流程、业务模式和员工能力等方面面进行重新定义，以数字技术驱动公司全方位转型，核心本质是数智化赋能战略性业务转型。

数智化能力建设的重点是丰富数智化技术手段，构建新型数智化基础设施，打造数字驱动引擎，夯实数智化建设基础，体现为平台化支撑、集约化管控。

业务转型将深层次利用数字技术获取价值创造，涉及业务模式重构、管理模式变革、商业模式创新与核心能力提升，体现为提升各产业、培育新业态。

6.3.3 大健康领域产业数字化重点建设任务

1. 平台化企业综合管控

平台化企业综合管控，旨在以集约建设、优化体验为核心，围绕"横向协同、纵向贯通"的总体建设目标，迭代增强现有存量信息化应用，推进增量数智化应用建设，改善内部办公体验和外部客户服务体验，集约化建设数字底座，为实现经营管理全面数智化、智慧化做强基础建设，如图 6.23 所示。

1）横向协同

高效支撑战略、投资、运营、风控、审计、人事、党建等管理需要，为产业经营构建高效、敏捷、稳固的后台服务与管控支撑。加速运营管理与数智化深度融合，实现资源配置的高效集约和共享化，提升管理效率，降低管理成本，增强对运营管理的全面感知、实时监管和风险防范能力，实现通过数字技术驱动管理变革。

2）纵向贯通

产业侧加快传统系统升级、异构系统集成、增量数智化应用建设和总部核心职能与运管类系统在关键流程、系统、数据的融合贯通。

（1）合同管理。深度应用公司合同管理系统，以合同全生命周期管理为主线，以标准化为基础，形成穿透各管理层级、覆盖全业务类型、贯穿全生命周期的闭环化、标准化、数智化合同管理体系，实现合同数据的统一集成和上下贯通，提升公司管理效能与运行效益，增强风险防控能力。实现合同起草、合同签订、合同执行和合同完结全过程信息管理、线上合同准备与审批及合同风险监控。

（2）项目管理。建设工程项目管理系统，实现工程项目从立项、实施、完结到后评价的全周期管理。以项目管控为主要目标，实现项目进度、成本、采购、营业收入等管理，加强项目成本管理和招投标管理，提升项目管控效率和管理质量，加强成本

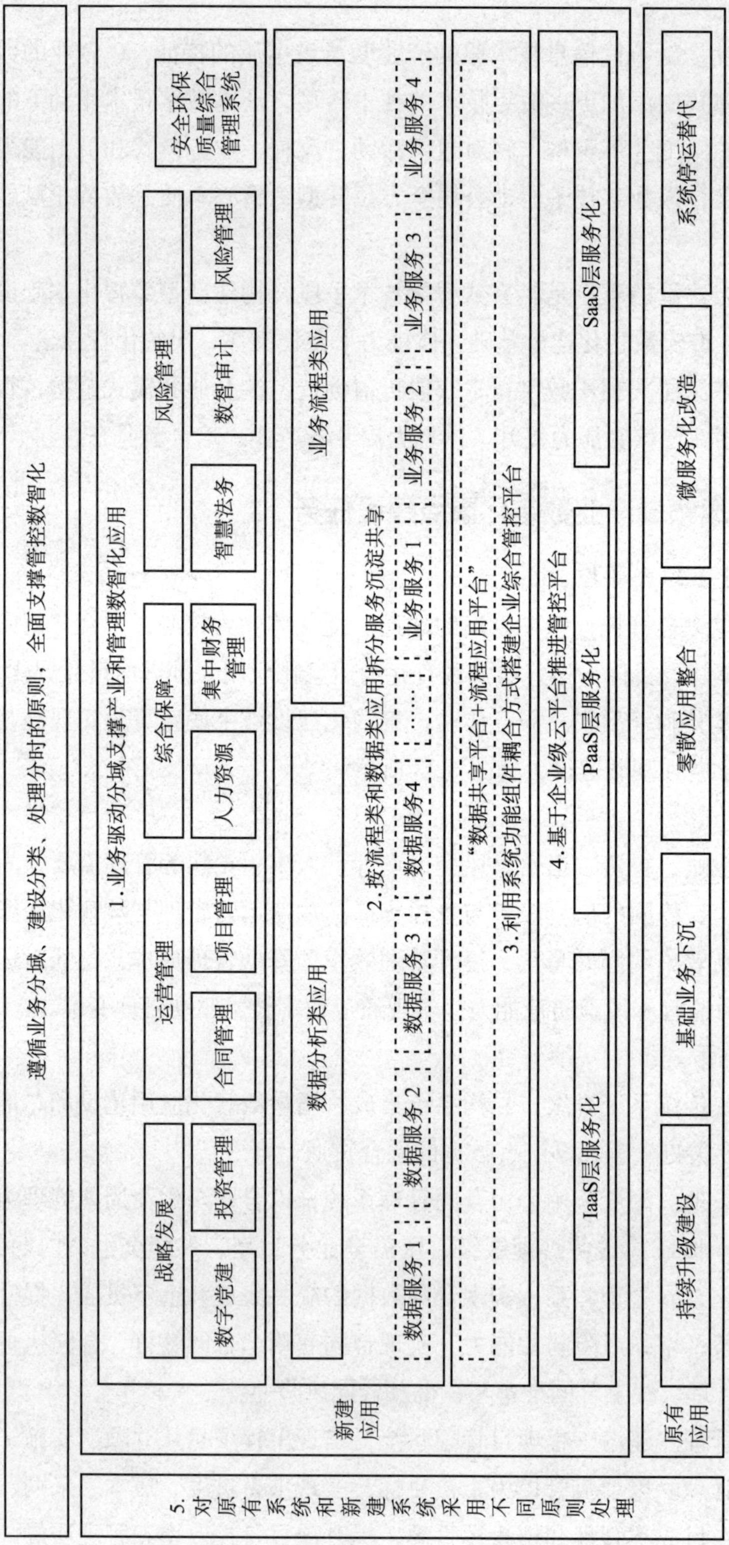

遵循业务分域、建设分类、处理分时的原则，全面支撑管控数智化

1. 业务驱动分域支撑产业和管理数字化应用

战略发展		运营管理		综合保障		风险管理		安全环保质量综合管理系统
数字党建	投资管理	合同管理	项目管理	人力资源	集中财务管理	智慧法务	数智审计	
							风险管理	

数据分析类应用

业务流程类应用

2. 按流程类和数据类应用拆分服务沉淀共享

数据服务 1	数据服务 2	数据服务 3	数据服务 4	……	业务服务 1	业务服务 2	业务服务 3	业务服务 4

"数据共享平台+流程应用平台"

3. 利用系统功能组件耦合方式搭建企业综合管控平台

IaaS层服务化	PaaS层服务化	SaaS层服务化

4. 基于企业级云平台推进搭建企业综合管控平台

持续升级建设	基础业务下沉	零散应用整合	微服务化改造	系统停运替代

新建应用

原有应用

5. 对原有系统和新建系统采用不同原则处理

图 6.23 C 企业平台化企业综合管控

管控、降本增效。

（3）投资管理。建设投资管理系统，对投资项目的投前、投中、投后进行统一管理。建设产权管理系统，对资产管理和境外机构的管理提供支撑。随着 C 企业投资项目越来越多，对应用系统的需求越来越紧迫，一方面是沉淀历史数据进行分析，以支撑投前的决策；另一方面是投后企业的经营管理数据，以形成投后评价。

（4）安全环保质量综合管理系统。进行统筹规划、总体设计，坚持"安全、实用、高效、融合、经济"的原则，充分满足不同层次的应用需求。实现安全知识可共享、工作要求易落实、工作标准易监控、工作过程可追溯、工作成果可检视，高效促进全员安全生产责任落实，实现由"靠人"管理监督向系统在线跟踪的高效转变。

（5）审计管理。建设审计系统。第一，提高审计质量，在分析基础上出审计报告。第二，提升规范性，通过系统将审计流程标准化。第三，提高审计效率，通过系统快速抓取数据和资料，提前做准备工作，确定审计方向和重点，方便审计工作开展。

（6）集中财务管理。以集中财务管理系统为抓手，做好管控侧数智化建设，做透公司业财一体化。一是全面落实集中财务，持续深化财务标准化体系，大力推动财务与解耦，实现预算、资金、税筹、核算、报表统一管理，实现主营业务全成本精细化管控，提升运营质效，推动财务管理由事务型向价值创造型的转型升级。二是做实业财一体、深度融合，不断完善业财一体化管控体系，实现项目全生命周期、全管理模块、全业务链条的贯通。三是依托财务集中管理系统将财务管控向业务端延伸，实现业财流程和数据融通，实现财务与预算、采购等业务系统的数据打通，实现业务、报账、报表之间数据穿透，业财融合，促进精细化管控，提高运营效率。

（7）党建管理。开发数字党建系统，实施党建工作全覆盖，党员管理全覆盖。满足党建综合展示、党建业务管理、基层党组织换届全程纪实、移动党建应用服务、信息资源共享推送以及外部系统接口等核心需求，实现党建工作的组织管理、党费管理、组织关系转接、组织生活、党员教育、工作考核以及综合应用活动等的在线协同管理、组织管理统筹规范、动态实时考核监督，推动党建工作任务全覆盖和工作的动态实时管理，创新党务工作载体、提升党建工作管理效能，推动党建工作规范化、精细化、便捷化。

（8）人力资源管理。优化人力资源系统，持续优化人事管理、薪酬管理、人员评价等功能，加强人力资源"选、用、育、留"的全生命周期管理。健全人才储备库和专家信息库，掌握全球化人才资源，实现人力资源灵活配置。强化公司绩效管理，持续优化全员绩效考核管理体系，落实差异化发展要求，充分发挥绩效考核指挥棒的作用。

（9）风险管理。提高公司风险管理专业化、标准化、数智化、精细化水平，打造集项目全生命周期风险管理、专项风险管理、重大突发风险管理、重大决策风险评估、风险预警、风险知识库于一体的风险管理平台。根据风险提示、动态数据曲线和预测模型，帮助业务人员及时做出有效应对，持续提升风险辨识和防控能力，坚实风险管理基础，夯实风险管控能力，提高风险预警处置能力，为公司各项业务发展保驾护航。

（10）法务管理。建设法律实务管理系统，记录和跟踪法律案件情况，处理公司运营过程中的法律事务。

2. 聚合化建设数字经济

1）打造供应链云网平台

在打造供应链云网平台的目标下构建一个国际化供应链平台，该平台由前台、中台和后台三部分组成。前台主要包括业务融点、业务板块和业务应用，旨在满足用户多元化需求。中台包括业务中心和技术中心，旨在实现对供应链各个环节的精细化管理。后台包括各种接口和功能模块，旨在实现与外部系统的无缝对接。整个平台通过聚合化建设数字经济，实现了供应链的高效协同和优化管理，如图 6.24 所示。

C 企业是 C 集团在国际贸易中的桥梁，承担着"走出去""引进来"，构建国内国外双循环发展的使命。主营业务为进出口医药商业贸易，涵盖药品（原料药、中间体和成品药）、医疗器械、大健康产品、免税品、药械供应链服务等多元化服务形态；核心业务环节包括采购、物流、分销、运营、售后，涉及的供应商渠道分散、销售渠道分散、物流链条长、跨组织运营环节多，整个链条数据散落在各个组织内部，形成了信息孤岛，当前供应链中不同职能与组织间的协作缺乏自动化协同和弹性化运作。C企业四大业态存在供应链过程协同向系统化、自动化、智能化迈进的共性需求，通过全链业务重构、流程端到端覆盖与实时决策数据支持，实现产业端运营提效与成本优化、快速调整品类与渠道策略、以客户为中心改进产品与服务、全程风险追踪与预警，带动整体产业侧的经营效益提升。未来将以平台能力整合 C 企业的全球优质资源和服务，构建和完善生态服务，对外赋能上下游产业主体，共享资源、信息与服务，带动整体产业高效发展，牵引产业数智化实现。

（1）第一阶段：实现供应链综合平台的全链业务协同的控制作用，该平台定位为国际化业务供应链运营的指挥型系统，与上游形成在线连接协作，推进供应协同化、仓配智能化、渠道协同化。

建设核心思路应聚焦提升整体供应链的端到端协同能力，通过系统化规划，满足数智化升级的需求，使内外部供应链协作，具备端到端的透明度、快速的响应能力以及跨职能跨组织的合作能力。

面向业务运营全链进行流程优化，流程串联采、存、流、销各内外部主体高效运转，围绕流程中的关键用户赋能，依据计划、运营执行、分析、纠偏的业务闭环体系

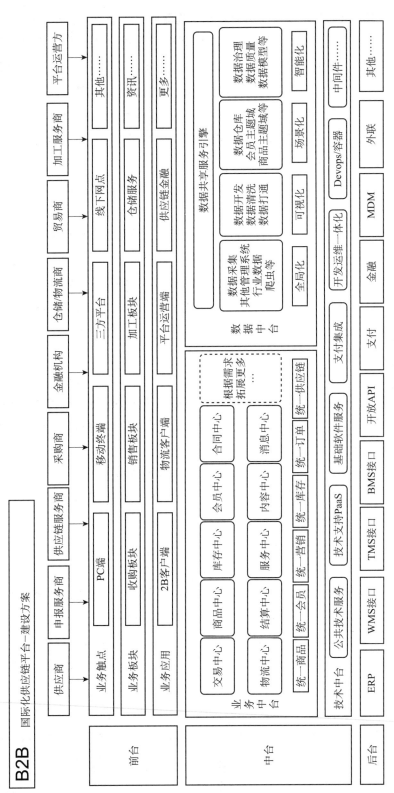

图 6.24 供给侧聚合服务平台蓝图

构建应用与服与供应链条中的关键上游供应商、物流商、渠道商等合作伙伴，在计划、物流、销售、售后管理等关键领域实现信息共享与业务协同。从订单的获取到运输通知和确认，在线跟踪、货物接收、回单的在线提取、售后反馈等所有信息均在供应链协同平台上对全部用户实现信息共享、高效协同、智慧响应，实现各环节物流、信息流、资金流的实时反馈，赋能 C 企业产业精益化运营和全链风险控制。

（2）第二阶段：围绕产业 B 端用户需求打造综合性解决方案生态服务平台，推进能力共享，业务模式向平台经济迈进。

面向行业上下游用户搭建综合性的国际化医药健康产品与服务展示和贸易平台，发挥国际化经营在资源、服务、网络方面的优势，通过内外部引流和用户运营提升平台活跃度，根据不同 B 端用户需求可以拉通行业产业资源与专业化团队，用数智化工具实现定制化解决方案，并依托后端供应链综合平台快速交付，同时，此阶段平台对外可通过组件化或邀请合作伙伴入驻方式向行业用户、合作伙伴实现能力与资源共享，成为优质的"产品＋服务＋技术"的综合性解决方案生态平台，夯实国际化医药医疗综合解决方案能力，赋能国际传统业务向平台化模式迈进。

2）大健康 ToC 服务平台

构筑大健康消费聚合服务窗口，以"C 企业大集"为号角，打响数智化建设的突破之战；以 C 企业大集平台为抓手、以客户为中心推动数字经济下新兴业务突破，逐渐形成 C 集团大健康线上统一商城平台；以国药集团大健康品牌建设为导向，牵引集团内各产业协同聚合式发展。

整体将 C 企业大集打造成为集团大健康产业流量入口中心、品牌传播中心、协同服务中心、数据赋能中心和服务聚合中心，实现国药集团大健康品牌聚合、业务流量聚合、在线服务聚合和更好的产业协同与数据共享，如图 6.25 所示。

（1）以数智化为手段，解决 C 企业 To-C 业务痛点。当前大健康线上业务呈现入口散、服务散、品牌散、流量散的态势。不利于产业内运营的集约化建设和产业效率的提升，C 端业务未形成合力，运营体系弱，不利于为客户打造统一的服务体验。建成统一的客户平台和运营体系，有利于国药统一品牌建设和线上业务走集约化发展，推动形成 C 集团明晰的品牌架构体系，推动优势资源整合，带动流量规模和品牌传播，实现品牌价值提升，健全品牌建设长效机制，使 C 企业成为更有影响力、更具竞争力的国家级、世界级医药大健康品牌。

当前与消费者属于弱连接状态，无法有效洞悉新零售市场下丰富多变的客户需求，C 企业大集可以线上更好地连接客户，提升客户体验，通过私域与公域流量的融合联动，丰富大健康产业前端的客户服务与营销场景，促进用户精细化运营体系形成。未来 C 企业大集可作为产业内各主体的数据赋能中心，为内部提供数据服务，带动整体

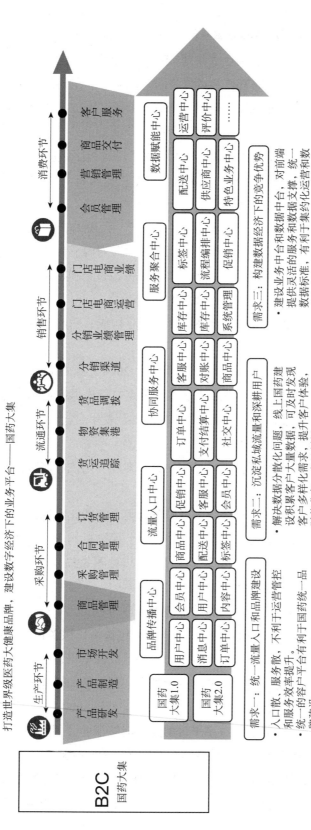

图 6.25　C 企业大集

数据运营提升，推动整体产品研发与服务体系创新。

（2）作为数字产业化的代表，C企业大集建成后，将成为C企业新的增长引擎。C企业大集未来可带动产业集团内的资源和运营协同，形成协同服务枢纽，带动整体产业健康、柔性发展。推动各产业板块在客户、产品、服务、渠道、供应链等维度的业务互补和拉通，有利于产业效益提升和高质量发展。

发展平台经济、生态经济，C企业大集的建设有利于培育数字经济时代下C企业的新经济增长点，与产业外部共建生态圈，带动医药健康产业的数字化、智能化升级。

（3）C企业大集1.0与2.0建设阶段。

①培育阶段：C企业大集1.0——企业内购平台。2022年10月前完成线上国药数据中台建设，12月底前推出线上C企业App，同期上线国药内购平台。

2023年，建立和其他央企、特定团体的合作关系，将各央企和特定团体的内购平台发展为销售前端，进一步扩大C企业线上商城的私域流量，同时，消费侧聚合服务窗口——C企业大集框架主要由前端、中台和后台三部分构成，功能齐全，能满足用户多样化的需求，如图6.26所示。

②市场化阶段：C企业大集2.0——开放商城平台。2024年，在C企业商城流量具备一定规模的基础上，推出C企业大集2.0版本，重点打造商城平台运营能力，满足联营、自营等多种方式的商业需要，形成市场化的公共流量平台。

3）医养康养服务与运营数字化平台

（1）总体目标。建设医养康养聚合服务平台，提升客户一站式的服务体验，高效管理机构运营，实现全方位系统化、生态化连接。

（2）建设规划。打造三大能力——综合养老服务能力、智能化支撑能力和智慧运营管理能力，相互联通并与外部医院、集团内其他企业、保险机构等进行协同，共同支撑养老服务、机构运营、智慧医养、健康管理等服务（见图6.27）。前端通过App、小程序、智能硬件设备等服务末端用户和相关企业单位。

未来将以会员健康档案为核心，以医养结合健康管理为主线，以移动互联网云计算为创新点。全面支持健康管理行业供应商、生产商、销售商、服务商、健康机构、投资商、政府、消费者等以生产商品和提供服务为中心组成的全渠道健康管理生态系统。打破了传统的行业界线，使不同行业的企业走到了一起，从而增加各自的市场机会，充分调动企业间资源的相互协调和聚集。

智能化、生态化、综合型医养康养数字平台的建设能够帮助公司获客，增加客户黏性，同时也能提升知名度和影响力，在服务客户健康管理的同时销售企业健康产品，开辟多样化的收益通道；从用户角度，能够有效提升用户体验，根据健康监测的数据，运用智能化干预随访为客户提供健康咨询、随访服务以及后期干预等服务，并让用户

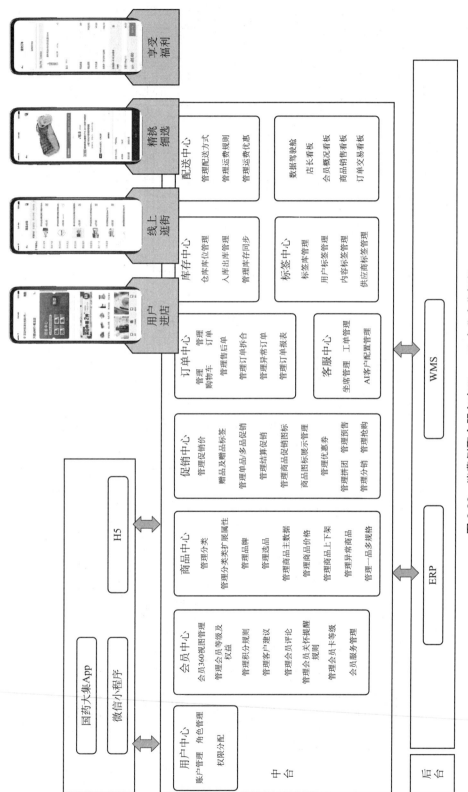

图 6.26 消费侧聚合服务窗口——C 企业大集框架

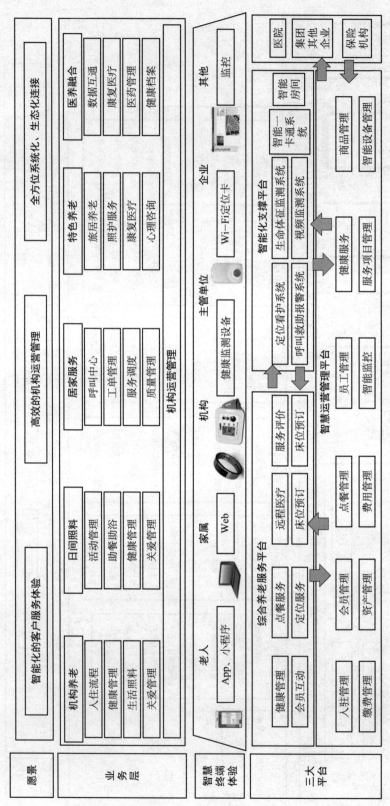

图 6.27　医养康养聚合服务平台框架

可以随时随地获取健康咨询服务，让健康管理更有成效。

3. 智能化数字化大脑

管控数智化能力的提升源自于业务的数据化，目前 C 企业的数据较为弱和散，现有数据达不到完备、真实、及时、有效的状态，未能全面反映产业运行的现状，因此管控大脑的建设是一个长期工程，依赖于体系化数据能力的建设。

对于 C 企业来讲，大数据构建企业智慧大脑是智能化管控和数智化经营的关键。"管控大脑"是基于人工智能、大数据等新 IT 技术的融合而构建的智能化开放创新平台，辅助智能决策和业务自动化，驱动业务系统智能化，实现个性化、定制化、精细化的企业生产和服务，如图 6.28 所示。

"业务上云、数据整合、应用创新"是打造企业智慧大脑的三个步骤。以数智化、智能化为导向做好管控数智化，结合实际管控模式，持续完善、优化管控制度和管控流程，开展合同管理、人力资源、财务管理等数智化平台建设，积累管控数据资产，促进管控效能提升，实现基于数智化、智慧化的管控和决策。

1）打造决策服务门户

企业综合决策服务框架为打造决策服务门户提供设计方案，主要由数据获取、数据处理和数据分析三大模块构成，支持跨专业业务监管和数据查询，包括医疗产品信息、消费品信息、医养康护、人力资源、物资管理、科技研发等跨专业数据共享交换需求，如图 6.29 所示。

以多种技术手段强化系统集成，在底层打通数据、中层衔接流程、顶层统一界面，基于统一的用户身份认证管理，实现多系统的单点登录、统一待办提醒和处理，集中获取所需管理环节信息，各类专业管理人员在个性化的个人工作台上查看数据、处理业务。

2）打造系列智慧运营能力

在统一智能化决策支持应用中建设运营监管分析应用，为各产业、专业、单位分别建立运营监管分析驾驶舱，在支持各产业、专业、单位分析决策的同时，支持公司领导企业综合决策分析。在查找原因时，向下钻取分析，从公司战略出发，构建一系列可测量、可驱动战略实现的运营监管指标，对各项指标支持综合分析和智能预测，全面获取国家、行业、对标企业及自身运营现状等内外部信息，满足各级组织对市场环境和趋势的及时了解，对比战略目标及实际战略执行情况，支撑公司业务运营评估诊断、对标分析与辅助决策，全面提升战略决策把控强度与推行力度，保障战略决策自上而下贯彻执行。

产业运营监管分析在各产业主管部门应用，完善并丰富公司对国际化经营、大健康产业、免税业务、医养康养产业监管的内容，依据产业特色，将监管内容按照共性

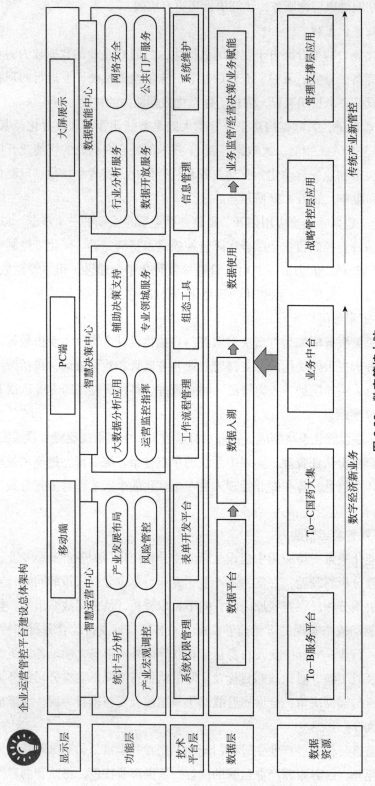

图 6.28 数字管控大脑

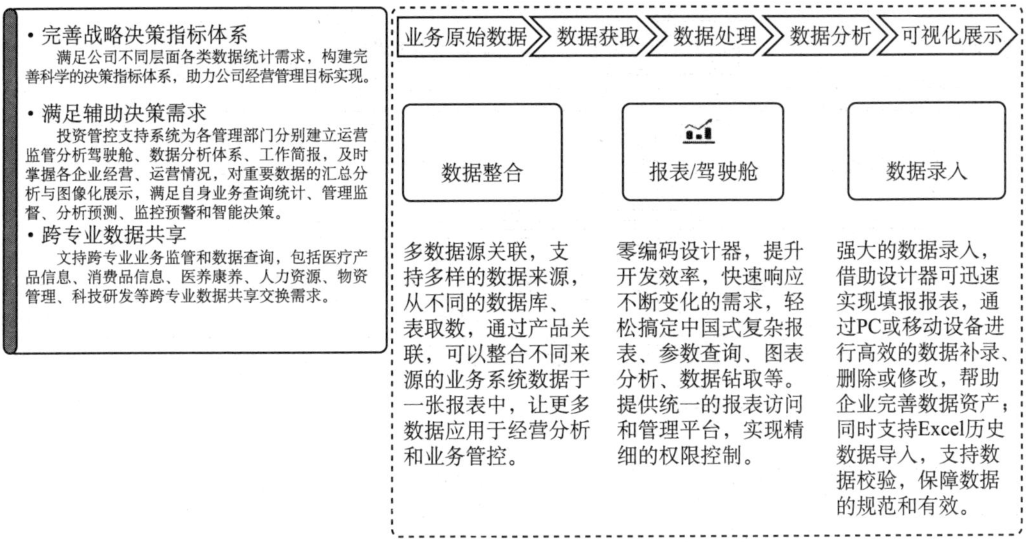

图 6.29 C 企业综合决策服务框架

与专属分类构建产业监管指标，实现多级监测分析应用，服务公司分管领导及各产业管理部门统一运营监管的需要。

专业运营监管分析在公司本部各部门应用，服务各部门业务查询统计、分析预测、监控预警和智能决策，在支持基本的跨专业业务查询和分析的基础上，还应包括业务合规性、业务或文档状态变更的比对、分析、报警等功能，以及通过建立模型实现规律性分析和预测等高级分析功能。

单位运营监管分析在公司下属各单位应用，满足各单位领导、业务管理人员、一线人员三个层面的数据统计分析的需要，对各单位领导展示本单位整体生产经营管理全貌，为业务管理人员提供各专业生产作业情况和业务执行情况，为一线生产人员提供智能化的业务数据分析。

4. 集约化加强信息基础

集约化加强信息基础建设，旨在对 C 企业为满足管理域能力要求而推导出的数智化应用系统结构梳理建设系统序列，整合同类业务需求以形成国药国际自建系统序列，为提炼数智化项目奠定基础，在集约化信息基础建设的基础上构建包括 IaaS 层、PaaS 层和 SaaS 层的企业综合决策服务框架，如图 6.30 所示。

1）将应用"分域"

全面覆盖业务发展需要。对照公司数智化业务架构，将已建和在建的信息系统以及根据需求调研分析获得的新建系统需求，完整对应到业务架构；对信息系统未覆盖的业务部分进行新建补充，对同类需求进行整合；参照前述公司数智化发展方向，面向公司全产业，对应用架构从生产、管理、决策、服务、协同、引领等多个角度划分

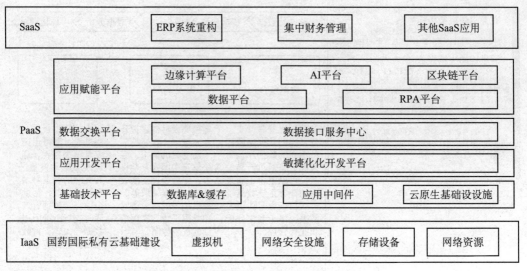

图 6.30 C 企业综合决策服务框架

应用域。

2）将应用"分类"

重点关注公司自建系统。遵照集团公司对信息化项目的分类，对一类项目统建系统已覆盖业务，以统建系统支撑，优化建议上报集团处理，不做重点描述；对二类项目公司自建系统，遵照集团管理标准要求设计；对集团要求未覆盖业务的三类项目其他公司自建系统，依据业务需要设计，对已建系统提出优化完善或整合重建建议。

3）将应用"分级"

整合处理业务应用需求。在分支机构建设数智化生产类应用，在公司总部建设数智化管理和决策类应用，面向对外销售和服务建设数智化服务类应用，面向内部多产业协同和集团管理整合建设数智化协同类应用，注重需求和应用整合，整体上体现面向单元级、企业级、产业级、生态级的分级设计。

5. 体系化建设数据能力

数据是公司数智化建设的核心要素，现阶段公司亟需通过体系化数据规划，建设公司数据架构管理体系、建设公司数据治理和标准体系、建设统一的企业级分域数据湖，围绕不同用户需求构建敏捷高效的数据应用，持续推动业务数据化、数据业务化，打造公司数字经济新价值，为实现公司医药大健康一体化综合服务提供商提供源源不断、持续优化的数据智慧。

1）数据架构与指标体系重构

数据架构用于指导、厘清 C 企业数据资产框架，明确数据资产主题划分，厘清数据资产自下而上纵向数据聚合，从统一数据中台角度规划数据横向协同、规划数据标准化与高质量所需的数据治理体系、设计从数据供应链视角的完整数据运营蓝图，为企业数据中台（数据交换平台）提供建设指导。

重点工作是根据公司业务架构，从管控和业务需求视角构建指标体系，识别关键数据资产目录、数据分布和数据流通关系。分析重要数据资产层次框架，构建集团数据资产框架、数据主题域，构建公司数据流转关系，横向打通数据壁垒，纵向实现可穿透的数据链路，构建端到端的数据流。同时，要坚定构建公司统一的数据中台，厘清平台总体架构，包括平台能力和部署模式、进一步明确公司数据运营体系架构。

2）数据治理与数据标准建设

数据治理工作的总体目标是通过数据治理体系的建立和运行，持续提升数据可用性、数据质量水平和数据安全水平，为数智化建设和业务应用打造准确、完整、一致、安全的数据环境，创造数据资产的业务价值。

C企业数据治理要努力实现公司"一个标准、一个源头、高质量服务"的紧迫需求，打造三体合一的企业级数据治理体系，支持对公司数据资产的全生命周期管理，包括组织制度、职能活动、管理工具、数据运营等方面，通过管理手段明确数据责权利，为公司数据资产管理提供体系化保障措施。

3）数据湖建设

建设公司统一数据湖，满足国际化经营、大健康、免税、医养康养的数据汇聚、打通、连接、流动、计算、存储、管理需求。构建功能完善、安全强大的数据管理平台，实现对分散在各板块、各层级的数据源的数据统一汇聚、统一管理和统一服务，并对数据进行分析，通过数据服务、数据地图、数据安全防护与隐私保护，实现数据随需共享、敏捷自助、安全透明的目标，支撑数智化建设。公司数据湖建设主要分为三部分内容：一是数据湖的规划设计；二是数据湖的试点示范；三是数据湖的推广与性能优化，为集团管控大脑建设提供数据要素化服务。

4）数据应用建设

面向企业综合管控、数字经济业务建设、管控大脑的服务主题需求，由公司数智化中心建设公共服务模块，各业务部门逐步实现自助式主题服务构建能力，高效快捷满足不同服务对象的个性化需求。实现从基本的数据查询统计，逐步发展到分析预测、监控预警、智能决策，探索知识图谱应用，让数据资产融入业务场景，赋能业务发展高效敏捷服务的实际需求，构建企业数据应用的总体蓝图，如图6.31所示。

5）数据资产持续运营

公司数据资产运营要基于统一数据湖以及统一数据服务，持续通过以用促治的运营模式，通过数据运营全生命周期流程实现生产经营指标实时监测、异常预警、偏差分析及改善措施、经营计划动态调整、跟踪落实与评估，实现公司四大业务板块精准

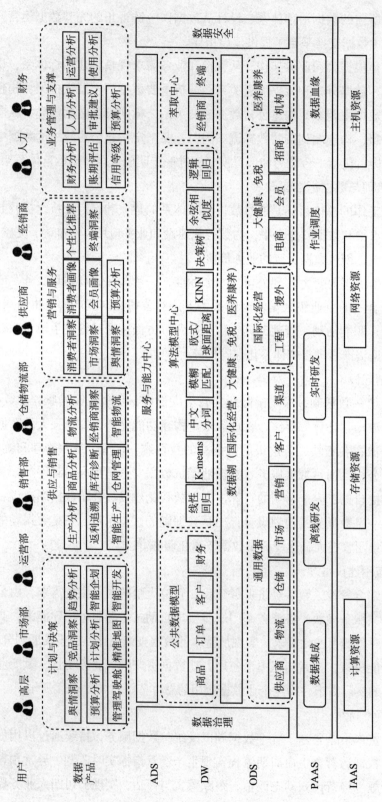

图 6.31　C 企业数据应用总体蓝图

洞察需求、提升用户体验，扩大业务规模、打造品牌价值，提升运营效率、实现精益管理，如图 6.32 所示。

6）重点工程专项设计

（1）数智化管控平台。

①建设目标。数智化管控平台，旨在打造经营管理全面数智化能力，保障公司规模型、质量型和科技型发展的需要，推动企业管控从流程驱动的体系化建设向数据驱动的智能化建设转型迈进。

②建设内容。在纵向角度打造智能管控公共服务平台，打造管控数智化的敏态研发能力，形成统一的数字化基础架构，以业务为导向滚动打造数据纵向端到端贯通能力；横向贯通，以可扩展的数字化建设模式，迭代开发公司管控系列数字化能力，包括但不限于财务、合同、审计、人事、党建、安全环保质量等管理内容。

（2）供应链云网平台。

①建设目标。供给侧打造产品和服务的聚合协同能力：通过聚合上游供应链产品、服务，打造建设一体化的供应链协同平台。需求侧打造以客户为中心的敏态服务能力，形成敏捷响应和综合服务的竞争优势：建立以客户为中心的需求敏态响应能力，从时效性、经济性达成 TOB 业务端运营提效与成本优化，快速调整品类与渠道策略，以客户为中心改进产品与服务，带动整体供给侧产业效益提升。打造物流、仓储、渠道等在内的供应链运营能力：未来以平台能力整合全球优质物流、仓储、渠道资源和服务，构建完整供应链服务生态；最终建成供应链现代化的产业互联网平台，形成供应链云网平台，整体畅通供应链梗阻，实现国际一流的端到端协同能力，实现供应链的重构与升级，积极、高效拓展内外市场渠道。

②建设内容。建设供应链端到端协同能力，整体畅通供应链梗阻，实现国际一流的端到端协同能力，实现供应链的重构与升级，实现供需协同、仓配和物流及其海关智能化协同、渠道可视化；实现与外部相关方业务交互的数字化，通过标准服务接口实现与外部单位互通，提升业务效率，服务敏捷化。

（3）大健康 ToC 服务平台。

①建设目标。适应数字经济新时代，构筑数字新零售的业务能力，打造以客户为中心的大健康 ToC 综合服务平台，以大健康品牌建设为导向，促进大健康产业协同聚合式发展。

②建设内容。在培育阶段，打造企业内购平台能力；在市场化阶段，打造以客户为中心的大健康 ToC 综合服务平台。

（4）医养康养服务与运营数字化平台。

①建设目标。助力打造医养康养业务特色化和产业化，构筑对内一站式管理和对

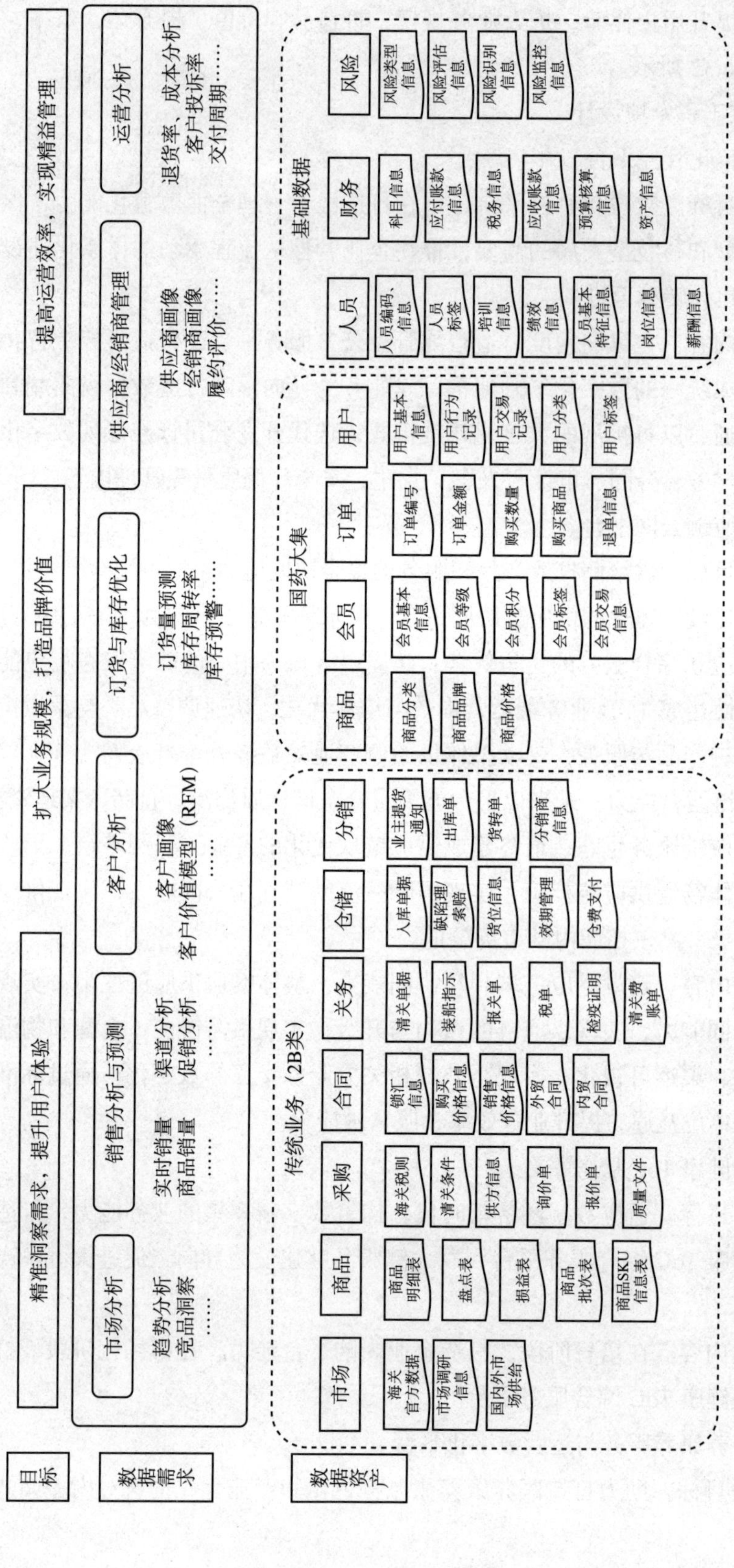

目标
- 精准洞察需求，提升用户体验
- 扩大业务规模，打造品牌价值
- 提高运营效率，实现精益管理

数据需求
- 市场分析：趋势分析、竞品洞察……
- 销售分析与预测：实时销量、商品销量……
- 客户分析：客户画像、客户价值模型（RFM）……
- 订货与库存优化：订货量预测、库存周转率、库存预警……
- 供应商/经销商管理：供应商画像、经销商画像、履约评价……
- 运营分析：退货率、成本分析率、客户投诉率、支付周期……

数据资产

传统业务（2B类）
- 市场：海关官方数据、市场调研信息、国内外市场供给
- 商品：商品明细表、盘点表、损益表、商品批次表、商品SKU信息表
- 采购：海关税则、清关条件、供方信息、询价单、报价单、质量文件
- 合同：锁汇信息、购买价格信息、销售价格信息、外贸合同、内贸合同
- 关务：清关单据、装船指示、报关单、税单、检验证明、清关费账单
- 仓储：入库单据、缺货处理索赔、货位信息、效期管理、仓费支付
- 分销：业主退货通知、出库单、货转单、分销商信息

国药大集
- 商品：商品分类、商品品牌、商品价格
- 会员：会员基本信息、会员等级、会员积分、会员标签、会员交易信息
- 订单：订单编号、订单金额、购买数量、购买商品、退单信息
- 用户：用户基本信息、用户行为记录、用户交易记录、用户分类、用户标签

基础数据
- 人员：人员编码、人员标签、培训信息、绩效信息、人员基本特征信息、岗位信息、薪酬信息
- 财务：科目信息、应付账款信息、税务信息、应收账款信息、预算核算信息、资产信息
- 风险：风险类型信息、风险评估信息、风险识别信息、风险监控信息

图 6.32　C 企业数据资产运营蓝图

外一站式服务的支撑平台。

②建设内容。在医养康养的基础建设阶段，建设医养康养项目管理系统，实现项目周期全节点线上化；打造旅居健康服务式养老业务和社区式养老业务的服务与运营管理数字化平台。

（5）智能化数字大脑。

①建设目标。通过构筑高水平的数据资产化和数据运营体系建设，打造看得见、管得住、用得好的数据价值化能力，培育和形成数智驱动的企业经营能力和产业运营能力，促进整体公司数智化水平综合提升。

②建设内容。一是面向数据资产化打造数据运营体系，形成公司级数据资产汇存管用服的运行体系，形成数据能力的协同分工运转；二是构筑国药国际数据湖和大数据平台，结合数智化管控能力建设，促进各产业数据汇聚入湖，形成统一资产；三是构筑国药国际大数据可视化建模平台和可视化展现平台，形成数据服务的综合看板能力；四是深化建设国药国际企业经营中心、产业运营和业务运营的数据赋能中心，达到具备机器学习的智能化水平。

6.3.4　大健康领域产业数字化保障措施

1. 技术保障

1）统一技术架构

技术架构表示对 C 企业的数智化技术进行统筹管理而形成的基础数字技术平台，以云和网基础设施为依托，加速关键新兴技术应用，支撑业务、应用、数据能力发展的要求。

（1）技术架构设计思路。技术架构的设计思路主要体现在"三个方向"。

①技术架构要"符合信息技术架构演进趋势"，体现为"搭建平台，敏捷响应"。架构模式要从单体竖井、总线调用发展到去中心的服务架构，研发模式要从瀑布开发，发展到敏捷迭代和开发运维一体化，整体上要顺应普遍演进趋势和规律，为数智化应用建设打造云原生平台，以平台化支撑零散、多变的业务应用需求，打造技术驱动引擎和数字企业内核。

②技术架构要"满足新型基础设施建设要求"，体现为"面向技术，适度超前"。抢抓"新基建"机遇，重点推动通信网络基础设施、算力基础设施、新技术基础设施建设，统筹 5G、云计算、物联网、人工智能、数字孪生等技术应用，以技术创新为驱动，以信息网络为基础，面向高质量发展需要，提供数字转型、智能升级、融合创新的服务型基础设施体系。

③技术架构要"统筹基础数字技术平台管理"，体现为"注重体系，安全可靠"。

技术架构由公司进行统筹规划和管理，在保护原有投资、确保安全可靠的前提下，构建分布式云架构设施，满足公司本部汇聚节点和各级单位边缘节点的需要，从被动式响应服务逐步转变为主动式服务，允许各单位在遵守公司统一标准、符合公司技术路线的前提下进行个性化创新。

（2）技术架构设计目标。技术能力发展的目标是实现对数智化技术设施和新兴技术应用的统筹管理，提升系统用户使用体验，开发运维体系先进，以平台化思维满足业务快速迭代发展变革。具体表现为：合理布局机房设施，开展网络融合升级，统筹新兴数智化技术平台建设，提升开发运维能力快速响应需求，建设统一的企业门户提供个人工作平台，以适应愈加严格的网络信息安全要求。

（3）技术架构设计内容。充分利用现有北京数据中心和三亚数据中心的硬件基础设施，建设公司私有云。数据中台、管理后台、C企业和各项应用开发环境均部署在私有云，以确保数据安全。根据场景需要，各种轻量级前端应用部署于天翼云、华为云等公有云，共同构成C企业混合多云的技术底座。

2）先进技术应用

（1）构筑高效率的研发路线。面向公司自建数智化管理、协同、服务等业务应用，采用统一开发平台支撑统一业务应用的建设思路，搭建公司级低代码开发平台，支持快速、敏捷、迭代构建业务应用，解决传统应用独立开发且开发周期较长的问题，满足业务快速发展变革的需要。

低代码开发平台是无须编码或通过少量代码就可以快速生成应用程序的开发平台，应包括预构建的组件，支持流畅的业务和IT协作，具备流程引擎、表单引擎、报表引擎、视图引擎、组织用户引擎、统一门户引擎和接口整合引擎，提供基础数据管理、代码生成器、表单设计器、流程开发、系统监控、门户定制化等功能，用可视化的形式进行设置组合，实现对各种复杂业务系统的快速开发。

企业技术人员及专业人员可通过低代码开发平台图形界面创建应用程序，通过拖曳式UI组件及可视化模型代替部分甚至全部编码工作，从而极大地减少测试和开发的工作量和时间，同时提高模块的可重用性，保障应用程序的安全性，简化软件开发生命周期。

（2）构建高柔性的扩展能力。公司基于低代码开发平台的自建应用系统，应顺应软件架构演进趋势，从紧耦合到松耦合，从过去的单体架构、竖井架构、调用和总线架构，逐渐向微服务架构转变。

企业微服务架构可以将原本独立的单体应用拆分成小的、可独立部署、轻量级接口通信的小型服务，服务进程独立运行，可使用不同语言编写，服务之间通过通信协作，每个小型服务都围绕系统中的一项功能进行构建，并维护自身的数据存储、业务开发、自动化测试案例及独立部署机制，从而提高应用对业务的响应能力。微服务架构适用于大型复杂应用、需求频繁变更应用、创新型应用，允许不同团队独立开发，增加研发敏捷性，增强研发创新能力。独立开发模块的方式助力代码资料及软件质量进一步提升，并增强服务的伸缩性、扩展性及服务可用性，助力研发团队应对更为复杂的软件系统研发，解决更为复杂的问题。

3）网络安全

（1）构筑安全管控能力。在公司网络信息安全框架下，健全完善网络信息安全管理策略、管理制度及标准规范。通过将网络信息安全领域的理论、框架和技术与公司的网络信息安全现状有机结合，有针对性地提出安全保障总体策略，定义并有效执行策略方针、责任落实、风险管理、法规遵从、绩效监督、安全协作等工作。分类制定具体应对防范策略、制度和标准规范，包括物理环境安全策略、制度和规范；通信网络安全策略、制度和规范；区域边界安全策略、制度和规范；计算环境安全策略、制度和规范；安全管理中心策略、制度和规范等。总体策略的设计坚持管理与技术并重的原则，以确保基础设施和信息系统安全为主。

（2）构筑安全技能能力。面对网络信息安全缺乏技术手段、技术和系统零散的现状，建议实施整合，建设信息资产、安全漏洞、威胁情报、技术知识库，整合基础管理、态势感知、研判决策、攻防演练等系统功能，构建一体化的网络信息安全综合管控平台，通过技术与系统整合，形成全公司网络安全的综合多维智慧化防御体系。

从物理、网络、主机、应用、数据等层面加强关键信息基础设施的安全防护，确保网络安全技术与信息系统同步规划、建设、实施。提升对关键基础设施、系统、数据的安全管理能力，提升网络信息安全应急响应能力，联合外部单位定期开展网络安全攻防演练，提升联合防御和协同应对能力，建立完备的应急响应体系，及时针对风险开展排查消缺。

（3）融合安全可信能力。在信息技术、信息安全和IT服务等方面稳妥推进国产化自主可控，重点对信息技术产品分层分类，梳理计算机及辅助设备、通信设备、网络设备、操作系统、中间件、数据库及应用软件的目录台账，逐步开展适配、改造和迁移，主要从基础设施和应用系统两大类别出发，有序推进自主可控替代。

以不影响业务运行、有序替代为总体策略和原则，依据自主可控分层分类内容，遵循增量优先、存量升级，先易后难、先适配后应用、先试点后推广的总体思路，按照公司已形成的自主可控工作总体计划和试点实施方案稳妥推进实施。在产品选型上，围绕实际应用需求，优选稳定、可持续发展的国产关键软硬件产品。在信息化基础设施方面，逐步实现网络设备、服务器设备和终端办公设备自主可控替代。

2. 组织保障

1）组织人员保障

（1）数智化组织设置。创新数智化协同管理机制，促进战略、业务、信息三方高效协同，加快构建适应数智化发展的管理和运行机制，实行科学分工、协同推进，进一步优化各级组织在管理、业务、职能等各领域的驱动作用。优化制度体系、责任体系、执行体系、评价体系建设并推动全面贯彻落实，定战略、重权益、立规矩、抓执行、强监管、问责任，增强制度约束力。加快管理层的扁平化和治理方式的现代化，消除管理冗余，统筹数智化建设整体发展利益，兼顾子公司利益，充分调动子公司的积极性，实现数智化投入产出效益的最大化。

完善数智化工作管理办法，修订考核管理制度，编制数智化诊断评估体系，根据业务需求、产业环境、上级单位要求的变化，每年更新考核与评估指标，完善安全保障类、业务信息与编码类、数据资源类、基础设施类、IT 服务类等数智化标准体系。

（2）数智化人员配备。健全信息化专业人才队伍，重点解决编制内人员缺口大、人员结构不合理等问题，健全人才"选育用留"发展机制，建立与数智化总体发展水平相适应的信息化队伍规模，保证数智化人员充足率，健全薪酬等激励措施，完善配套政策。

分析新时代数智化建设新形势、新要求、新技术、新应用，开展技术交流、内部培养、人员轮岗及专业培训等工作，加快培育高水平、创新型、复合型数智化人才队伍，加大教育培训力度，提高人才队伍专业能力，为数智化建设奠定人才基础。

2）管控机制

（1）数智化制度保障。健全数智化管理制度和规范体系，建立编制、论证、审批、发布、调整优化的全周期工作程序，并通过检查与考核促进各项制度规范的贯彻落实，保证各级数智化工作的有效衔接。战略管理层面，服务 C 企业数智化发展战略和目标，从标准、规划、架构、绩效、资金五个方面建立相关的管理制度，包括但不限于标准管理制定、规划制定、架构管理规范、架构治理规范、绩效管理、预算管理等。建设管理层面，落地数智化发展布局和重点工程，确保工作顺利推进，从计划、执行、检查、处理四个方面建立相关的管理制度，包括但不限于需求管理、计划管理、实施检查管理、效果评估标准等标准体系，并进行不断优化。

（2）数智化协作保障。做好数智化建设设计方案与年度工作计划的衔接，明确相关部门和单位工作要求，加强动态跟踪和闭环管控，做好项目验收管理与后评价，实现从规划设计、年度计划到项目建设全周期的闭环管控，确保数智化建设项目达成实效。

加强与外部产学研单位的交流与共享，创新机制促进技术突破与合作创新，通过深度融合共同谋求发展。基于数智化协同和引领，构建产业新生态融通发展新动能，实现跨企业、跨领域、跨产业的内外协同，打造互促共进的工业互联新生态。

（3）数智化管控保障。C 企业的数智化建设是庞大的系统工程，高效的管控将为转型过程提供又一保障力量。管控的切入要以"十四五"预算编制、公司数智化建设规划以及数智化建设课题研究成果为依据。以公司的转型规划展开数智化建设项目、产业数智化建设项目，以数智化建设课题研究成果绘制集团转型蓝图，并与专项预算编号挂钩。财务部门建立集团统筹的数智化建设项目预算编号。各单位根据各自数智化建设规划识别数智化战略投资项目。各个单位数智化建设项目执行主体通过向财务部申请数智化建设项目预算编号进行项目立项。建设单位将所有的数智化建设预算支出与其他费用支出进行区分，由公司财务部统筹进行预算支出登记，以具体的建设项目、蓝图和预算确定出涵盖包括数字零售、数字研发、智能制造、数字物流、数据集成、云数据中心等项目的项目组合并编制年度资源预算，同时细化开展人力、服务外包、设备采购等费用预算。

数智化建设项目的实施必须要在统筹架构管控之上，从立项管理、分析设计、阶段评审到验收交付，实现全流程管控统一。

3）资源配置

（1）数智化资金投入。在现有数智化项目投资机制下，遵从数智化、信息化项目预算管理规定。数智化建设资金来源在客观上存在多种渠道，由信息管理中心牵头，集约管理、统筹分配，确保在重点任务和关键项目上资金落实到位。

建立与企业营业收入、经营成本、员工数量、行业特点、数智化水平等相匹配的数智化建设专项资金投入机制，对先进企业投入情况开展持续调研和跟踪，将数智化预算纳入公司预算管理，在年度预算投资中对数智化工作给予合理的费用比例。

（2）数智化运维体系。运维体系应从传统流程模式，逐步转型到一体化、自动化的高效运维模式，以支撑各信息系统长期持续健康运营。具体的建设目标包括：保障业务连续性能力，即着眼于保障良好的用户体验和服务连续性，运维体系要从被动发现问题向主动预测、主动发现问题转变；保障信息化服务能力，即信息化运维体系要对各信息系统进行分级，对各类故障进行分类，能够支撑不同层级应用的信息化服务，实现相关的服务等级协议（SLA）。

（3）信息化运维队伍建设。各业务信息系统的信息化运维团队由业务团队（项目组及其领导下的各级业务人员）、开发团队、基础设施团队和网络安全团队四部分组成。

①业务团队。对某个具体业务信息系统，需建立由各层级各单位业务人员组成的业务团队，负责处理各层级各单位终端用户在使用系统办理业务过程中遇到的问题，

辨别问题成因，根据情况直接答复终端用户或联系其他运维团队进行处理。

②开发团队。开发团队负责统筹信息系统开发工作，包括系统问题确认、测试环境下问题复现、处理运行中出现的系统问题，原则上该团队只面向业务团队，不直接面对终端用户。若需要基础设施运维或网络安全运维团队配合，提请业务团队分别发起基础设施运维任务或网络安全运维任务即可。

③基础设施团队。基础设施团队是公共团队，参与各信息系统的全生命周期。基础设施团队负责处理因 IaaS 层和由基础设施团队负责的 PaaS 层组件出现问题时导致的影响信息系统正常运行的情况。基础设施团队负责响应基础设施类故障及基础设施性能诊断工作；负责日常巡检、基础设施类资源申请、调配和权限分配；应由外包服务队伍逐步过渡到自有队伍。

④网络安全团队。网络安全团队负责安全评审、安全评估、安全检查等工作。网络安全团队响应开发团队或基础设施团队发起的安全运维请求，承担信息系统正常运行所需的安全运维工作。

（4）信息化运维工具建设。实现对各系统的自动化实施全链路质量监控、业务性能监控，提高故障定位效率，保障业务信息系统连续工作，基于信息系统分级和故障分类：建立面向终端用户的运维服务系统，明确责任人；建立基于场景的运维知识库，实现智能化运维。

应建设和充分利用自动化运维工具，切实提高运维人员日常运维工作及故障响应的效率，最终实现对数据资源的一体化自动监控、一体化自动运维和一体化自动资源调度，实现对核心业务信息系统完整的全链路监控和保障。

参考文献

[1] 陈林楚，潘艳君．浅析新业态下的中小微企业数字化转型 [J].商场现代化，2020(14)：117-119.

[2] 孟祺．产业政策与产业链现代化：基于"链长制"政策的视角 [J].财经科学，2023(3)：93-107.

[3] 陈静，孟凡新．新发展阶段平台经济发展问题、演变走向及建议 [J].商业经济研究，2023(11)：102-106.

[4] 佚名．把握数字经济发展趋势和规律推动我国数字经济健康发展 [J].互联网天地，2021(11)：2-3.

[5] 阳镇，钱贵明，陈劲．下一个十字路口的抉择：平台生态系统迈向何方 [J].清华管理评论，2022(9)：14-24.

[6] 佚名．大企业平台化转型：新时代推进企业变革的必由之路 (上)[J].新材料产业，2019(12)：57-61.

[7] 刘淑春，林汉川．探索符合我国实际的中小企业数字化转型 [J].中国中小企业，2021(11)：71-72.

[8] 于凤霞．平台经济促就业助脱贫的内在机理与发展建议 [J].新经济导刊，2020(3)：40-44.

[9] 王先林．平台经济领域垄断和反垄断问题的法律思考 [J].浙江工商大学学报，2021(4)：1-9.

[10] 刘晓曙．数字经济释放 经济增长技术红利 [J].金融博览，2022(3)：58-59.

[11] 刘鹏．基于物联网技术的智能管理系统应用与研究 [J].电脑编程技巧与维护，2023(7)：114-147.

[12] 李国杰，程学旗．大数据研究：未来科技及经济社会发展的重大战略领域：大数据的研究现状与科学思考 [J].中国科学院院刊，2012(11)：1-8.

[13] 赵泠淼．数据驱动下制造企业数字化转型升级策略研究 [D].湘潭：湘潭大学，2022.

[14] 郝政，吕佳，杨蕾等. 组态视角下商业银行数字化转型路径研究：基于创新生态系统的联动效应分析 [J]. 技术经济，2022，41(11)：40-53.

[15] 周滔. T 公司面向动车组状态维修的数字化转型研究 [D]. 北京：北京交通大学，2022.

[16] 袁翔，左毅，韩立斌等. 数据资源规划与数据治理的理论与实践 [J]. 中国电子科学研究院学报，2022，17(7)：708-715.

[17] 许保利，周海晨. 中央企业高质量发展稳步前行 [J]. 企业观察家，2021(12)：24-28.

[18] 清晨. 建设智慧城市，城市大数据平台作用凸显 [N]. 人民邮电，2019-06-06（03）.

[19] 窦一清，蔡高楼，刘晓园. 电信运营商战略执行指标体系研究 [J]. 中国电子科学研究院学报，2022，17(12)：1203-1210.

[20] 孙铮铮. 新常态下民营建筑施工企业战略转型研究 [D]. 上海：上海财经大学，2020.

[21] 王思惟. 制造企业数字化成熟度评价体系研究 [D]. 杭州：杭州电子科技大学，2024.

[22] 李迅涛. 以客户为中心，建立数字文化，强韧务实推进数字化转型：浅谈设计企业数字化转型工作思路与组织建设 [J]. 四川建筑，2021，41(6)：278-281.

[23] 周琳. 为企业转型"数字焦虑"开药方 [N]. 经济日报，2020-07-26（9）.

[24] 晓雨. 智慧物流被纳入《数字经济及其核心产业统计分类 (2021)》[N]. 现代物流报，2021-06-09（A2）.

[25] 国家统计局副局长鲜祖德解读《数字经济及其核心产业统计分类 (2021)》[N]. 中国信息报，2021-06-04（01）.

[26] 田浩明，王波. 我国平台经济监管的不足及完善路径 [J]. 海南金融，2022(4)：41-49.

[27] 孙杰，高志国，曲文涛. 数字化转型推动企业组织创新 [J]. 中国经贸导刊，2020(1)：72-74.

[28] 施晓丽，蒋林林，罗兰. 数字经济的空间分异与尺度分析：基于多尺度地理加权回归模型 [J]. 广西财经学院学报，2022，35(2)：20-32.

[29] 姚小涛，亓晖，刘琳琳，等. 企业数字化转型：再认识与再出发 [J]. 西安交通大学学报 (社会科学版)，2022，42(3)：1-9.

[30] 冯科. YS 基金管理公司数字化转型策略研究 [D]. 贵阳：贵州大学，2022.